2023 黑龙江省社会科学
学术著作出版资助项目

数字经济背景下
制造业绿色创新系统开放式
创新模式研究

邵　博/著

哈爾濱工業大學出版社
HARBIN INSTITUTE OF TECHNOLOGY PRESS

内容简介

新型信息通信技术、数字技术及人工智能技术的发展，为我国制造业绿色转型升级、可持续性发展带来新的机遇与挑战，为我国制造业绿色创新系统的构建与开放式创新模式的实施提供了新的思路和方法。本书基于上述背景，针对基于数字经济背景下的制造业绿色创新系统开放式创新模式进行研究，构建了三种开放式绿色创新模式，设计了开放式绿色创新模式选择与整合方案，并提出开放式创新模式实施的保障策略。本书的研究有利于丰富制造业绿色创新系统、开放式创新模式等理论体系，为我国制造业实现绿色、开放、创新发展提供思路，为促进制造业绿色创新系统创新水平迅速提升提供理论参考和实践借鉴。

本书可供高等院校数字经济、制造经济等专业的师生和研究人员参考。

图书在版编目(CIP)数据

数字经济背景下制造业绿色创新系统开放式创新模式研究/邵博著.—哈尔滨：哈尔滨工业大学出版社，2023.12

ISBN 978-7-5767-1168-4

Ⅰ.①数…　Ⅱ.①邵…　Ⅲ.①制造工业—技术革新—研究—中国　Ⅳ.①F426.4

中国国家版本馆CIP数据核字(2024)第007694号

数字经济背景下制造业绿色创新系统开放式创新模式研究

SHUZI JINGJI BEIJING XIA ZHIZAOYE LÜSE CHUANGXIN XITONG KAIFANG SHI CHUANGXIN MOSHI YANJIU

策划编辑　薛　力
责任编辑　丁桂焱
出版发行　哈尔滨工业大学出版社
社　　址　哈尔滨市南岗区复华四道街10号　邮编150006
传　　真　0451-86414749
网　　址　http://hitpress.hit.edu.cn
印　　刷　哈尔滨市工大节能印刷厂
开　　本　787 mm×960 mm　1/16　印张12　字数220千字
版　　次　2023年12月第1版　2023年12月第1次印刷
书　　号　ISBN 978-7-5767-1168-4
定　　价　78.00元

前　言

基于绿色发展理念，为应对全球制造业格局变化，我国把“创新、协调、绿色、开放、共享”五大发展理念作为发展工业体系的重心。我国制造业初步形成绿色产品、绿色工厂、绿色园区及绿色供应链共进发展的格局。但当前，我国制造行业整体存在大而不强、发展不均衡、依赖于粗放型发展模式等问题，尤其是中小制造企业仍面临综合实力弱、绿色创新能力不足的困境。构建制造业绿色创新系统，以开放式创新为主导的绿色创新模式将成为实现制造业绿色、开放、创新发展的关键。现今新型信息通信技术、数字技术以及人工智能技术的发展，为我国制造业绿色转型升级、可持续发展带来新的机遇与挑战，为我国制造业绿色创新系统的构建与开放式创新模式的实施提供了新的思路和方法。本书基于上述背景，针对基于数字经济背景下的制造业绿色创新系统开放式创新模式进行研究，以期为在动态发展的数字经济环境中构建合适的制造业绿色创新系统开放式创新模式，促进制造业绿色创新系统创新水平迅速提升提供理论参考和实践借鉴。

本书在回顾数字经济背景下的经济理论、制造业绿色创新系统、开放式创新模式等相关研究成果后，探讨了数字经济背景下制造业绿色创新系统的构成要素、系统结构、功能及其运作过程，分析了数字经济背景下制造业绿色创新系统开放式创新的特点与动因，明确了系统开放式创新演进的阶段，为构建制造业绿色创新系统开放式创新模式的研究框架建立基础。

本书通过对数字经济背景下的制造业绿色创新系统开放式创新演进机理的分析，明确了系统开放式创新演进的特征，选择开放式创新演进的状态参量和决策参量，深入探讨了系统开放式创新演进的各阶段特征以及演进规律。在对互补资源、知识管理能力、网络能力、信息技术能力和政策支持五个状态参量进一步剖析后，运用灰色关联分析法构建了系统开放式创新演进序参量识别体系，采用2012～2019年我国25个制造业行业的样本数据，通过实证分析确定互补资源与网络能力是影响我国制造业绿色创新系统开放式创新演进的两个序参量。

在对数字经济背景下制造业绿色创新系统开放式创新模式构建方面，本书基于复杂适应系统理论设计数字化开放式绿色创新模式并构建了其运作模型，然后通过仿真方法验证了此模式的可行性和有效性；从创新网络集成角度构建横向集成、纵向集成以及融合式集成网络化开放式绿色创新模式，并对其运行机理展开深入研究；从制造业绿色创新系统开放式创新的绿色研发、绿色制造、绿色营销模式以及绿色服务四个创新过程角度设计智能化开放式绿色创新模式并对其运行机理进行剖析。

在数字经济背景下制造业绿色创新系统开放式创新模式选择与整合方面，本书运用系统有序度测算方法与容量耦合系数模型，设计开放式创新模式选择与整合方法。采用2012～2019年我国25个制造业行业的样本数据，通过实证分析判别我国制造业绿色创新系统开放式创新演进阶段，并提出相应的开放式创新模式选择和整合策略。

在数字经济背景下制造业绿色创新系统开放式创新模式实施保障策略方面，依照理论分析与实证研究结果，根据三种制造业绿色创新系统开放式创新模式的特点和运行机理，分别设计相应的开放式创新模式实施保障策略，为数字经济背景下制造业绿色创新系统开放式创新模式的顺利实施提供指导建议。

本书从数字经济背景下制造业绿色创新系统开放式创新演进机理入手，构建了三种开放式绿色创新模式，设计出开放式绿色创新模式选择与整合方案，并提出开放式创新模式实施的保障策略，有利于丰富制造业绿色创新系统、开放式创新模式等理论体系，为我国制造业实现绿色、开放、创新发展提供思路，对推动我国制造业绿色创新系统可持续发展具有重要理论价值和现实意义。

本书由哈尔滨理工大学邵博撰写第1～4章、第5章前2节、第6章、第8章及辅文部分，并负责全书的统稿工作，撰写字数合计约19.5万字；黑龙江省城乡房屋和市政基础设施运行服务中心刘永富撰写第5章后2节及第7章的内容，撰写字数合计约2.5万字。

在撰写本书的过程中，作者参考和引用了一些国内外文献，在此向相关学者表示感谢。限于作者水平及本书篇幅，书中疏漏之处在所难免，敬请读者批评指正。

作者

2023年8月

目　　录

第1章　绪　　论

1.1　研究背景

据中国互联网络信息中心(CNNIC)数据指出,截止到2022年末中国网民规模达10.51亿,互联网普及率为74.4% 。与此同时,我国数字经济规模已从2016年的22.6万亿元增至2021年的45.5万亿元,数字经济占GDP的比重也从32.9%提升到39.8%,中国数字经济规模总量目前稳居世界第二。我国要加快发展数字经济,推动实体经济和数字经济融合发展,推动互联网、大数据、人工智能同实体经济深度融合,推动制造业加速向数字化、网络化、智能化发展。数字经济发展已经成为中国落实国家重大战略的关键力量,对实施供给侧改革、创新驱动发展战略具有重要意义。

制造业是一国的经济支柱,是一国国民经济的基础产业,它的发展直接影响国计民生和国防力量的加强。改革开放30多年来中国制造业的发展从中国制造走向中国创造,由世界大工厂逐步演变为世界的制造中心。据世界银行统计数据显示,2022年我国工业增加值突破40万亿大关,约占GDP的33.2%,遥遥领先于其他国家,220多种工业品产量居世界第一位,制造业净出口居世界第一位。随着经济变化、互联网的普及与物联网技术的兴起,各国开始向可持续发展、智能制造发力。德国颁布的《国家工业战略2030》、英国推出的《英国工业2050战略》、欧盟工业数字化战略、美国的全国制造业创新网络计划等显示了发达国家对制造业发展建设的决心。近年来,我国数字经济促进先进制造业发展已对制造业产生深刻而长远的影响,以感知、互联、智能化为特点的新一代信息技术,如云计算、物联网、信息物理系统、大数据等,将为制造业的升级提供突破性技术手段。如今我国工业已正式迈入新的时代。数字经济环境推动了创新创业的大众化、开放化及平台化,催生了众多开放式创新模式。大量制造企业与云服务商合作发布工业互联网平台产品，面向数字经济背景下的制造业数字化、智能化发展需求，构建基于海量数据汇聚、分析、挖掘的服务体系，支撑制造业创新资源泛在连接、弹性供给和高效配置。

近几年我国经济增速放缓，制造业也迈入新常态。我国制造业在取得巨大成绩的同时，也面临着诸多待解决的问题，迫切需要实现由“制造大国”向“制造强国”的转变。制造业是将可用资源通过制造环节，转化为人们使用和利用的工业产品及生活消费品的过程。一方面是制造人类财富的支柱产业。另一方面也产生大量废弃物，是当前环境污染的主要源头。环境问题不仅影响人类的发展，更能威胁到人类生存。近十年来我国资源与环境约束导致发展空间不足是影响制造业发展的主要障碍。我国是发展中大国，经济总量虽达到全球第二，但环境负荷总量却已是全球最大，且我国经济保持中高速增长的趋势还要持续数年，对生态环境来说将是巨大的挑战。近年来，生态文明建设受到前所未有的重视，可持续发展和绿色生活成为大势所趋，解决经济和环境二者矛盾的唯一途径是制造业走绿色创新发展之路。

虽然中国是一个全球性的贸易大国，但它的低附加值贸易却处于全球价值链的低端，因此当前迫切需要改变中国国际分工的不利地位。制造业绿色创新的复杂性致使大多数公司在开发绿色产品与绿色创新成果商业化方面缺乏经验与实力，这就需要来自组织边界以外的创新资源支持，并与合作伙伴合作创新产生协同效应。在网络经济、数字时代环境下，产品与服务间的融合发展已经超越了传统创新模式理论与管理科学体系，随着适合各种应用场景的开放式创新模式不断出现，对制造业产品与服务的功能和形态产生剧烈改变。我国可以通过实施开放式创新，利用先进的知识、技术、信息等资源，提升绿色创新能力，促进产业升级，提升在全球价值链中的地位。在当今提倡数字经济发展的环境中，信息技术、数字技术的进步使企业越来越依赖开放式创新，IT 战略与开放式创新战略的开放性之间的一致性会为开放创新带来不同的结果。

针对中国经济新常态，党中央明确提出以“创新、协调、绿色、开放、共享”五大发展理念为指引的生态文明建设的总体方案。创新驱动和绿色发展是我国制造业转型升级、迈向中高端，促进我国经济和社会不断可持续发展的基本手段。一方面，绿色可持续发展必须依赖于创新驱动；另一方面，创新驱动发展必须围绕制造业绿色发展方向展开。工业和信息化部着力推动产业结构绿色低碳转型，持续促进传统制造业绿色化改造提升，推动构建绿色、低碳、循环的绿色制造体系。当前，各个国家间的产业竞争已经表现为国家产业创新系统之间的相互竞争。于是，在绿色发展的前提下，我国想要提升制造行业的竞争优势，必然要通过提高制造业绿色创新系统的竞争能力来实现。然而，由于制造业绿色创新系统中创新主体种类繁多且关系多样，创新资源稀缺且布局分散，创新活动流程复杂且管理困难，尤其在数字经济背景下，受到新型网络技术的影响，制造业产品的功能与内涵发生巨大变革。因此，亟待引入一套与时俱进的创新理论与管理办法，围绕制造业绿色创新系统探索新的开放式创新模式，以应对快速变化的创新环境，为我国制造业创新系统的可持续发展以及提高制造业竞争力提供有力支撑。

1.2　研究目的与意义

1.2.1　研究目的

近年来，全球气候变化和生物多样性减少现象已备受人们关注，寻求最大限度地减少对环境负影响的制造方式与消费习惯变得越来越重要。创新驱动是我国制造业发展的基本战略，新型信息通信技术、数字技术以及人工智能技术的发展，为我国制造业绿色转型升级、可持续性发展带来新的机遇与挑战。本书旨在通过梳理与借鉴国内外数字经济背景下的经济理论和创新理论、制造业绿色创新系统、开放式创新等研究成果，结合数字经济与实体经济、互联网产业与制造业融合发展的新形势，界定数字经济背景下制造业绿色创新系统的构成要素、系统结构、系统功能以及运行模式，分析制造业绿色创新系统开放式创新的含义及动因；揭示数字经济背景下制造业绿色创新系统开放式创新演进机理，确定影响系统开放式创新演进的序参量，构建与其演进阶段相匹配的三种开放式绿色创新模式，并阐明系统开放式创新模式的选择方法与转换方式，提出数字经济背景下制造业绿色创新系统开放式创新模式实施的保障措施。为在数字经济新形势下，通过实施开放式创新提升制造业绿色创新系统开放式创新水平、促进我国制造业绿色发展提供理论支持与借鉴。

1.2.2　研究意义

1.2.2.1　理论意义

构建绿色创新系统是促进我国制造业绿色发展，提升国际竞争力的基本途径，开放式创新模式则是制造业绿色创新的基本手段。本书对数字经济背景下制造业绿色创新系统构成与运行进行分析，从制造业绿色创新系统开放式创新演进机理入手，构建与不同演进阶段相匹配的三种开放式绿色创新模式，为我国制造业绿色、开放、创新发展提供一个新的视角，丰富制造业绿色创新系统开放式创新的研究理论，为提高我国制造业开放式绿色创新水平提供一定的理论支撑。

1.2.2.2　现实意义

随着数字经济规模越来越大，我国制造业绿色创新环境发生巨大变革，因此制造业绿色创新系统需要一套合理、科学的开放式创新模式来应对瞬息万变的创新环境。基于制造业绿色创新系统开放式创新演进机理构建一套开放式绿色创新模式选择与转化方案，对促进制造业绿色创新系统可持续发展具有一定现实意义，也可为我国政府科学、有效地部署制造业绿色创新战略、健全服务支撑体系、提升制造业绿色创新水平提供参考。

1.3　国内外研究现状及评述

1.3.1　数字经济发展现状及相关理论研究现状

1.3.1.1　数字经济起源及发展

随着数字技术、互联网技术在不同行业的应用融合，数字经济含义及覆盖的范围越来越广泛。因此，不同学科、不同行业的研究学者并未对其概念及内涵实现统一界定。随着智能移动终端设备的发展，移动互联网进一步拓宽了可能连接的范围，打破了社会经济体系中各要素边界，改善了信息不对称的局面，重塑了产业结构，加速了产品的革新和商业模式的融合。数字经济的发展有其自身的规律，在数字经济提出的初期，它主要表现为一系列的网络技术促进商务活动高效地进行。随着电子商务和互联网金融等线上经济活动的兴起，它又表现为一类能够促进产业链、价值链优化的应用平台。Tapscott(1995)最早提出了“数字经济”，总结出电子商务是数字经济的基本组成部分，并认为数字经济将成为社会经济发展的新形态，因此，数字经济又被称为“新经济”“互联网经济”。围绕着网络在线平台性特征，人们关注的焦点与核心问题是如何更好地利用网络在线平台开展线上商务或金融服务等活动，以有效发挥互联网的平台性特征，充分实现数字经济的平台性价值，推动基于线上平台的服务模式和商业模式创新，提高服务过程的效率和服务质量，更加灵活高效地满足用户个性化、多样化、分散化和动态性的服务需求。随着数字经济发展的进一步深入，其又展现为一类极为重要的人造资源。企业应该以互联网资源观的视角重新思考原有的生产经营方式，分析企业面临的竞争环境和内部条件，结合自身的优势，加快基于互联网资源的技术创新、商业模式创新和服务体系创新，不断优化数字资源的企业发展战略。杨善林等(2016)指出政府应以数字经济背景下的资源观，充分认识数字资源对经济社会发展影响的基本规律，制定更加精准的公共政策，促进数字资源与经济社会的融合发展，实现经济发展的转型升级。《中国数字经济发展白皮书(2020)》指出，数字经济主要包括数字产业化、产业数字化、数字化治理、数据价值化四部分。Athanasios(2019)基于动态面板数据分析发现数字经济运行比传统经济更加复杂，数字经济下产品的生产与出口活动也更加快速与灵活。基于以上，柏培文(2021)认为推动数字产业化和产业数字化协同发展将是形成数字经济新优势的关键。

1.3.1.2 数字经济背景下的创新要素

李海舰等(2014)认为数字技术、网络技术已经改变了交易场所、拓展了交易时间、丰富了交易品类、加快了交易速度、减少了中间环节，创新活动中的创新要素也正在发生翻天覆地的变化。总结数字经济环境下衍生出的新的创新要素有以下几方面。

1. 社群

一般社会学家与地理学家所指的社群(community)，可以指实际的地理区域或是在某区域内发生的社会关系，或指存在于较抽象的、思想上的关系，这种关系中的社会单位一般具有共同的价值观。李勇(2016)指出在互联网及互联信息技术不断拓展和应用的大背景下，因兴趣追求、价值认同、情感交流以及利益共享等聚集在一起，依托线上线下关联互动且相对固定的各类人群，已成为当今生活方式的新常态，它正在逐步渗透到经济社会各领域，成为推动新经济运行和新社会运行的重要基础。社群发展到一定程度会具有其特殊文化，按其自生机制自我运作，此过程是自组织过程。但是从知识传播角度看，仅凭借社群的自组织性，其知识传播面临着动力不足的难题，需要外部资源的支持。从企业创新角度看，社群的发展对创新资源要素有着重要影响，孙颖(2016)认为社群中聚集着大量的社会资源、信息资源和互助资源，并因互联网的广泛互联而时刻发生着大量的资源交互。这种资源交互为创业创新提供重要的新资源。从商业角度看，社群对企业品牌效应产生影响，在增强产品创新、价值创造、维护客户关系、提高用户满意度等方面有着重要作用，乔晗等(2023)认为社群是以社群组织和网络媒介为载体，用户基于社交关系和情感信任进行商品信息分享与购买，形成了平台、品牌方、社群主和消费者等多主体价值创造网络。从制造业生产过程角度看，社群的发展改变了制造企业传统生产模式，江平宇等(2017)指出社群可以促使大规模定制化生产方式成为主流，自组织社群可支持制造企业与消费者间通过分布式产销方式协同创造个性化的产品和服务。

2. 平台

以往提到平台主要是指计算机硬件和软件组成的操作环境，随着信息产业发展，此概念延伸到经济学、管理学领域，出现了产品平台、技术平台、商业平台、创新平台等。陈威如和余卓轩(2013)认为互联网下的平台商业模式是连接两个或多个角色群体，以提供双方或多方的互动机制来满足所有群体的需求并从中获利。周静(2015)指出，平台主要包含交易平台、社群平台、支付平台、物流平台等。与电子商务有关的平台又可以划分为宣传平台、销售平台、服务平台。冯华和陈亚琦(2016)认为传统商业模式中经济时空与物理时空高度契合的状态随着信息、通信、网络技术的发展而发生变化，在数字经济环境下，经济时空的内涵与外延已经突破了物理时空的约束向外拓展，这种契合变化引发了平台商业模式创新。数字经济环境下平台商业模式创新过程是克服或降低物理时空的约束，努力在无限延展的经济时空捕获价值。以往的研究中，学者大多把平台看作一个由政府主导，多个组织集成的网络系统来研究。近年来，部分学者从其他角度诠释了平台特征。Davies 等(2018)认为其中创新平台(Innovation Platforms，IPs)是多个利益相关组织之间的互动，是调整知识、人员和资源以应对复杂环境中的挑战和机遇的一种方式。张琼妮(2014)强调它是某一领域中一系列包括知识、信息、技术、人才、政策以及物质性公共设施与组织等共享要素的集合，可以形成一个有利于提出原创性知识、科技成果转化、收集创新资源、进行交流与扩散的共享平台。如今随着数字技术快速发展，互联网创新平台具备了更开放、更高效、资源更加丰富、更多用户随时随地参与协作的特点。熊爱华、侯德恩(2023)基于机会资源一体观给出了平台企业的商业模式创新路径。在平台管理方面，Constance 和 Ruth(2018)认为，作为合格的平台领导者至少需要具备创新能力、环境扫描和传感能力以及生态系统协调的综合能力，这些动态能力在提高平台领导者利用创新机会、应对环境威胁、获取创新价值方面发挥着关键作用。

3. 大数据

大数据 (Big Data)，或称大规模数据，美国国家科学基金会(NSF) 将其定义为“由科学仪器、传感设备、互联网交易、电子邮件、音频视频软件、网络点击流等多种数据源生成的大规模、多元化、复杂、长期的分布式数据集”。Manyika 和 Chui (2011)认为大数据时代的到来最先是由麦肯锡全球研究院提出的，数据已经渗透到每一个行业的每一个业务并逐渐成为重要的生产要素，人们对于海量数据的运用预示着新一轮生产率的增长和消费者盈余浪潮的出现。大多数文献中将大数据的特点归纳为：海量的数据规模（Volume），快速的数据流转和动态的数据体系（Velocity），多样的数据类型（Variety）和巨大的数据价值（Value），能够感知通过无处不在的传感器传递的数据，时刻计算并分析存在于现实世界和虚拟世界交融的复杂网络关系并适时做出判断和决策，对社会发展及人们生活有着巨大影响。数据的威力无比强大，其作为一种新的经济资产，就像货币和黄金一样。大数据不仅是一次技术革命，从某种意义上说是一种社会革命，将对国家治理模式、企业决策、组织和业务流程、个人生活方式产生巨大的影响。在大数据时代，企业的创新活动与创新能力发生着变化，Tian 等（2022）认为在大数据环境下，企业的知识获取能力与信息处理能力得以大幅度提升，企业制定决策思路更加明晰与理性，企业的大数据能力对其进行绿色创新活动具有明显的直接影响。

1.3.2　制造业绿色创新系统研究现状

1.3.2.1　绿色创新

经济发展中的创新理论是由熊彼特教授在其著作《经济发展理论》中首次提出的，在新技术革命浪潮带动下，技术创新受到产业界与学术界的关注。曲峰庚和董宇鸿（2013）认为自工业时代起，随着全球资源日益紧张，环境恶化形势日益严峻，以绿色、智能和可持续为特征的创新活动将改变人们的生产方式与经济社会发展模式。20 世纪企业实施绿色创新战略普遍被认为是高投入低回报，因此大多数是以环境规制为主要实施驱动力。随着社会绿色发展意识不断增强，消费者的绿色需求已成为影响企业实施绿色创新的主要因素。Pavel 等（2019）指出随着社会环保意识的逐渐加强，经济增长和生态问题促使各行业采用环保技术和设备，Jakobsen（2016）发现越来越多的人意识到环境恶化问题，促进创新活动转向基于绿色技术和绿色消费模式的可持续经济活动，消费者对绿色产品需求的变化，使更多的企业把可持续发展作为目标，不断地思考改进技术、产品和模式的方法，因此，市场需求与技术发展已成为现今企业绿色创新的主要驱动力。

在绿色创新内容方面，Birgit（1998）认为制造业绿色创新旨在在创新过程中节约能源、降低资源消耗、减少污染，达到经济增长与环境保护和谐发展，它是在经济战略中引入生态维度，包含开发新产品或技术、新市场以及新系统等内容。绿色创新含义广泛，王永贵、李霞（2023）把企业绿色创新绩效分为策略性绿色创新绩效和实质性绿色创新绩效。

在开展绿色创新的过程方面，Lee 和 Tang（2017）指出企业战略性地实施绿色创新，充分体现出其具备的社会责任感和价值观，绿色创新有别于传统创新的特点在于企业开展创新活动对环境的正面影响，体现出经济活动与自然环境的和谐发展。De Jesus Pacheco 等(2017)确定影响制造业中小企业绿色创新的决定因素，包括支持生态创新的政府政策、资源的可用性、绿色创新战略的认知、面向环境的技术咨询、产品和过程生态、供应网络中的创新导向方法、合作伙伴关系，提出描述决定因素和战略选择关系的系统模型，以解决制造业中小企业进行绿色创新的障碍。

对绿色创新理论的发展脉络梳理后，可发现各学者从多种视角对绿色创新进行了定义，总结起来主要分为三种：第一种将其定义为以降低对环境不利影响为目标的创新活动；第二种是从创新绩效角度将其视为引入环境绩效的创新；第三种定义是将其看作对环境创新或绩效的改进。学者们对绿色创新的定义都涉及绿色创新内容与创新目的，归纳起来如表 1.1 所示。

表 1.1　绿色创新含义归纳

创新内容	创新目的	研究学者
生态创新是指相关行为者(公司、政治家、工会、协会、居民)开发或采用新的思想、行为、产品和流程，降低环境压力	减轻环境负担或实现一定的可持续性目标	Renning(2000)
包括产品、工艺、营销、组织和制度等一系列以生态友好为目的的一系列创新的集合	生态友好、改善环境、提高环境绩效	OECD(2010)
绿色创新是指利益相关方使用全新或者改进产品、工艺、技术以及对管理系统的开发和应用	改善负面环境影响和实现特定生态目标	Kemp 和 Pontoglio (2011)
绿色产品创新、绿色工艺创新、绿色技术创新以及绿色管理创新	绿色创新是制造业实现环境绩效的驱动力	Tseng 等 (2012)
它不仅指产品、技术，营销、管理流程及实践或组织方法的创新，还包括社会和体制结构的创新	绿色创新可以缩小企业的环境足迹，以此来提高竞争力，同时保护环境、节约宝贵资源	Lampikoski(2014)

续表1.1

创新内容	创新目的	研究学者
开发和推广更具生态适应性的产品、流程、组织模式和系统来改善当代和后代的生活条件	改善生态环境，为可持续环境做出贡献	Halila 和 Rundquist (2014)
可持续性产品设计、减少资源投入、降低环境污染、加强安全管理、树立社会责任	既满足人类需求提供更好的生活质量，同时在产品生命周期中降低自然资源消耗，降低污染排放量，并加强企业责任、营造良好健康的生活环境	Rauter 等 (2018)
绿色技术创新包括绿色工艺创新和绿色产品创新	绿色工艺创新旨在减少生产过程中或将废物转化为有价值物品的过程中的能源消耗 绿色产品创新旨在在生产过程中改变或修改产品设计以减少对环境的负面影响并提高能源效率	Xuemei Xie 等 (2019)
二元性绿色创新包括开发性绿色创新和探索性绿色创新	开发性绿色创新指直接获取使用成熟的绿色技术、设备及方法等实现绿色创新 探索性绿色创新指企业可能通过探索性学习在更广范围内进行更高层级的搜寻，尝试绿色创新活动	Juanru Wang 等 (2020)

资料来源：根据相关文献整理。

从以上文献整理可以看出，绿色创新是以企业为核心主体，以实现组织、经济、社会环境与自然环境共同和谐可持续发展为目的，多主体、跨学科、多领域技术相互渗透开展各种类型创新活动的集合。从创新过程视角出发包含绿色研发、绿色制造、绿色营销、绿色物流、绿色回收等阶段。从创新对象视角来看包括绿色产品创新、绿色工艺创新、绿色管理创新以及宏观层次的社会和体制创新。

1.3.2.2 产业创新系统

对于创新系统而言，从宏观到微观囊括了国家创新系统、区域创新系统、产业创新系统、企业创新系统等多个方面。李春艳和刘力臻(2007)认为产业创新系统是连接企业创新系统与国家创新系统的桥梁，国家或区域的核心竞争力是产业竞争力，企业创新也会受到产业创新的影响，所以产业创新系统在创新体系中起到承上启下的作用。Freeman(1997)首先提出产业创新理论，认为产业创新包括技能创新、产品创新、流程创新、营销创新与管理创新，不同的产业其创新内容各不相同。Malerba和Breschi(2000)在国家创新理论、技术系统理论以及演化经济学理论基础上提出了产业创新系统的概念，将其定义为一系列相关企业生产和使用产业技术，并积极开发与制造产业产品的系统集合。

学者们通过对国家创新系统与区域创新系统的研究，提出了产业创新系统的构成要素与结构。Asheim(2007)指出产业创新系统是由与产业相关的知识创新与技术创新的创新主体构成的网络体系，主体间通过交流、协同与合作共同促进产业创新以及提高竞争力。苏屹等(2016)认为它是一个结构复杂、功能多样的复杂社会系统，其内部的创新主体子系统、创新资源子系统、创新环境子系统三个部分依照协同学原理逐渐演进。

随着生态系统理论的发展，诸多学者结合生态系统、创新系统、组织行为理论等对产业生态创新系统进行了研究。Ander和Kapoor(2010)认为创新生态系统可以提高不同产业间的联系程度，促进技术创新，提高产业创新水平。王宏起等(2018)发现对科技资源的高效合理地运用，可以促进产业创新生态系统中核心、辅助和支撑创新层间的资源流通，平衡创新生态系统结构，提高其创新效率。胡登峰等(2021)从产业创新生态系统演变视角对我国新能源汽车产业进行研究发现，企业作为产业及创新生态系统内的关键创新主体，既支撑了产业张力，又塑造了企业竞争优势和生态位。

1.3.2.3 制造业绿色创新系统的含义

制造业绿色创新系统是国家或区域内，以实现制造业绿色发展、经济可持续发展和创新扩散为目的，以绿色创新为目标，由参与主体通过一定行为规则与制度模式，相互联系与相互作用，通过创新过程连接而成的协同创新网络系统。我国学者毕克新对制造业绿色创新系统的研究较为深入，认为绿色创新系统是在一定环境背景下，各主体与非主体要素在创新动力的作用下结合创新资源，通过创新过程连接成的网络体系，以实现可持续发展、经济发展与绿色创新和扩散。并与众学者从制造业绿色创新系统的运行机制、绿色创新动力与创新模式、绿色创新能力以及绿色创新绩效等方面展开研究。

1.3.2.4　制造业绿色创新系统的构成

制造业绿色创新系统中的参与主体包括企业、大学、科研机构、中介服务机构以及政府等组织，主体间流通的创新资源包括人力资源、资本资源和信息资源，系统由绿色知识生产、绿色知识传播与绿色知识应用三个子系统构成。

刘刚(2015)认为制造业绿色创新系统是由创新主体、创新资源、创新动力与创新过程四个要素构成的。制造业企业、政府、高校与科研机构、中介服务机构是绿色创新系统的四大创新主体；创新资源包括创新活动顺利开展需要投入的人力、物力、资金及技术等资源；创新动力是驱动绿色创新活动的重要驱动力；创新过程是从研发到生产再到最终销售的全过程。

1.3.3　开放式创新模式研究现状

随着经济全球化的进程加快，企业面临着更加激烈的竞争环境，Stanko 等(2017)认为在当今的全球社会中，面对新的创新环境，企业认识到他们可以与世界其他地区的组织建立伙伴关系，在相互接触中获益良多，企业的创新模式也由封闭、高集权的“封闭式创新模式”逐步转向“开放式创新”模式。创新主体之间通过多种方式进行交流合作，整合外部和内部创新资源，达到缩短创新周期、降低创新成本和风险的目的。2003 年，Chesbrough 教授通过将研发投入很高的企业与研发投入较低但有意识利用外部创新资源的企业进行对比发现，前者的创新效率和回报率低于后者，总结其根本原因为前者只注重内部研发而忽视了大量的外部创新机会，据此提出了开放式创新思想。开放式创新作为一种新的创新管理范式，是针对传统的封闭式创新提出的。针对以前的产品所需技术完全在公司内部研发，创新成果也主要在公司内部进行商业化这种封闭式创新而言，开放式创新的产生是由于创新资源日趋分散和创新成果高度不确定，企业必须利用外部技术市场的背景，即企业既要从外部吸收创新成果，又要向外转让或在外部开发不适于内部利用的创新成果。自开放式创新概念提出后，引起企业界与学术界的高度关注。

1.3.3.1　开放式创新的内涵

Chesbrough(2003)最初提出开放式创新概念时，从资源角度阐述了开放式创新的内涵，即企业整合内部与外部的创新资源进行技术研发，并将内部技术带入市场或者利用外部渠道实现商业化，相对于传统的封闭式创新，具有更强的创新能力和市场化能力。随着学者研究的深度不断加强，范围不断扩大，Bogers 等(2019)又从知识流动视角对开放式创新做出了解释，认为单一企业的知识储备已经无法满足从模糊前端到产品研发直至产品上市过程所需要的全部知识，获取外部知识成为企业弥补知识缺陷的必然选择。而开放式创新是一个分布式创新流程，建立在明确目的之上结合每个组织的商业模式，运用金钱或非金钱机制，有意识地进行知识流入与流出，促进内部技术创新并扩大市场范围。其中“创新”包含了新的产品、流程、服务以及改进的开发活动和商业化过程，“开放”指知识可以有目的地出入组织边界。基于资源和知识视角归纳总结出开放式创新内涵如表 1.2 所示。

表 1.2 开放式创新内涵总结

视角	核心观点	代表学者
资源视角	知识、创意、人才和技术等创新资源在企业、高校及科研院所之间流动与整合	Christensen (2005)
	企业结合自身研发能力，系统地在内外部寻找创新资源，从多渠道获得创新、产品市场化机会的运营模式	West 和 Gallagher (2006)
	创新主体通过资源公开、交换与整合实现创新的过程，基于获取外部创新资源的视角，开放式创新可描述为获取、整合、转化以及互动四个过程	温兴琦和 David Brown (2016)
知识流动视角	开放式创新结合适当的组织文化能够培养企业的创造力和灵活性，打破组织边界，利于不同企业间的知识流动、探索和吸收	Scalizaj(2022)
	企业可以在实施内向型开放式创新的同时，以外向型开放式创新作为补充，以不同方式促进企业发展	邢会等(2022)
	开放式创新网络是各种行为者交换多种知识的结果，这些行为者针对不同类型的知识发挥异质作用	Jessica 等(2018)

资料来源：根据相关文献整理。

1.3.3.2 开放式创新的合作对象

企业在创新活动中与不同类型的对象合作对应着不同的目的。组织从外部获取新技术的方式可以是共同研发、许可转让、购买知识产权、并购、创建合资企业等。OECD(2008)在报告中指出，开放式创新的合作对象覆盖了竞争者、供应商、顾客、咨询服务公司、私人研究机构、高等教育机构、公共研究机构以及政府。Poot 等(2009)从封闭式创新战略到开放式创新战略过程角度，将其分为四种合作类型：内部创新，创新对象以企业内部创新组织为主；横向合作，是指与竞争对手合作；纵向合作，是指与上游供应商、下游客户的合作；知识密集型合作，是指与咨询服务公司、大学、其他科研机构的合作。Mention(2011)构建了创新新颖性的研究框架并定义了与不同主体的四种合作类型：基于科学技术的合作、基于市场的合作、集团内部合作以及与竞争对手合作，企业与每一种类型对象的合作都能够通过获得不同创新资源提高创新新颖性。Bigliardi 等(2022)认为企业通常不可能仅依靠内部资源开展创新活动，不可避免地与供应商、制造商及顾客等外部利益相关者展开合作，即引入开放式创新，转变供应链设计和管理方式。我国市场体制虽然与国外不尽相同，但国内学者对于创新合作主体分类方式方面的研究与国外大同小异。刘振和陈劲(2010)从创新资源的视角把企业实行开放式创新所需的外部创新源分为供应商、竞争者、用户、非相关企业、科研机构、大学、技术中介、政府等。

1.3.3.3　开放式创新的开放度

在全球化社会中，大部分企业已经在不同程度上实施了开放式创新，随着相互合作的创新主体、流通的创新资源数量越多，创新管理复杂程度也越强。为了衡量企业在开放式创新中对外部开放的程度，Laursen 和 Salter(2006)最早定义了开放度(openness)的概念，认为开放度由开放广度和开放深度两个维度构成。开放广度指企业与外部主体合作中创新资源的数量，开放深度指企业与外部主体合作的程度。在实证研究中发现，企业对外部资源搜索的广度和深度与创新绩效呈倒"U"形关系。企业与外部资源建立适当联系有助于提升创新绩效，但是由于企业关注能力有限，过大的开放会增加创新成本，所以对外部创新资源搜索的广度与深度超过一定程度，创新绩效到达峰值后反而会下降。国内学者贾西猛、李丽萍等(2022)引用上述对开放度的定义，发现在数字经济的背景下，企业的数字化转型能够显著降低信息不对称现象，并能减少企业研发操作，以此提高企业开放式创新的开放广度和开放深度。王丽平和狄凡莉(2017)通过实证研究分析得出，创新开放度对新创企业绩效与组织学习均产生积极影响。

针对开放度的测量方面，Hippe(2010)认为，从基本属性视角来看，开放度指组织边界的可渗透性，即创新要素能够通过边界流入或流出组织的程度。Knudsen 和 Mortensen(2011)认为测量开放度除了宽度和广度之外，组织内外部的合作模式也是分析开放度的一个重要指标。曹勇和李杨(2011)从外部创新源、组织模式与知识治理三个维度对开放度进行系统分析，提出应该综合考虑这三个维度从不同形式上反映的企业的创新开放程度。Tina 和 Nicolai(2015)根据合作伙伴数量和资源整合的划分方法，从企业开放式创新战略角度，将开放度分为知识搜索深度及宽度，并针对知识搜索不同程度提出了基于市场的创新策略(低深度与低广度)、基于群众的创新策略（低深度与高广度）、协同创新策略（高深度与低广度）以及基于网络的创新策略（高深度与高广度）四种不同创新策略。

1.3.3.4 开放式创新模式

模式用来描述所交流的问题及其解决方案。学者们对开放式创新模式的类型划分存在不同观点，具体分类方式如表 1.3 所示。

表 1.3 开放式创新模式分类

分类标准	模式分类	作者
合作伙伴数量和创新过程角度	封闭式创新、整合协作模式、专门协作模式、完全开放模式	Lazzarotti 和 Manzini(2009)
有无资金交易	有资金交易的内向型获取(Acquiring)模式与外向型销售(Selling)模式，无资金交易的内向型开源(Sourcing)模式与外向型释放(Revealing)模式	Dahlander 等(2010)
创新过程和成果的开放程度	封闭式创新、私有开放式创新、公共创新、开源式创新	Huizingh (2011)
市场动机和技术动机角度	保守型、技术创新型、市场扩张型、双元型开放式创新模式	马文甲、高良谋(2014)
治理角度	市场或合约形式、合作伙伴或联盟形式、竞赛联赛或创新平台形式、用户或社区创新	Teppo Felin 和 Todd R. Zenger(2014)
知识流动方向	内向型、外向型、耦合型开放式创新模式	Chesbrough(2016)
创新资源的来源和整合方向	价值链纵向资源整合模式、创新链横向资源整合模式以及产业链多元资源整合模式	王帅(2016)

资料来源：根据相关文献整理。

从开放式创新开放度的角度，Lazzarotti 和 Manzini(2009)根据外部合作伙伴数量与创新过程两个维度，把创新模式分为在伙伴合作数量与过程两方面都不开放的封闭式创新、合作伙伴数量少但创新过程开放多的整合协作模式、合作伙伴数量多但创新过程少的专门协作模式、合作伙伴数量和开放过程都多的完全开放模式。Huizingh(2011)根据创新过程和创新成果的开放度将创新模式划分为：创新过程和创新成果均封闭的封闭式创新、过程开放而成果封闭的私有开放式创新、过程封闭而成果开放的公共创新、过程和成果均开放的开源式创新。

知识通过组织边界以由外向内和由内向外两个方向流动，基于流通方向分为内向型、外向型以及耦合型开放式创新模式。针对内向开放式创新模式的研究，

Faems等(2005)认为内向型开放式创新指组织从边界外部探索和获取知识的活动,知识来源包括供应商、竞争和合作者、客户、大学与研究机构、咨询服务组织或政府等外部主体。Tether和Tajar(2008)认为采用内向型开放式创新模式的企业,目的是从外部获得自身没有的技术和能力,通过寻找、筛选、评估、获取及利用外部知识,来加速内部创新和知识外流速度,以在目标市场扩大和扩散创新活动。West和Bogers(2013)把内向型开放式创新分为信息获取、集成以及商业化三个阶段。Huston和Sakkab(2006)认为宝洁公司的"联合+开发"项目就是一个典型的内向型开放式创新案例,它从全球知识网络中征集和协调了来自客户、供应商、大学以及其他外部组织或个人的外部贡献,并进行内化工作。在外向型开放式创新的研究方面,Tranekjer(2012)认为外向型开放式创新是组织把没有使用或使用不足的创意与资产转移到外部,使其他组织用于创新活动和商业模式中。盛济川等(2013)认为采用外向开放式创新模式的企业在技术分析阶段可采用非股权战略联盟模式,在产品分析阶段可采用提供技术服务模式,在市场分析阶段可采用提供技术授权的组织模式实现外向开放式创新。

基于耦合流程角度,Bogers(2011,2012)从外部参与者的属性、协作的拓扑结构、创新轨迹三个维度指出耦合型开放式创新是将内向型与外向型两种创新流程结合在一起的创新模式。在耦合式开放式创新模式实施过程中需要两个或以上的合作伙伴共同开展发明和创新成果商业化活动,有目的地将知识流入与知识流出相结合,有效地管理穿越组织边界的双向知识流,从而协作完成整个创新过程。

1.3.4　国内外研究现状评述

通过对国内外相关文献的梳理与总结后发现,在数字经济背景下的经济理论和创新理论、制造业绿色创新系统、开放式创新等方面已取得了较丰硕的研究成果,这为探索数字经济背景下制造业绿色创新系统开放式创新模式奠定了重要基础。然而,关于新型经济下互联网技术带动的技术环境与市场环境变革下的制造业绿色创新系统的可持续发展需求,当前研究内容综合起来尚存在以下几点不足。

1.3.4.1　数字经济背景下的经济理论和创新理论研究评述

随着数字经济的快速发展及其对社会生活、生产方式、创新模式的影响增大,诞生了诸如数字经济、网络经济、共享经济等一系列新的经济理论。国内外学者已对这些理论的内涵进行了多角度的研究,但这些理论是否适用或支持制造业绿色创新的发展还有待探讨。近年来,两化融合、工业4.0的相关内容已成为研究热点,信息技术的运用对制造企业创新绩效的影响机理,以及制造企业数字化转型的方法和途径等方面研究已有大量学者涉入。但怎样依托数字经济环境实现制造业绿色创新的方法、路径等研究尚存空缺，对于数字技术、新型网络技术、智能技术对制造业绿色创新模式的构建和运行的影响等方面还未有更深入的研究。

1.3.4.2 制造业绿色创新系统研究评述

国内学者结合绿色创新理论与产业创新系统理论对传统制造业绿色创新系统的含义、结构、创新动力、创新过程以及创新绩效等方面进行了较细致的研究，但并未揭示出数字经济背景下制造业绿色创新系统动态、复杂、自适应、可持续性的发展特征。在制造业绿色创新系统构成要素方面，大部分研究从创新主体、创新客体、创新资源、创新动力、创新过程等方面进行了详细分析，却忽视了网络环境中创新平台这一要素的功能和作用。针对制造业绿色创新系统创新效果的判别，大多停留在通过创新绩效、创新能力等某一方面功能进行评价，并不能全面、综合地反映出在数字经济背景下制造业绿色创新系统的创新水平。在制造业绿色创新系统的创新模式方面，有学者从绿色创新动力角度提出了相应的创新模式，但鲜有研究从宏观角度对制造业创新系统的开放式创新进行深入探索，尤其缺乏在数字经济背景下制造业绿色创新系统创新模式的研究内容，数字经济背景下制造业绿色创新系统开放式创新演进机理及模式等内容均有待扩充。

1.3.4.3 开放式创新模式研究评述

开放式创新已是创新科学研究所关注的焦点，在开放式创新的概念和特点方面国内外研究已较为丰富和成熟，但却少有以制造业绿色发展理念来揭示开放式绿色创新的含义及特征的研究。在开放式创新模式研究方面，现今研究大多站在企业微观视角展开，主要通过区分创新动因、创新战略、知识和资源流通方式、开放度等单因素的不同来划分或设计开放式创新模式。在开放式创新模式构建方面，国内外的研究大多还停留在某一条件或某一环境下的一种或一组创新模式，并未有学者从开放式创新演进的视角确立动态变化的开放式创新模式。制造业绿色创新系统是一个宏观层面不断变化的复杂系统，其开放式创新模式也应受到多种要素的协同作用而动态变化，因此迫切需要从数字经济环境的影响、开放式创新的动态发展趋势等多维度视角，综合性地确定制造业绿色创新系统在多变复杂的环境中构建、实施开放式创新模式的方法与途径。

1.4 研究内容与方法

1.4.1 研究内容

本书研究内容包括以下几方面。

(1)数字经济背景下制造业绿色创新系统开放式创新的理论解析与开放式创新模式研究框架设计。在对数字经济背景下的经济理论和创新理论、创新系统理论、绿色技术创新理论、开放式创新理论、信息生态理论进行系统分析的基础上,界定了数字经济背景下制造业绿色创新系统构成要素、结构、功能及运作方式,总结出系统开放式创新的含义及动因,设计了数字经济背景下制造业绿色创新系统开放式创新模式研究框架。

(2)数字经济背景下制造业绿色创新系统开放式创新演进机理分析。明确了数字经济背景下制造业绿色创新系统开放式创新演进的特征、参量、阶段和规律。通过重点对互补资源、知识管理能力、网络能力、信息技术能力和政策支持五个状态参量分析后,运用灰色关联分析法测算五个状态参量对系统开放式创新水平决策参量影响的重要程度,并最终确定互补资源与网络能力是影响开放式创新演进的序参量。

(3)数字经济背景下制造业绿色创新系统开放式创新模式构建。依据制造业绿色创新系统开放式创新的演进机理,依次设计出与开放式创新演进阶段相对应的三种开放式创新模式。首先,在分析数字化开放式绿色创新模式的含义及特点后,基于复杂适应系统理论设计出其构成与运作模型,并通过仿真方法验证了此模式的有效性。然后,从创新网络集成角度对网络化开放式绿色创新模式的含义、特点以及集成方式进行分析,构建横向集成、纵向集成以及融合式集成网络化开放式绿色创新模式,并对其运行机理展开深入分析。最后,在分析智能化开放式绿色创新模式的含义和特点后,从制造业绿色创新系统开放式创新的绿色研发、绿色制造、绿色营销以及绿色服务四个创新过程角度设计出智能化开放式绿色创新模式并对其运行机理进行深入探讨。

(4)数字经济背景下制造业绿色创新系统开放式创新模式选择与整合。整理出数字经济背景下制造业绿色创新系统开放式创新模式是由主导模式配以辅助模式的整合思路,基于系统有序度测算方法与容量耦合系数模型,设计出开放式创新模式选择与整合方法。最后通过实证分析判别近阶段我国制造业绿色创新系统开放式创新演进阶段，并提出相应的开放式创新模式选择和整合策略。

(5)数字经济背景下制造业绿色创新系统开放式创新模式实施保障策略。结合前文的研究结果，分别对数字化开放式绿色创新模式、网络化开放式绿色创新模式、智能化开放式绿色创新模式提出实施保障策略。

1.4.2 研究方法

(1)文献分析法。采用文献分析法对国内外有关数字经济环境下的创新要素、绿色创新、制造业绿色创新系统以及开放式创新模式的特点及分类等研究系统地进行比较综合分析，为后文的深入研究奠定基础。

(2)灰色关联分析法和熵权法。基于灰色关联分析法构建影响制造业绿色创新系统开放式创新演进序参量的识别体系，运用熵权法确定各参量指标的权重，最终通过实证分析法确定数字经济背景下制造业绿色创新系统开放式创新演进的序参量。

(3)仿真方法和算例分析法。在对数字化开放式绿色创新模式进行设计后，运用仿真方法和算例分析法验证模型的可行性与有效性。

(4)有序度和协同度测算法。运用子系统有序度与复合系统协同度测算法，从互补资源和网络能力两个序参量入手，构建开放式创新模式的选择与整合方法，为数字经济背景下我国制造业绿色创新系统开放式创新模式选择与整合提供依据。

1.4.3 技术路线

本书的技术路线如图 1.1 所示。

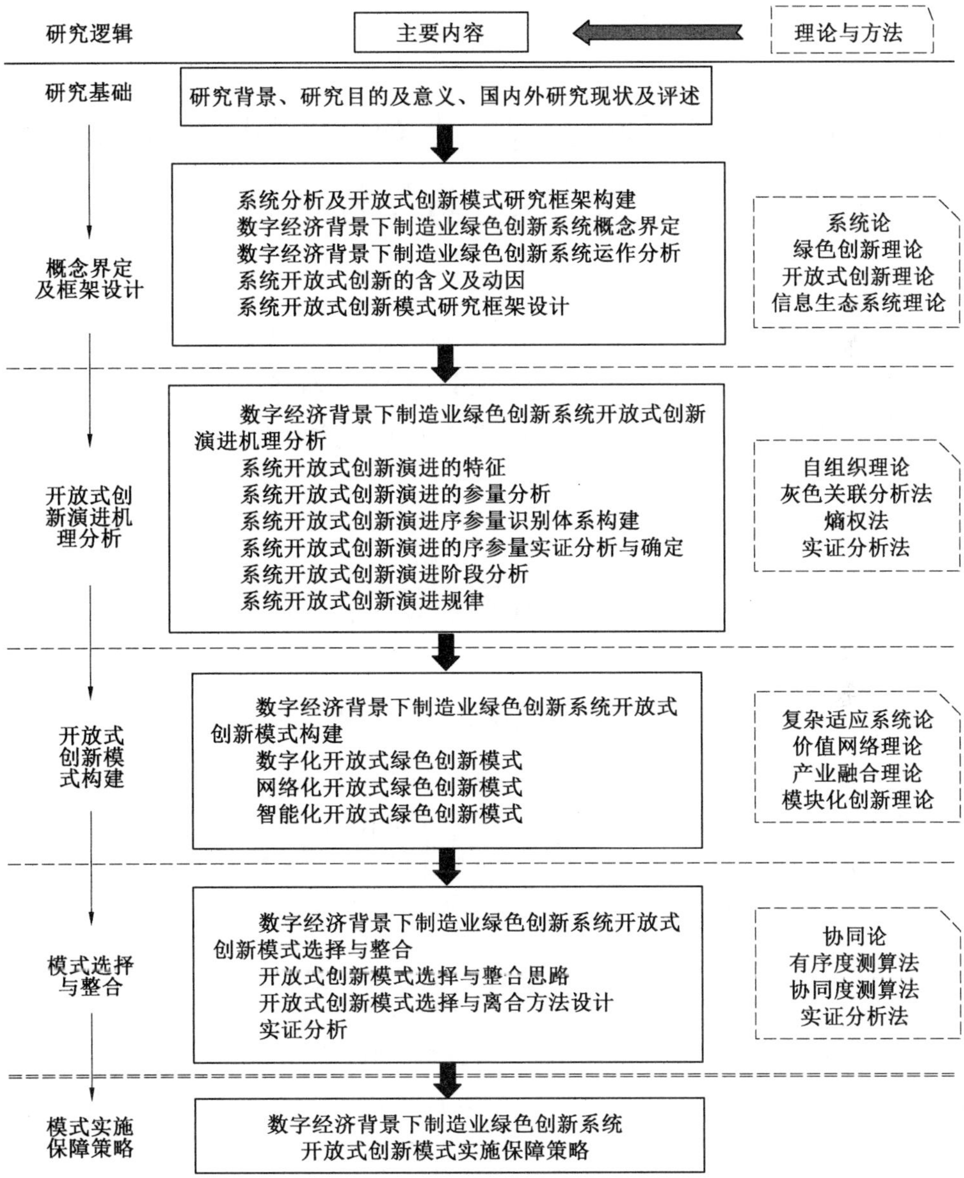
研究逻辑
主要内容
理论与方法
研究基础
研究背景、研究目的及意义、国内外研究现状及评述
概念界定及框架设计
系统分析及开放式创新模式研究框架构建
数字经济背景下制造业绿色创新系统概念界定
数字经济背景下制造业绿色创新系统运作分析
系统开放式创新的含义及动因
系统开放式创新模式研究框架设计
系统论
绿色创新理论
开放式创新理论
信息生态系统理论
开放式创新演进机理分析
数字经济背景下制造业绿色创新系统开放式创新演进机理分析
系统开放式创新演进的特征
系统开放式创新演进的参量分析
系统开放式创新演进序参量识别体系构建
系统开放式创新演进的序参量实证分析与确定
系统开放式创新演进阶段分析
系统开放式创新演进规律
自组织理论
灰色关联分析法
熵权法
实证分析法
开放式创新模式构建
数字经济背景下制造业绿色创新系统开放式创新模式构建
数字化开放式绿色创新模式
网络化开放式绿色创新模式
智能化开放式绿色创新模式
复杂适应系统论
价值网络理论
产业融合理论
模块化创新理论
模式选择与整合
数字经济背景下制造业绿色创新系统开放式创新模式选择与整合
开放式创新模式选择与整合思路
开放式创新模式选择与离合方法设计
实证分析
协同论
有序度测算法
协同度测算法
实证分析法
模式实施保障策略
数字经济背景下制造业绿色创新系统开放式创新模式实施保障策略

图1.1　技术路线

第2章　数字经济背景下制造业绿色创新系统分析及开放式创新模式研究框架

数字经济背景下制造业绿色创新系统是一个以互联网平台为依托，深受网络技术环境、市场环境、政策环境影响，多主体协同合作并实现资源优化配置的复杂、开放、动态发展的系统。本章结合经济、科技以及产业绿色发展的战略需求，深入剖析了数字经济背景下制造业绿色创新系统的结构和运行活动，阐明了系统开放式创新的含义和动因，设计出数字经济背景下制造业绿色创新系统开放式创新模式的研究框架。

2.1　数字经济背景下制造业绿色创新系统概念界定

2.1.1　数字经济背景下制造业绿色创新系统要素

数字经济背景下制造业绿色创新系统是一个由多要素构成的复杂网络系统。各种要素不断变化，不同要素之间相互关联、相互作用，以一定的组合方式完成绿色创新活动。数字经济背景下制造业绿色创新系统由主体要素、创新过程要素、资源要素、网络创新平台要素以及环境要素五部分构成。

2.1.1.1　主体要素

主体要素是制造业绿色创新系统的基本组成部分，也是绿色创新活动最主要的参与者。数字经济背景下制造业绿色创新系统的主体要素指运用新型信息技术通过互联网平台进行创新活动的组织或部门，主要包括：制造企业、高校及科研机构、中介机构、网络大众与政府。

1. 制造企业

制造企业是进行绿色创新的核心主体，是整个绿色创新活动的承担者与实践者，是绿色创新的主导力量。具有投资创新活动，吸收转化创新资源、实施创新过程并将创新成果商业化的功能。制造企业是制造业最主要的组成部分，任何形式的制造业绿色创新成果都必须通过制造企业开发与实践并进行产业化，最终转化为满足社会需求的绿色产品及服务，实现其市场价值。从创新网络的角度分析，主导企业是系统创新网络的核心，影响着创新网络中其他企业的联动发展。配套企业沿着创新链、产业链，围绕着主导企业进行创新活动，形成协同创新网络，构成绿色创新系统竞争力。在数字经济环境下，企业边界逐渐模糊，企业组织模式产生了虚拟化、去中心化、平台化等新的模式。

2. 高校及科研机构

高校及科研机构具有知识聚集、流通、生产、扩散与转移的重要功能，是绿色创新的重要孵化器，主要从事原始性、无商业目的的研究活动，提供绿色创新基础理论与应用等方面的知识成果以及技术支持，与其他主体在创新过程的协同合作中完成绿色创新成果转化与商业化。科研机构处在制造业绿色创新系统创新链的上游环节，主要辅助制造企业进行新产品、新技术研发，为绿色创新提供硬性和软性技术基础，在产业层面推动制造业绿色创新。高校不仅作为绿色创新系统的知识储备库，还为系统不断培育和输送以可持续发展为目的的绿色创新所需的创新人才。

3. 中介机构

中介机构是维持制造业绿色创新系统正常运行的必要条件，标志着创新系统分工和专业化程度，扮演着催化剂和黏合剂的角色，可降低绿色创新成本，加快创新资源的流动，实现创新要素的合理配置。数字经济背景下的制造业绿色创新系统中介机构主要包括具有影响力的利益集团（产业协会和非商业性组织等）、运营商（网络运营商、服务运营商、平台运营商等）、金融机构以及技术标准组织。利益集团可以为系统各类创新主体提供绿色创新相关的专业技能、专业化服务与沟通平台，是绿色技术转移与扩散的重要渠道。运营商是互联网技术与服务的提供者，大部分传统型制造企业与中小企业缺乏专业化的信息技术知识，没有雄厚实力配备网络硬件软件设施，网络运营商与服务运营商则可以低成本、高效率地为创新主体提供网络技术与服务支持，促进制造业数字化转型。金融机构通过投融资行为为绿色创新活动提供资金支持，其中依托互联网兴起的投资平台，可以聚集社会中的闲散资金，增加创新主体间的资金流通渠道，提高资金流通效率，保障和支持绿色创新活动。技术标准组织是负责制造业技术领域标准化活动、辅助企业规范化和标准化绿色知识产权与绿色技术成果、协调技术创新体系与技术标准体系来提高制造业竞争力的组织。

4. 网络大众

在网络环境中，价值创造“大众化”已经是一种新的趋势。数字经济背景下生产制造活动的起点不再仅仅是制造企业，而是向需求端用户转移，绿色创新链、价值链由传统企业推动模式向用户拉动模式转化。以全球人才作为知识创新资源，通过共享网络或社群平台，让网络大众参与到制造业绿色创新过程中，使其成为价值创造的参与方之一。产品用户和消费者通过对绿色产品的使用和绿色服务的体验、同商家的咨询交流在网络平台的活动中产生了大量创新灵感和思路，支持者的创新热情也为绿色产品和服务提供了更大商业价值，以用户创造价值已成为新的趋势。由个人或团队构成的大众创新网络具有多样性、差异化、突出个体特质的特征。网络大众的努力水平对科技创新成果的质量起决定性影响，大众智慧成为绿色创新活动中一种重要的知识资源和信息资源，由此衍生出以网络大众为行为主体的众包创新网络、社群创新平台等新的绿色创新模式。

5. 政府

政府不直接参与到绿色创新活动中，而是作为政策制定者，具有完善基础设施等绿色创新硬环境与组织市场、营造文化环境、发布政策法规等构建创新软环境的职能。政府通过直接或间接投入及政策安排，增强互联网信息技术的普及力度，促进知识生产、传播、吸收与利用，提高其他绿色创新主体绿色创新效率。在数字经济环境中，传统中小制造企业数字化转型动力不足，并且绿色创新具有双重外部性，在市场绿色创新动力不足的情况下，政府通常会介入、引导与激励创新主体运用新型网络技术在网络平台上开展有效的绿色创新活动，通过环境规制手段，营造有利于绿色创新的外部环境。

数字经济背景下制造业绿色创新系统中创新主体的职能和边界趋于模糊，创新主体角色会发生转移与替换现象。比如随着业务扩大，核心制造企业生态链逐步完善，产生具有中介机构服务职能的运营商服务平台业务。数字技术（Data Technology，DT）带动创新系统中核心企业与辅助主体、消费者在线上虚拟空间聚集而实现平行互动，系统中主体之间的网络关系、合作模式在网络平台中也体现出松散或紧密、正式或非正式、有意或随机、同类型或不同类型主体之间等多样性特征。创新主体的种类与规模，创新网络中主体间的关联程度以及协同方式会影响系统功能及创新能力。

2.1.1.2　创新过程要素

制造业绿色创新系统的创新过程包含绿色研发、绿色制造、绿色营销与绿色服务。

制造业绿色创新系统进行绿色创新活动要经过绿色研发、绿色制造与绿色营销三大主要阶段，每个创新阶段又需要绿色服务进行辅助支持，随着数字经济与实体经济的深度融合，全球制造业服务化趋势日益显著。在数字经济环境中，以上阶段并非以特定的研发、制造、营销、售后服务的顺序线性连接，而是各阶段呈网络形态互联，如网络众筹平台，先通过营销方式吸引组织或用户投资筹款后，再进行研发与生产，最后进行售后服务。数字经济背景下制造业绿色创新系统创新过程模型如图 2.1 所示。

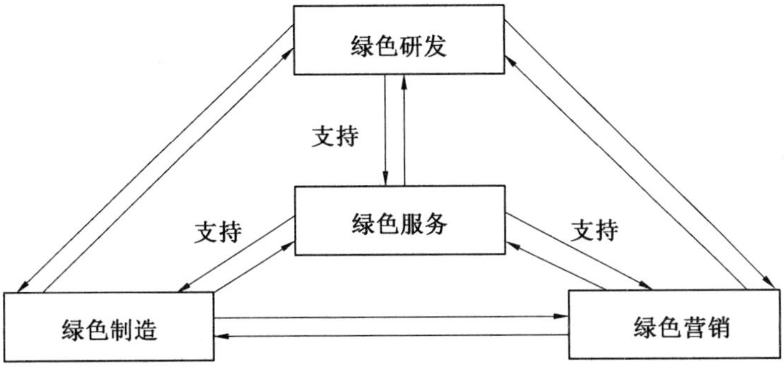

图 2.1　数字经济背景下制造业绿色创新系统创新过程模型

绿色研发是指创新主体在产品研发过程中以节能、降耗、减排为目的，进行的与绿色产品开发设计有关的活动。绿色制造是一种以可持续发展为目的，综合考虑社会环境、自然环境和资源消耗与废物排放的现代制造模式，由绿色设计、绿色工艺、绿色回收处理以及绿色再制造技术构成。绿色营销是以企业利益、消费者利益与社会生态利益三者统一为出发点的绿色营销观念、绿色营销方式和绿色营销策略。绿色服务包含两方面内容，一方面是指制造企业秉持着可持续发展的目标，不仅生产绿色产品还为用户提供配套绿色服务，以获得高附加价值；另一方面，当制造企业在进行绿色创新时，从中介服务机构或网络平台上获取绿色服务支持，以实现绿色研发、绿色制造、绿色营销阶段的高效进行。

2.1.1.3　资源要素

资源要素是制造业绿色创新系统实现开放式创新活动的基础与前提条件，包括信息、知识、资金、物质、人才等。创新主体通过对绿色创新资源的整合、运用与转化，形成绿色创新成果并进行商业化。在数字经济环境中，一切创新资源都可虚拟化、数字化并在绿色创新网络中流通，知识资源与信息资源在绿色创新活动中逐步发挥着核心作用。创新主体不再完全拥有绿色创新的核心资源，而是由各类企业以其想要分享的优势资源参与到创新链中，形成各种网络虚拟合作创新关系，并协同进行绿色创新活动。

随着信息化与工业化逐渐深度融合(两化融合),制造业绿色创新系统中的创新资源,也逐渐从传统线下有形或无形的形式向线上虚拟的数字表现形式呈现,并通过创新网络在创新主体间进行流通和转化。数字资源正成为带动技术流、资金流、人才流以及物流的核心创新资源要素。其中社会创新资源以数字形式从终端设备获取,通过创新主体对数据进行收集、传输与整理后,形成具有关联性、便于理解与使用的结构化信息资源。信息通过科学的模型、算法以及新型的处理技术加工后转化成可以帮助人们认识事物发展规律及原理的知识资源。网络环境中知识资源不断累积并通过系统集成、结合人工智能技术,形成满足用户各类需求以及辅助或替代人们决策过程的智能资源。

2.1.1.4 网络创新平台要素

网络创新平台是开放式绿色创新系统运行与价值创造的关键,其支持着制造业绿色创新系统创新网络的运行。

创新网络是制造业绿色创新系统中不同创新主体之间的合作衔接、协同的活动,反映了知识技术等要素从获取、转化到价值实现等整个商业化过程,是绿色创新逐步向系统化、网络化趋势发展而产生的。在数字经济环境中,绿色创新网络的形成最初主要是围绕某创新主体,运用新型信息技术、数据技术,按照一定的绿色创新目标,在网络创新平台上依据创新资源的流通将相关创新主体协同连接起来形成绿色创新链,随着参与主体的增多及绿色创新链的环节日益复杂,创新主体间合作关系从线性关系转化为网络关系,形成更加高效的绿色创新网络。基于集成创新的视角,制造业绿色创新系统中创新网络形成可分为横向集成与纵向集成两种模式。

横向集成模式指核心创新主体与协同创新伙伴,为满足可持续发展的市场需求,以绿色产品、绿色工艺及绿色管理等某一或某组具体创新目标,实现创新成果商业化、产业化过程的连接网络。具体包括市场需求调查、技术预见、研究开发与设计、生产制造、商业化、产业化等环节。

纵向集成模式是以产业视角,进行制造业产业链中各环节创新成果的集成。产业链中某个环节发生的绿色创新活动会影响其上下游不同环节的变化,带动制造业变革。所以纵向产业链是根据产业链上游与下游的相关绿色技术产品的关联性与融合性,为了更好地实现产业终端绿色创新成果集成,形成的链式绿色创新结构。

制造业绿色创新平台是面向制造业绿色发展需求,以网络技术、应用软件、云端及大数据等技术为支撑,以人、设备、资源、系统等创新要素在线化为基础,以绿色研发、绿色制造、绿色营销、绿色服务等环节开放为核心，推动企业制造全过程、全产业链、全生命周期各方位进行绿色创新的开放式平台。网络创新平台具有资源共享、按需收费、技术集成等特点，其可拓宽绿色创新主体获取外部资源的范围、加强创新主体之间合作的深度和广度、降低绿色创新成本、缩短绿色创新周期、支持与服务绿色创新活动。由于绿色技术创新不同于一般的创新活动，它的高级复杂化表现在需要来自多方的各类绿色创新资源支持，网络系统平台可以通过整合优质互补创新资源，为各方创新主体提供技术服务，实现资源优化配置、支持绿色创新活动、优化绿色创新路径、提高绿色创新绩效。

网络创新平台由资源层、数据层、应用层三部分构成，实现创新主体联网、创新客体联网、创新资源联网。创新平台按照构建主体可分为私有云、公有云、混合云创新平台；按照组织形式可分为面向企业机构运营为主的综合创新平台、服务大众设计者与创造者的创客平台、以孵化器为主服务创新组织或团队的众创平台；基于绿色创新过程角度，按照平台业务内容可分为绿色研发平台、绿色制造平台、绿色营销平台以及绿色服务平台；以平台功能视角可分成为制造企业提供绿色创新知识与技术的技术平台、为企业提供交易渠道的电商平台、支持企业开展绿色创新活动的中介服务平台、便于企业精准定位市场需求与拓展销售渠道的社交平台、广泛吸收社会环境中绿色创新灵感的共创平台。

2.1.1.5　环境要素

系统理论中提到，系统需要在一定环境中运转，系统与环境相互交流影响，通过与环境进行能量、物质、信息的交换才能正常持续地运行。制造业绿色创新系统的运行环境要素包括市场环境、技术环境以及社会环境。

市场环境由需求侧与供给侧构成，市场绿色需求会积极推动企业绿色创新，企业绿色创新也为市场成长提供机会。企业为了满足消费者绿色需求与消费习惯，会积极进行绿色技术研发、选择绿色生产工艺、开发绿色产品、提供绿色服务。在数字经济环境中，网络经济、共享经济、长尾效应已经成为社会、市场环境发展的新常态，这都会影响制造业创新系统转换新的创新模式，反之制造业创新系统通过创新活动与产出也会带动制造产业升级，促进绿色经济发展。

技术环境包括创新系统所处国家、区域或产业的科技水平与创新服务技术硬件软件设施，是绿色创新系统运行的基础和条件。系统环境中的技术进步及技术手段应用对创新系统发展有积极的推动作用。数字经济环境中，网络运营商、平台服务商等搭建的网络基础设施，其协议标准都是促进两化融合、构建数字经济、提高制造业绿色创新系统创新绩效的基础。

社会环境包括社会文化环境、社会政策环境与社会服务环境。社会文化环境指创新系统所处地域的社会文化绿色创新氛围。良好的企业绿色创新文化、大众的高水平素质和对绿色生活的认知形成的社会文化环境可以更好地培育绿色创新活动，绿色创新活动又可以促进形成更好的社会绿色创新文化氛围。社会政策环境是影响制造业绿色创新系统发展的首要社会因素，对发展数字经济、绿色经济具有导向作用。互联网产业和制造业的融合发展以及生态环境保护主要依赖于政府的重视与支持，良好的科技政策和绿色创新政策体制是企业运用互联网、信息技术有效组织、有序运行、高效实施绿色创新活动的重要保障。社会服务环境是由支持制造业绿色创新系统良好运行的服务机构与服务设施构成的，良好的社会服务环境可以促进绿色知识转移、扩散与转化，并能协调创新主体合作推动绿色创新活动。

2.1.2　数字经济背景下制造业绿色创新系统结构

根据上一节对数字经济背景下制造业绿色创新系统构成要素的分析，从系统构成要素的角度，提出数字经济背景下制造业绿色创新系统结构模型，如图 2.2 所示。

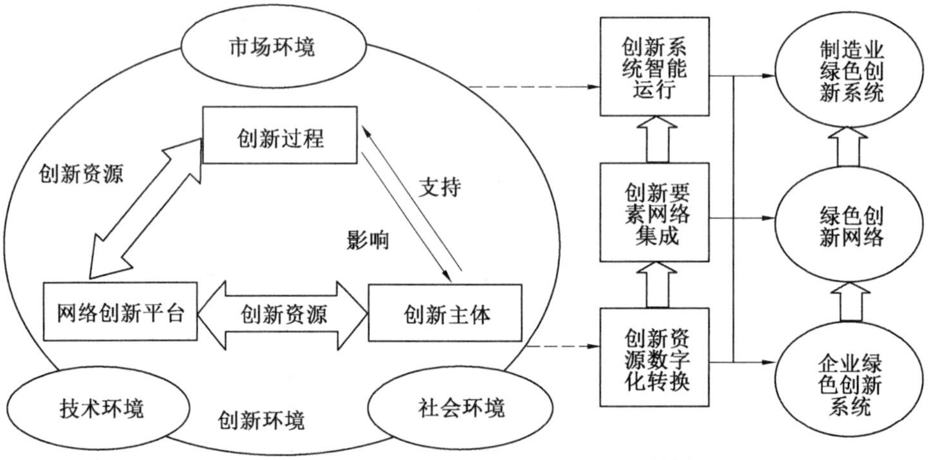

图 2.2　数字经济背景下制造业绿色创新系统结构模型

数字经济背景下制造业绿色创新系统是一个由主体要素、创新过程要素、网络创新平台要素、资源要素在创新环境要素中构成的有机整体。各个要素具有不同功能与特征，要素之间相互关联、相互作用，联系方式受到环境的影响而动态变化，整个系统具有复杂性、动态性、整体性以及环境适应性的特征。在与创新环境的相互作用下，创新主体作为创新系统的核心，支持绿色创新客体要素顺利开展。创新主体需要通过创新平台吸收、整合、产生、扩散、转化创新资源才能顺利完成绿色研发、绿色制造、绿色营销以及绿色服务构成的绿色创新过程。由于创新环境的不确定性,创新过程的实施与创新网络的构成往往是动态变化的,这也会影响创新主体不断响应与调整创新战略。

创新主体进行绿色创新活动首先要解决三个问题:绿色创新原因、绿色创新目的、创新伙伴选择。绿色创新原因也是创新主体开展绿色创新活动的驱动因素,主要包括来自市场环境中大众对绿色产品及服务的需求,技术环境中新兴技术的不断发展对绿色创新产生的推动作用,社会环境中的与可持续发展相关的社会文化、政策法规以及服务设施对创新主体开展绿色创新的激励与引导。绿色创新目的涵盖了创新主体要完成的创新工作、创新内容以及如何捕获创新价值的途径等内容。创新伙伴选择主要解决的是创新主体进行创新活动的外在互补创新资源的来源与转化问题,也是优化创新链、发展绿色创新网络的过程。

网络创新平台是某一绿色创新过程中一系列绿色创新要素协同共享活动的集合,包括创新主体、创新资源、创新环境以及各要素之间的相互关系。其中描述要素的属性以及要素的联系的是数字化在平台上的处理与表现。通过网络创新平台,主体间的沟通与创新资源流通打破了时间与地理位置的局限,资源传递与配置的成本大幅降低,整个创新系统中主体或网络结点之间的沟通与交互更直接,向扁平化趋势发展。网络创新平台作为连接绿色创新系统全要素、全产业链和全价值链的载体和枢纽,可以降低空间和时间对创新客体运行的限制,提升创新资源配置、优化创新活动分工、提高创新主体共享协同水平。主体之间依托创新平台相互关联与协调合作形成绿色创新网络,有助于构建资源丰富、多方参与、创新活跃、高效协同的开放共赢制造业绿色创新系统。

绿色创新资源被绿色创新主体吸收与利用,通过网络创新平台流通与配置,支持绿色创新客体的运行。绿色创新系统在运作过程中,创新主体、创新客体以及创新平台都起到产生与转化绿色创新资源的作用。数字经济本身就是一种对经济社会影响十分广泛的人造技术资源,这种资源已经渗透到经济活动的各方面,全面融入制造业绿色创新活动的全过程,其可带动线上线下绿色创新所需资源的深度融合与重构,推动制造业绿色创新系统的发展与开放式创新模式的变革。例如,上海开能环保设备股份有限公司与其业务合作企业利用信息技术共同搭建贯通了ERP、MES、PLM等核心业务系统的运营平台,通过互联网技术带动线下资源转向线上数字化集成,以云端化的服务体系制订个性化的绿色产品解决方案,可使能源利用率提高30%以上,实现绿色制造,树立城市新兴工业典范。

在数字经济环境中，创新主体首先运用数字技术、物联网技术等，通过网络系统平台进行企业或组织内部的资源、技术、产品以及管理活动的数字集成，形成企业绿色创新系统。随着绿色创新主体的边界逐渐模糊、合作范围日益广泛、资源流通快速而频繁，依托竞合、协同的网络平台联通企业内部和企业间的"信息孤岛"并进行绿色创新链集成，由于绿色创新活动的日益频繁和复杂化，绿色创新链结构也由线性向非线性、网络化发展，形成绿色创新网络。大量的数字资源和互联互通的网络连接推动系统向智能化集成发展。智能化系统集成是结合人工智能技术，贯穿于绿色研发、绿色制造、绿色营销与绿色服务创新过程以及绿色产品全生命周期中各个环节的系统网络，而进行的智能优化集成。这种系统智能化网络集成，从产业层面推动制造业绿色创新系统智能化发展。

2.1.3 数字经济背景下制造业绿色创新系统功能

2.1.3.1 经济、社会与环境共同发展驱动功能

在经历多年的经济快速发展之后，我国制造业发展面临着越来越严峻的资源与环境的约束。绿色制造、循环经济、可持续发展正逐渐成为制造业的发展共识。制造业绿色创新系统是汇集了制造经济、社会与自然系统的复杂系统，其发展的主要目的和具备的核心功能必须与可持续发展目标相一致。绿色创新含义宽泛，只要具备创新特征的企业活动，且能实现节能、降耗、减排改善环境的作用，都属于绿色创新。绿色创新不同于其他创新活动的一个特点就是其具有双重外部性，即创新活动的溢出效应与外部环境成本溢出性。企业进行创新活动是基于以获得经济效益为根本目的的，环境问题的负外部性会阻碍企业进行绿色创新活动的意愿。从双重外部性角度出发，可把绿色创新分为"能源和资源有效型创新"和"外部性减少型创新"，前者是指那些本意通过创新活动提高生产效率进而降低资源消耗，带来环境友好效果的创新活动，"互联网+"与传统制造业的渗透融合将提高研发、生产效率，节约资源；而后者是指那些有意追求环境绩效，减少外部环境成本的创新活动，此类创新除了需要新型技术推动外，往往需要国家政策与社会制度的宏观环境支撑。

为了顺应制造业绿色发展的趋势，制造业绿色创新系统是从经济、社会与自然环境三个维度构成的复杂协同系统。经济范畴上，通过绿色创新形成集约化、循环式的生产制造方式，制造业绿色创新系统向生态化、智能化发展，具有促进经济可持续发展的能力。社会层面上，通过创新系统与社会环境不断促进影响，通过绿色创新提供绿色产品与服务，引领绿色生活文化环境，建立绿色消费模式，具有促进社会可持续发展的能力。自然环境方面，通过绿色技术创新提高资源利用率，降低

“三废”排放，具有促进自然生态可持续发展的能力。在制造业绿色创新系统中，创新环境是绿色创新实施的基础与保障，产品是绿色创新的成果输出，企业是绿色创新的实施主体和顶层设计主体，创新链是指绿色创新各环节的链接进一步发展构成绿色创新网络，主体协同共同推进制造业绿色发展。

2.1.3.2 创新要素优化配置功能

根据系统开放性特征，绿色创新资源在系统内部与外部的流入和流出是保证制造业绿色创新系统功能及活力的条件。创新主体对绿色创新资源的需求有主观性、精准性、多样性的特点，在市场预测、战略部署以及创新合作伙伴选择时具有风险性及不确定性，依靠个体的能力很难高效捕获与利用合适的创新资源，整合创新要素。在数字经济环境中依托网络平台、数字技术以及智能终端设备，可以很好地获取、整合、优化配置不同时空所含的绿色创新资源，更好地协调跨文化、跨组织的知识流动与交换，减少创新主体绿色创新成本费用，分担绿色创新风险和损失，整体提高制造业绿色创新系统绿色创新水平。

在数字经济背景下制造业绿色创新系统中，时间空间上散落与聚集着不同类型、规模的制造企业与相关组织，通过数字技术与各网络平台的连接，在开展绿色创新活动的同时衍生出分布式、集成式等新型绿色创新模式。在新的创新环境影响下，创新主体之间需要从某种程度上开放组织边界，共享绿色技术及知识类和情报类的信息。创新主体之间技术、信息的交流共享促进了创新主体间的学习与个体进步，并在沟通学习中又进一步推动绿色创新资源共享、知识扩散。

2.1.3.3 推进制造业结构升级功能

当前我国制造业的绿色创新能力还有待加强，必须推进数字技术与制造技术深度融合，依靠创新驱动促进制造业绿色转型和升级。通过绿色技术创新、绿色产品创新、绿色管理流程创新以及商业模式创新等手段加快制造业向高端化、智能化、绿色化转型，提升产业整体效益和综合竞争力。制造业绿色创新系统输出的具有一定影响力的绿色创新成果，大多诞生于绿色创新能力较强的企业，并以其为核心，促进产业主导绿色产品与绿色技术达到更高水平，行业内各辅助技术与支持服务也在绿色创新过程中达到崭新水平。并且，由于制造业不同行业间也是相互联系与支撑的，某个行业发生的绿色技术创新，必将连带促进相关行业的绿色技术升级，实现制造业结构的优化，促进制造业转型升级，培育产业竞争新优势。

从产业视角来看，“互联网＋”从打破传统产业经济理论的行业异质性假说与突破传统区域经济理论的空间异质性假说这两条路径来驱动产业创新。

在新一代网络技术、数字技术等发展背景下，制造业绿色创新系统是以“云一网一端”为基础设施，采用“大数据、小数据”挖掘分析为主导方式，以社会大规模协作、个性化定制为生产方式，以数字化、网络化、智能化的发展模式，主导新绿色创新网络体系的分工结构，促进实体经济与虚拟经济深度融合，催生出更多高端绿色制造行业。

2.2 数字经济背景下制造业绿色创新系统运作分析

数字经济背景下制造业绿色创新系统，是由计算机硬件、软件构成的人造技术系统结合人类社会经济系统，以与自然环境系统可持续和谐发展为目的的复合系统。所以其既具备计算机网络系统的信息输入、存储、处理、输出与控制的基本功能，也具有创新生态系统自我演进、动态发展的特征。信息生态系统理论是整合生态系统理论与信息学、网络技术应用等领域的交叉科学，其以信息为基本单元描述研究对象内部结构，所以运用此理论可以更好地揭示数字经济背景下的制造业绿色创新系统的结构框架以及运行过程。其中数字是信息的基本表现形式，创新资源通过虚拟数字化在网络中流通。所以信息生态系统中对信息的描述，在下文中，通过结合前部分对绿色创新系统构成要素的分析，表现为对围绕绿色创新相关的信息与数字化资源的描述。

2.2.1 绿色创新系统信息维度

数字经济背景下制造业绿色创新系统中不同的创新主体在网络中所处的位置与功能不尽相同，以信息维度来描述的不同主体提供或运用数字化创新资源的内容也千差万别。信息维度会受到创新环境的影响而变换；反之，信息维度的动态变化也会推动创新环境的发展。在创新网络中，可以从功能、资源和时空三个维度对信息维度进行描述，如图 2.3 所示。

功能维度描述的是创新主体在绿色创新系统中所处的地位与正在扮演的角色，根据对创新资源的需求与使用不同，其在创新系统中也具有不同的生态位置与生态功能。在功能维度上，创新主体主要角色分为绿色创新资源需求者、供给者、传递者、转化者以及为创新活动服务的提供者。

资源维度描述的是创新主体在信息生态系统中占有与利用绿色创新资源的状况。互联网条件下创新主体对从事绿色创新所需的创新资源存在多方面的诉求，创新资源的来源与获得方法是多种多样的，对于创新主体，创新资源总是稀缺的。占据一定资源生态位的创新主体才能有足够的数字化创新资源支持自己的绿色创新活动。资源维度受到创新主体对绿色创新资源的获取能力、整合能力、转化能力与扩散能力的影响。

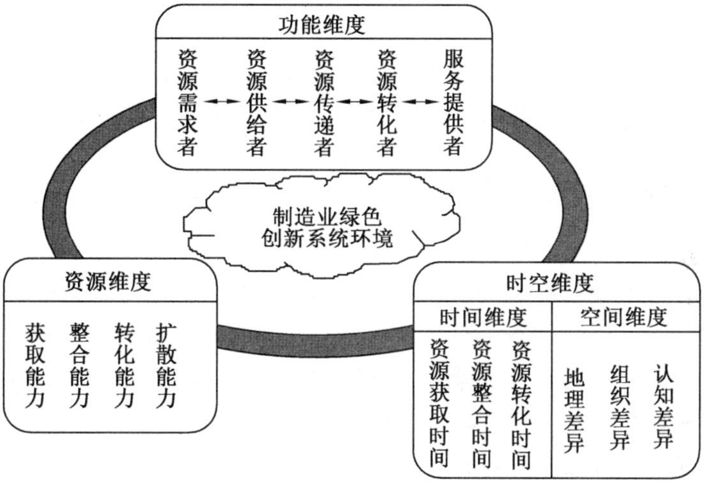

图 2.3　制造业绿色创新系统信息维度构成模型

时空维度包括时间维度与空间维度，描述的是创新资源在不同空间流通过程中，随着时间的流逝，创新主体将要付出的绿色资源使用代价。此维度影响着创新系统主体间合作的关系程度与协同创新的方式。其中创新主体在获取、整合、转化创新资源时在时间维度上需要占用一定的时间，在这一过程中除了要承担时间成本、机会成本外，由于信息具备时效性的特点，较长的时间间隔会影响创新资源的利用效率。各个主体所处的空间环境不同也影响着主体之间地理位置、组织方式与对可持续发展的认知差异程度。

2.2.2　绿色创新系统信息生态群落运作分析

信息生态群落是由多种信息生态种群相互作用形成的，是指在特定环境影响下，创新主体通过直接或间接的合作关系，以一定协同运作规律构成的可以发挥特定绿色创新功能的集合。信息生态群落中的创新主体并不是简单随机的聚合体，而是为了获得所需优质的信息内容和绿色创新资源等目标而聚集，相互联系又受环境影响而动态变化的有机整体。其中，信息生态种群是指具备一定相同或相似生态位的创新主体的集合，是生态群落的核心。

绿色创新资源的协同性、集聚性和互动性推动了创新主体各个种群的绿色创新资源共享。在创新主体的主观意识带动下，创新资源向着同创新主体需求相符合的方向流动，形成绿色创新资源集聚效应，从而提升信息生态群落中的绿色创新资源丰裕程度，推动创新主体种群内部及种群之间不断进行绿色创新资源共享，实现网络效应递增。在创新资源的整合与扩散过程中，创新主体种群内部及种群之间对创新资源的价值进行判断和利用，进一步推动信息生态群落资源共享。这种绿色创新资源流通方式是形成信息生态群落的主要原因，也是不断推动信息生态群落的升级和演进、带动绿色创新系统升级的重要动力。

2.2.3　绿色创新系统信息生态链运作分析

在数字经济背景下，种类繁多、数量巨大的信息按照绿色创新活动过程以一定顺序排列并传递形成信息流，其贯通了不同的创新主体与创新平台对信息资源的利用阶段。创新主体与创新平台是信息生态链的基本组成单位，也称为结点，处于不同环节的结点具备不同处理创新资源的功能，也可看作是系统中的功能模块。结点之间依据绿色创新资源的产生、集成、加工、捕获、转化与再创新等环节构成的链式结构就是绿色创新系统创新生态链，其构成模型如图 2.4 所示。

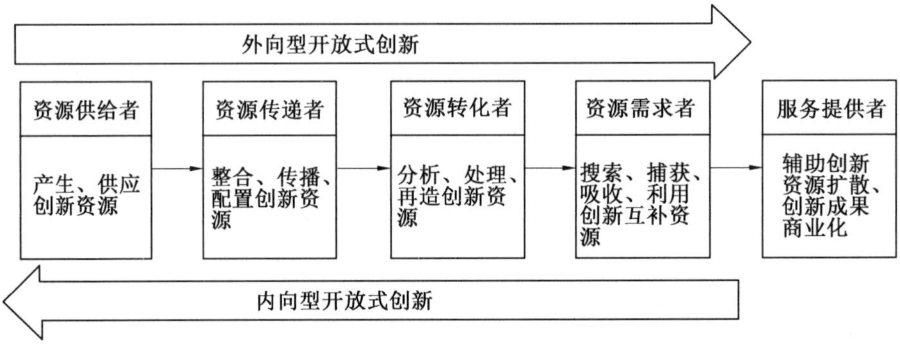

图 2.4　制造业绿色创新系统信息生态链构成模型

绿色创新资源供给者处于生态链的前端，产生并向绿色创新系统中供应创新资源。资源传递者位于生态链的中间环节，一般通过网络平台方式对绿色创新资源进行整合与存储，根据不同的用户制订相应的配置方案。资源转化者在绿色创新资源传递过程中对原始资源进行分析、加工与处理，运用其他科学技术加工再造成新的创新资源满足用户个性化需求，形成长尾效应。绿色创新资源需求者处在信息生态链的末端，在创新系统中广泛搜索、捕获与消费进行绿色创新所需的互补资源。需求者运用创新资源完成绿色创新过程后，产生的绿色创新成果可以进行商业化，或者作为新初始创新资源提供给其他创新主体。服务提供者在这一过程中主要起到帮助创新成果转化与支持创新资源扩散的作用。

创新资源出入组织边界按流向可划分为由内到外和由外到内两种方式。当企业首先产生并向外部环境提供绿色创新资源时，创新资源由资源供给者内部突破组织边界向外界流出，经过创新资源的整合、配置、加工等过程流向资源需求者，从资源供给者的角度此过程属于外向型开放式创新。当资源需求者产生对绿色创新互补资源的需求后，所需创新资源由外部的生态链流入到其内部被吸收利用，从资源需求者的角度出发此过程属于内向型开放式创新。

2.2.4　绿色创新系统信息生态网络运作分析

随着数字经济、网络经济与绿色经济的逐步发展，创新主体独自或者小范围的合作已经很难应对环境的飞速变化，为了提高自身的绿色创新能力，创新主体对外部创新资源的依赖越来越强，创新资源在网络信息生态系统中利用率逐步提高，流通范围更加广泛。因此信息生态网络是在绿色创新逐步向系统化、网络化的趋势发展中产生的，网络中创新资源的运用与流通过程也趋于系统化和网络化发展。信息生态网络的形成也是为了响应不同信息生态位的异质性创新主体对绿色创新资源的需求。

信息生态系统中，信息生态链中的结点不仅仅是以一对一的方式建立联系，而是通过一对多、多对多的关系广泛连接。不同的生态链与其他个体或者信息生态群落通过结点的互联，形成各种绿色创新资源互通的关系网络。网络中信息与创新资源的流动是需求者对信息与创新资源获取的拉动力，信息与资源交换产生价值增值是需求者对信息与创新资源获取的推动力。

2.3　系统开放式创新的含义及动因

2.3.1　系统开放式创新的含义及特征

2.3.1.1　含义

自 2003 年 Chesbrough 提出开放式创新概念以来，国内外学者对此理论的研究不断深入，开放式创新理论体系也得到了快速发展与进化。Rosanna 等(2019)整合了开放式创新与生态创新理论，将开放式生态创新视为利用知识的内向与外向流通从事的创新活动，以加速企业与合作伙伴的内部创新及扩大外部创新市场，并实现对社会、环境或两者产生积极影响的目标。信息技术的进步使组织边界更加多孔化,导致绿色创新资源的渗透性更强,从而引发了利用外部知识进行创新的趋势。随着全球市场经济环境的快速变化,当今数字经济的发展颠覆了企业传统创新活动中价值创造与捕获方式,改变竞争格局,对制造业基础设施产生“创造性破坏”。所以数字经济环境对制造业绿色创新系统开放式创新的影响,不能仅仅是把互联网技术作为一种辅助创新活动的技术手段,而是还需引入数字经济环境变革产生的新思想、新文化、新模式对传统开放式创新的丰富与扬弃,呈现开放式创新范式升级。

创新范式经历了封闭式创新、线性闭合式创新、全域开放式创新阶段。根据创新理论演化过程,数字经济背景下制造业绿色创新系统开放式创新的含义可以概括为:以绿色创新为目的的制造企业、相关组织及大众之间,受数字经济新生创新思想的影响,存在着依托互联网信息技术建立的网络合作关系,并实现有目的的创新资源流通的创新活动。数字经济背景下制造业绿色创新系统开放式创新与传统制造业开放式绿色创新从不同维度描述的区别如表 2.1 所示。

表 2.1　数字经济背景下制造业绿色创新系统开放式创新与传统制造业开放式绿色创新的区别

创新维度	传统制造业开放式绿色创新	数字经济背景下制造业绿色创新系统开放式创新
创新主体	存在合作关系的不同企业或组织机构	系统内外部拥有绿色创新资源的任何企业、组织机构以及大众群体
创新资源	包含资金、技术、信息、基础设施等	与绿色创新有关的任何形式、种类的资源;某些通过加工处理可以转化成新属性的创新资源
创新目的	提升企业绿色创新能力,打造个体的竞争优势	从孤立到共生,互利互惠的创新共生体;提升绿色创新链、制造业整体竞争力
创新理念	降低绿色创新成本、提高绿色创新绩效	通过各类网络平台形成创新参与者跨时空聚集,增加绿色创新机会、提高绿色创新速度、快速响应绿色创新需求;系统中通过迭代式、分布式等绿色创新活动提升系统创新效率
创新结构	线性机构或联盟形式	具备不断涌现性的网络化、闭环式、去中心化创新结构
创新环境	淡化或打破组织边界,创新资源跨组织间渗透	制造业、服务业、互联网产业等行业边界模糊,创新环境更加灵活多变

资料来源:根据相关文献整理。

2.3.1.2 特征

根据前期对制造业绿色创新系统开放式创新的描述，总结其具备以下特征。

(1)组织边界模糊。在数字经济背景下实现了组织结构与产业结构去中心化，互联网时代企业要想保持灵活性，必须对组织管理打开边界，分权式管理某些环节，使资源配置效率最大化。在创新过程中制造企业组织边界的开放很少是自然发生的，因此，在开放式创新活动中资源跨组织边界内外部流通往往需要通过创新平台并依赖于中介机构的参与，中介机构可以减少或解决企业在开放式创新过程中所遇的困难。开放式创新网络是由不同时空上分散的各类从事绿色创新活动的主体之间建立强弱关系结合的网络，强关系下主体之间合作较深入稳定，可以减少成员间的绿色创新资源搜索成本，促进主体间的相互学习与知识溢出，有利于群体中的绿色创新成果积累；弱关系下主体之间合作松散但范围广泛，促进跨界成员间的沟通与联系，增加了异质信息的获取机会。

(2)绿色创新资源来源更加广泛。绿色创新系统中各主体间在绿色创新平台中开放各自的互补性资源，通过资源共享、开放协作满足各自价值获取的目标和创新系统的总体目标，实现价值共创，提升竞争能力。绿色创新活动的主要驱动力从知识资源转化为数据化资源。数字经济环境实现了社会生活物联网化，绿色创新资源不一定全部来自于合作伙伴，而是需要新型数字技术、互联网技术在网络环境探索、分析并转化来自于物端、移动端等终端设备获取的数字资源，所以创新主体以及创新平台上的数据挖掘、数字分析等支撑创新资源转化与流通的技术要求高。

(3)直接对接需求侧。首先，需求侧的真实需求具有非显性、复杂性、情景依赖性以及难以捕捉等特性，甚至连需求者、消费者自身都难以认知。运用新型互联网、物联网技术可以对需求侧产生的行为数据进行采集、分析与预测，为绿色创新目标提供依据。反之，突破性绿色创新技术产生，也会引导改变需求侧的消费行为。再者，需求侧在提供知识资源方面具有巨大潜力，因为人群的多样性和规模性可以为绿色创新相关问题提供创造性的解决方案，绿色研发转向依靠大众智慧“自下而上”的创新机制。

(4)绿色创新效率提升。IT支持的吸收能力可以提高新产品创新与产品市场化的效率，并且在IT支持下的组织吸收能力和组织开放式合作的相互作用，可以增强对新产品的创新能力，加速了创新成果商业化进程。另外，产生于数字经济背景下的新型的迭代式绿色创新模式也加快了绿色创新活动进程。以制造企业生产的智能产品为例，在软件与硬件的迭代创新过程中，硬件的技术改进加快了软件服务商在新硬件的技术约束下提高软件性能，以满足顾客绿色产品使用价值需求；软件的改进可以为用户提供更好的绿色服务，因其使用价值的提升受到用户青睐，这种一个领域的微小改进可驱使另一领域产生渐进式绿色创新并迭代循环，致使数字经济背景下的制造业绿色创新系统开放式创新效率要明显高于制造业传统的绿色创新效率。

(5)全域式绿色创新。在开放的数字经济背景下，制造业绿色创新系统内不再是某一领域、某一环节、某一部门或群体进行创新活动，而是通过营造开放式创新生态，面向产品闭环生命周期、全领域、整个系统多层面的创新活动。传统的竞争方式强调的是独立的个体演化进行经济上的获利活动，往往不利于市场整体可持续发展。而在竞合共生的关系中，绿色创新的目的是以实现社会、经济、制造业的协同发展，以制造业绿色创新系统整体利益最大化为前提而进行的竞争，强调的是战略层面的获利能力。某一生态位的绿色创新成果往往会带动其他生态位创造价值，以此进一步优化价值链，营造更好的绿色创新环境。同一生态位或不同生态位间的绿色创新主体为了寻求差异化而要改变自身相对竞争优势，也会刺激生态位的绿色创新活动，形成良性可持续循环的绿色创新生态系统。

2.3.2 系统开放式创新的动因

作为制造业绿色创新系统的基本组成部分，创新主体以一定合作关系在开放网络中获取大量互补资源是顺利开展绿色创新的基础，因此创新主体由内而生地对开放式创新的需求是推进创新系统实施开放式创新的根本动因。而系统内外部技术环境、政策环境的变化对创新系统的影响是系统进行开放式创新的辅助动因。由此从资源角度、关系角度、技术角度与政策角度，总结出数字经济背景下制造业绿色创新系统开放式创新的动因有以下几方面。

2.3.2.1 资源动因

制造企业绿色创新的主要障碍是技术成本高、资金不足以及信息、知识资源有限，企业、政府和其他参与者之间的交流合作可以起到互动及相互鼓励进行绿色创新的作用，因此，绿色创新系统中参与者之间的协调，中介服务机构为企业提供财务支持都可以激励企业进行绿色创新。创新企业要利用整合内部与外部的创新资源进行价值创造，外部的技术与知识是促进企业成长的重要因素。企业通过实施开放式创新可以获得自身不具备的绿色创新资源，通过信息通信技术的支持在一定程度上可以降低绿色创新成本。所以企业在绿色创新活动中，创造与捕获创新价值并降低创新成本是进行开放式创新的基本动力。通过组织间的交流，企业可以扩展其资源网络，这也是绿色创新主体愿意在一定程度上开放组织边界的主要原因。创新系统内部不同的资源网络互联互通，通过绿色创新平台使创新资源流通、整合效率提高，促使创新主体探索与获取外部知识的动机增强，又进一步拓宽其知识网络，这种良性循环是促进绿色创新系统实现开放式创新的主要动因之一。

2.3.2.2　关系动因

首先，社会化分工的变化促进了企业间的分工协作。经济全球化使经济活动、创新活动超越了组织与国家边界，通过资本、资源、技术等创新要素跨区域间流动，这一过程需要涉及绿色创新过程的各组之间相互联系与合作共同完成绿色创新目标。绿色创新涉及的创新技术复杂程度较高，知识更新速度较快的特征要求在创新活动中进行专业化分工。大部分创新主体只能掌握某个特定技术领域的专业化知识，具备绿色创新过程中某些特定功能。分工可以促进绿色创新链的片段化并在空间上重组。因此绿色创新活动需要聚集不同的具有专业化创新能力的创新主体，展开分布式协同合作，在制造业绿色创新系统中形成长板效应。

其次，企业掌握市场绿色消费需求，通过满足消费需求获得价值是进行绿色创新的最主要动因。随着互联网技术的普及，企业更加全球化，客户的绿色需求也变得更加复杂，仅凭绿色产品已经不能完全实现企业向用户承诺的价值主张，所以必须通过业务模式或商业模式之内的服务来辅助满足用户个性化需求。在这种从以产品事物为导向向以产品活动的事件为导向过渡的情况下，企业必须将其价值链、创新链向外部横向与纵向扩展，从封闭的线性关系转换为开放、复杂的网络生态系统，由以往的竞争关系转变为包容合作协同的创新关系。

2.3.2.3　技术动因

社会科技水平是促进与提高创新系统的创新活动的主要因素，技术进步可能导致新产业、新经济模式等大环境变革。信息通信技术（ICT）的进步使企业越来越依赖开放式创新，互联网的产生使制造业中人、设备、车间、组织、产品、服务、现实端与虚拟端等广泛互联；数字经济的兴起让人们获得与分享知识的渠道从原先的组织内部信息技术网络转向全球互联网。人们获得与使用信息资源的渠道与方法更加多样、成本更低廉，在绿色创新活动中各方从信息不对称效应中获利的方式已经有所减弱。创新主体为了适应所在环境中科技的不断进步与变化，必须不断提高自身在创新活动中的技术水平来打造竞争优势，进而影响绿色创新系统环境的科技水平，提升产业竞争力。

2.3.2.4　政策动因

绿色创新系统所处的政治经济环境包括国家或政府宏观政策体制、国民经济发展变化以及产业机构调整等。我国当前为加快数字经济发展，正积极持续地完善政策环境，并将陆续出台一系列的数字经济发展方面的政策性文件，大力推进工业化与信息化融合、制造业与服务业融合。企业为了及时掌握政策法规，适应经济环境变化，需要迅速捕获描述政策经济环境动态的信息资源；政府为了了解区域市场经济环境、应对全球政治经济变革，需要获得能准确描述与预测企业、产业、区域及全球等环境发展的数据资源。以上都离不开政、产、学、研、用多方的开放协同合作，这也是制造业绿色创新系统进行开放式创新活动的重要动因。

2.4 系统开放式创新模式研究框架设计

2.4.1 设计思路

经过对数字经济背景下制造业绿色创新系统的运作活动和系统开放式创新的含义及动因分析后发现，系统开放式创新是一个受多种因素影响而动态变化、由低级向高级不断演进的过程。因此需要针对数字经济背景下制造业绿色创新系统开放式创新演进各个阶段的特点，设计与不同阶段相匹配的系统开放式创新模式，以此科学指引制造业绿色创新系统开放式创新的可持续发展方向。数字经济背景下制造业绿色创新系统创新模式研究框架设计思路有以下几点。

(1)明晰系统开放式创新的演进机理。根据制造业绿色创新系统开放式创新演进的特征，确定数字经济背景下制造业绿色创新系统开放式创新演进的各个阶段。信息发展过程历经数据、信息、知识到智能阶段，网络经济的兴起推动全球价值链、产业创新链向数字化、网络化、智能化发展，制造企业数字化转型被看作是企业从传统工业阶段过渡到网络互联、智能企业的基础活动。Yanhong(2018)总结全球信息化发展从数字化阶段、网络化阶段到智能化阶段的发展规律，以此提出数字化制造、网络化制造以及新一代智能化制造三个基本范式，这三个范式逐层展开、迭代升级，也体现了智能制造发展的三个过程。Yuji Tou(2019)认为互联网产业的技术革新与升级，推动了社会经济发展并产生数字化创新活动，软性创新资源激发创新要素在互联网中传递与集成，进而衍生出新型网络化的开放式创新，互联网产业的技术革新催生出数字化、网络化等向智能化发展的新型的开放式创新活动。在我国，中共中央、国务院于2016年印发的《国家创新驱动发展战略纲要》指出，要“加快工业化和信息化深度融合，把数字化、网络化、智能化、绿色化作为提升产业竞争力的技术基点，推进各领域新兴技术跨界创新”。因此本书基于以上理论依据和我国政策导向，并根据信息技术发展规律，结合制造业绿色创新系统运行以及开放式创新的特点，将制造业绿色创新系统开放式创新演进由初级到高级划分为数字化资源配置阶段、网络化集成阶段、智能化协同阶段三个阶段。数字经济背景下制造业绿色创新系统开放式创新的演进是受到多个状态参量作用影响并推动的，状态参量中存在对开放式演进发挥主导作用的序参量，因此需先确定影响系统开放式创新演进的状态参量后识别出序参量。序参量决定了系统开放式创新活动从无序向有序状态发展，也是判定系统开放式创新演进所处阶段的重要依据。

(2)根据系统开放式创新演进的各阶段构建相应开放式创新模式。根据数字经济背景下制造业绿色创新系统开放式创新演进的数字化资源配置阶段、网络化集成阶段、智能化协同阶段三个阶段的特点和绿色创新需求，分别构建数字化开放式绿色创新模式、网络化开放式绿色创新模式、智能化开放式绿色创新模式。第一阶段中，绿色创新资源都以数字化表现形式储存在不同信息系统中，开放式绿色创新活动的重点是依托信息通信技术打破线上与线下的创新边界，对数字化资源从采集、处理、共享到转化等过程进行系统管理，以丰富绿色创新系统内绿色创新资源，提高资源利用率，提升制造业绿色创新系统开放式创新能力。由此提出数字化开放式绿色创新模式，通过优化创新资源整合与配置，降低绿色创新成本，提高系统开放式绿色创新水平。第二阶段中，互联网技术与思维已经普遍渗透融合到开放式绿色创新进程中，创新要素已全面迁入云端，各个创新主体要素之间关系趋向更加动态复杂化，开放式创新要素连接途径与方式更加多样，通过构建网络化开放式绿色创新模式促进系统开放式绿色创新形成动态、灵活、柔性的绿色创新网络，带动各类创新要素有机融合，提高产业绿色创新水平。第三阶段中，制造业绿色创新系统开放式创新具有较强的智能能力，制造企业精准的数据流闭环可以针对不同创新主体需求自主反馈与提供智能绿色解决方案。开放式绿色创新价值创造不仅从绿色技术、绿色产品、绿色服务上体现，更应从可以及时应对环境变革的商业模式创新活动中捕获更多价值。设计智能开放式绿色创新模式，以实现开放式创新各环节与活动的自主设计、自主评价、自主优化，从而可以更好促进系统开放式绿色创新活动的可持续运行与发展。

(3)系统开放式创新模式的选择与整合。制造业绿色创新系统开放式创新演进的前后阶段之间并不是在某一时间点的直接切换，而是循序渐进、逐渐过渡的交替过程。在某一时期内，数字经济背景下制造业绿色创新系统开放式创新模式并不一定是单一存在，而是由主导开放式创新模式整合其他辅助模式得以实现。因此，需要以制造业绿色创新系统开放式创新演进的序参量为依据，基于协同理论，建立开放式创新模式的选择与整合模型,实现对某一时期的制造业绿色创新系统开放式创新模式的选择与整合。

2.4.2　总体框架

结合数字经济背景下制造业绿色创新系统开放式创新模式的设计思路,构建数字经济背景下制造业绿色创新系统开放式创新模式总体框架如图 2.5 所示。

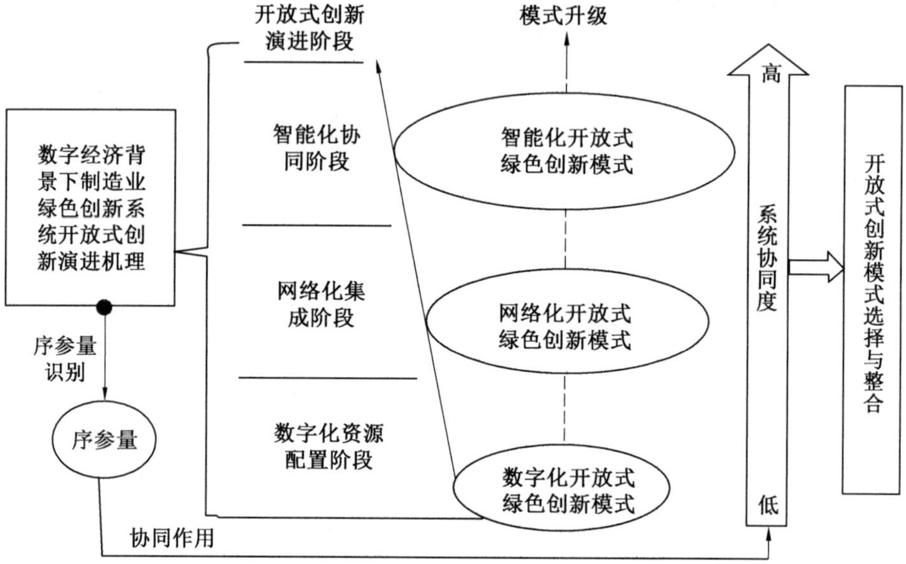

图 2.5　数字经济背景下制造业绿色创新系统开放式创新模式总体框架

2.5　本章小结

本章首先分析了数字经济背景下制造业绿色创新系统的构成要素,提出了系统结构与功能。接下来,基于信息生态系统理论,从信息维度、信息生态群落、信息生态链以及信息生态网络四个方面给出制造业绿色创新系统运行模型。随后界定了系统开放式创新的含义,探究系统开放式创新的动因。最后基于以上研究,设计数字经济背景下制造业绿色创新系统开放式创新模式总体框架,作为后文的研究基础。

第3章　数字经济背景下制造业绿色创新系统开放式创新演进机理分析

数字经济背景下制造业绿色创新系统开放式创新是一个复杂系统，具备系统自组织特征。其演进过程受系统内部多个状态参量所影响，状态参量中起主导作用的序参量是影响系统开放式创新演进最主要的因素，并决定着开放式创新演进的阶段和规律。在上一章对系统开放式创新动因分析的基础上，本章进一步通过大量理论分析确定状态参量内容及测度指标，基于灰色关联分析法建立模型并通过实证分析识别出序参量。最后深入分析系统开放式创新的演进阶段和演进规律，为后面章节内容奠定基础。

3.1　系统开放式创新演进的特征

制造业绿色创新系统内的各类绿色创新组织（个体组织、群落组织、生态链组织、网络组织等）通过组织间依存关系，自组织协同完成开放式创新活动，因此具备系统自组织特征。自组织理论是由耗散结构论、协同动力论与超循环论等构成的系统理论体系，用来揭示系统从无序到有序动态循环演进过程。所以制造业绿色创新系统开放式创新演进遵循以下条件。

3.1.1　开放是系统开放式创新演进的必要条件

绿色创新需要整合加工各种创新资源后产生的新的绿色产品和服务，并在社会经济体系中实现商业化。数字经济背景下制造业绿色创新系统开放式创新一定具备开放性特征，其发展受到社会环境、市场环境、自然环境与技术环境的影响及刺激，并在开放式创新过程中与外部环境进行数字化泛资源的传递交换。外界的能量、物质、信息等资源通过创新组织运用信息技术搜索与捕获流入到内部的绿色创新资源，并在各组织间协作过程中传递与转化，最后产生的加工后的信息与绿色创新成果又流出外界反作用于外部环境。在当今全球化、网络化的经济环境中，不仅系统开放式创新的开放深度范围加大，开放广度程度拓宽，制造业绿色创新系统中包含的绿色研发、绿色制造、绿色营销以及绿色服务中的每一个开放式绿色创新环节也都与外界发生广泛紧密的联系。

3.1.2 远离平衡态是无序到有序的动力

制造业绿色创新系统开放式创新演进过程具有不平衡的特点。由于制造业中各行业特点与属性不同，且创新系统各生态位上绿色创新组织存在差异，导致各主体进行开放式创新开放程度与实施开放式绿色创新的目的不同。因此在绿色创新系统开放式创新演进过程中，系统内创新要素之间的不平衡性导致开放式创新活动远离平衡态。系统中的开放式绿色创新活动是不断受到环境影响及制约的复杂过程，当创新资源在组织内、组织间、创新系统内外部流通交换时，影响开放式创新演进的某参量在某过程中会达到一个临界点，致使制造业的绿色技术水平、行业绿色创新能力以及组织内部的管理水平等出现微涨落，涨落达到一定阈值时会引发巨涨落，使绿色创新系统开放式创新活动发生突变，引发熵值降低，创新活动由无序结构变为有序结构，形成更高级形态的开放式创新模式。

3.1.3 非线性作用是系统开放式创新演进的源泉

依据自组织理论的描述，制造业绿色创新系统中开放式创新各要素之间具有整体上的创新效果超出局部线性叠加效果的非线性作用，即一个小的创新资源输入有可能产生更大的创新效果。引起复杂系统中的这种微小涨落被放大的现象的原因是，远离平衡的开放系统可以产生效果大于线性作用的非线性作用，这种作用使系统内各要素从独立关系转化为因果关系，从单向信息传递变为双向或多向流通。这种绿色创新要素间的非线性相互作用是促进系统开放式绿色创新活动逐步向高级演进的内部动力，是系统开放式创新演进的源泉。

3.1.4 协同性是系统开放式创新演进的基础

在管理学视角下系统自组织理论非常重视竞争性与协同性的关系，协同性是制造业绿色创新系统内各要素和子系统的主要行为特征。开放式创新协同性指的是其创新模式从一个相变逐步优化到另一个相变的动力学问题，其中相变是原稳定到新稳态的过程。开放式绿色创新活动是集绿色技术研发、制造、营销、服务及管理活动于一体的复杂社会活动，需要各创新组织的紧密配合，在序参量的统合下，系统开放式创新包含的各个绿色创新要素相互促进、制约及协调，使子系统中的某些运动趋势联合并放大、占据支配地位,逐步跨时空从结构与功能上实现有序化,推动系统开放式创新演进。

3.1.5 超循环是系统开放式创新演进的形式

超循环理论认为事物周而复始地发展,按照循环等级分为反应循环、催化循环与超循环。系统开放式绿色创新自组织演进具有超循环的特点,包括系统内各创新组织的超循环与系统开放式创新活动的整体超循环,并从三个不同层次演进。第一层次是个体反应循环,是参与制造业开放式绿色创新活动中的创新组织独立运行自我再生的过程。第二层次是个体间的催化循环,当创新组织之间进行协同合作、产生竞合关系时,组织个体又为其他个体起到催化作用,形成催化循环过程。第三层次是系统超循环,在经过组织功能的互相耦合,绿色创新组织之间提供各种创新资源的催化支持,以及绿色创新资源在组织间流通形成催化促进作用的情况下,从整体上形成了制造业绿色创新系统开放式创新超循环现象。

3.2 系统开放式创新演进参量分析

3.2.1 系统开放式创新演进参量选择

描述数字经济背景下制造业绿色创新系统开放式演进的参量包含状态参量、决策参量与序参量,通过观察状态参量影响决策参量的程度来确定序参量。状态参量是用来描述处在一定阶段中系统的各方面状态的变量,也是影响系统自组织演进的主要变量,其中具有主导作用的状态参量可视为序参量。状态参量可视为影响制造业绿色创新系统开放式创新演进的主要因素,作为一个开放系统,制造业绿色创新系统开放式创新演进自然受到多方因素的影响,因此需总结出各类影响因素并进行分类和选择,为确定影响开放式创新演进的序参量提供基础。通过对系统学、绿色创新、开放式创新等理论的国内外相关文献梳理,根据前面章节从资源、关系、技术与政策角度对系统开放式创新动因的分析,选择互补资源、知识管理能力、网络能力、信息技术能力以及政策支持五个因素作为影响制造业绿色创新系统开放式创新演进的基本因素,构成开放式创新演进的五个状态参量。在识别序参量的过程中需要比较状态参量与决策参量的关联程度,决策参量一般只设一个,所以本书以制造业绿色创新系统开放式创新水平作为决策参量。

3.2.1.1 互补资源

基于资源观视角,企业具备丰富的创新资源可以促进企业发展、提高竞争能力。Teece(2006)认为技术创新以及产品商业化需要技术、生产、营销以及售后服务等互补资源之间的协同作用才能为企业带来利润,难以模仿的互补资源也为企业带来持续不断的竞争力。在绿色创新活动中,朱树婷等(2017)对中国制造企业调查后发现,创新主体之间IT技术的战略匹配可以通过IT技术提高创新主体之间互补创新资源的组织能力,互补资源可以对技术创新过程产生影响,进而提升组织间合作创新绩效。Fatima和Emmanuelle(2015)认为创新组织需要与合作和伙伴间的互补资源协同作用才能产生创新价值,尤其在创新成果商业化阶段,需要有互补资源的支持才能提高创新绩效,获得互补资源更多的公司产生的创新成果也更多。在制造业绿色创新系统内所处不同信息生态位的创新主体具有的创新资源的种类与数量不尽相同,能为不同组织间的绿色创新活动提供广泛的互补资源,从系统层面促进绿色创新水平的提升。

由上述内容可推断出,制造业绿色创新系统内富含制造企业绿色创新所需的多种多样的互补资源是推动开放式创新演进的主要因素。绿色创新是一个需要多种创新资源共同支撑完成的复杂创新活动,制造业绿色创新系统中富足的财务资源、稀缺的市场资源、开放共享的平台资源以及广泛流通的信息资源是开放式绿色创新演进不同阶段的基础保障与驱动因素。

3.2.1.2 知识管理能力

制造业绿色创新系统开放式创新的核心特征是创新资源跨越组织边界在创新主体之间流通转化形成新的知识,因此创新主体间需要有目的地对内外部知识流程进行有效的管理。在当前动态变化的绿色创新环境中,组织越来越需要提高其知识管理能力,加强管理和利用内外知识流,以便探索绿色创新机会。Chang(2004)认为知识管理能力是组织获取、存储、转移、创造并应用社会知识、技术知识的能力,并验证了知识管理能力正向影响企业竞争优势。在实施不同开放式创新模式的各个阶段中,要考虑与之匹配的知识管理能力。Christina(2018)研究发现从不同维度实施开放式创新将包括不同的知识管理策略,知识管理能力的各个方面也对应组织间各异的开放程度,企业知识转化与吸收能力决定了组织之间的开放式创新参与程度与合作关系。随着新一代信息技术的涌现,越来越多的创新企业在不同业务流程与创新活动中开发和使用颠覆性的信息技术,以通过新的知识流和数据信息收集方法提高创新能力和创新效率。Santoro(2018)结合新一代网络技术、战略管理与创新管理理论研究指出,知识管理能力是促进组织创新的先决条件,基于物联网技术构建的知识管理系统可以提高组织知识管理能力,进而提高组织开放式创新能力。

以上的研究内容证实了成功的绿色技术变革与商业化过程离不开对知识资源的管理，组织内部的知识管理能力是提升其创新能力的重要因素。尤其是融合泛在网络技术的绿色创新组织，可在知识管理中高效地实现绿色创新所需知识的识别和利用，以此促进与优化开放式绿色创新活动，进而整体上影响制造业绿色创新系统开放式创新水平。因此，制造业绿色创新系统的知识管理能力是促进其开放式创新不断演进的重要因素。

3.2.1.3　网络能力

数字经济背景下制造业绿色创新系统中跨区域的各类创新主体借助泛在网络技术在虚拟空间形成各类协同合作网络关系，构成了信息生态网络。因此在数字经济环境中，对创新组织间实现高效的关系网络管理会促进系统开放式创新活动。Ritter(2004)指明企业处理、利用与管理关系网络的能力就是网络能力，网络能力对创新组织间技术合作程度以及企业产品和流程创新有积极影响，网络能力越强越会引发成功的开放式创新活动。白景坤和丁军霞(2016)从网络关系与网络结构视角，把网络能力划分为网络规划能力、网络运作能力、网络配置能力以及网络占位能力，这些能力都与探索式创新与利用式创新正相关。数字经济环境中的数字资源本身并不产生价值，而是通过绿色创新系统网络能力聚集、整合、配置网络环境中有价值的绿色创新资源，支持创新主体获取并使用网络中创新资源，才会产生绿色创新价值并提升组织竞争优势。Oliveira(2017)研究发现关系网络是在区域创新系统中实施开放式创新的关键因素，关系网络可以促组织协作和技术转移。

基于以上分析可知，制造业绿色创新系统通过网络能力可以优化绿色创新成员、创新资源与网络关系结构，并可保持与提升参与绿色创新的组织群体活力与绿色创新能力。因此，制造业绿色创新系统的网络能力是促进系统开放式创新不断演进的因素之一。

3.2.1.4　信息技术能力

随着数字经济时代的来临、信息通信技术与互联网基础设施的构建、人工智能技术的逐步推进，互联网产业发展日益壮大，并推进传统意义上的制造企业向数字化、信息化转型。Bharadwaj(2000)认为信息技术(IT)能力是组织能够将 IT 资源和组织已经拥有的其他资源匹配、协调并整合的能力，其中 IT 资源包括 IT 基础设施、IT 人力资源以及 IT 无形资源。在创新企业实际应用中，一些信息系统可用于操作开放式创新流程和活动，提高组织吸收和解析能力，增强开放式创新的动态能力。Emmanuel 和 Nikos(2018)认为在多元化和分布式现代组织的背景下，信息和通信技术(ICT)使企业与外部环境的接口更加透明，在组织进行开放式创新活动中发挥着非常重要的作用。所以把 ICT 的编码技术集成在开放式创新不同过程中可以支持组织不同的创新能力。Danilo Magno Marchiori 等(2022)认为 IT 能力是在企业业务流程中所需的资源、IT 相关技能和知识的复杂组合,其能够使公司协调活动并使用信息技术资产来实现预期结果,信息技术集成反映了创新合作伙伴的 IT 基础设施之间的紧密联系,影响着创新的开放程度。

通过上述内容的分析可以发现,IT 能力不仅可以为制造业绿色创新系统开放式创新提供强大的技术、硬件、软件设施基础和新的绿色创新管理思维,还可以优化组织绿色创新的流程与创新网络结构,增强不同绿色创新组织的绿色创新功能。因此,制造业绿色创新系统的 IT 能力是促进系统开放式创新不断演进的重要因素之一。

3.2.1.5 政策支持

制造业开放式绿色创新需要在一定国家政策支持与引导下进行。政策支持包含绿色创新、制造业转型、两化融合、开放式创新等相关的支持政策方针制定与落实情况。王营和冯佳浩(2023)论证了政策环境约束可以激发企业对绿色创新的投入,政府环境信息公开水平的提高能够显著提升企业的绿色创新水平。我国政府基于加快制造业升级进程,在未来国际竞争市场上抢占制高点的战略目标,在数字经济环境下将制造业与信息化融合发展的目标上升到国家战略高度,以促进在我国经济新常态下制造业升级转型。杨震宁等(2020)认为区域中良好的制度环境不仅能够保证创新主体充分利用经济资源,实现资源的最优配置,还能促进创新企业争取更多的外部创新资源。由上述分析推断,政府的政策支持是影响制造业绿色创新系统开放式创新演进必不可少的要素之一。

3.2.1.6 绿色创新系统开放式创新水平

基于制造业绿色创新系统开放式创新演进的各阶段状态需要一个综合状态参量来描述,可以通过研究其他状态参量对其影响的重要程度来确定系统开放式创新演进的序参量。“水平”一词本指某领域所达到的层次或高度,本书以开放式创新水平来表现制造业绿色创新系统开放式创新从低级向高级演进不同阶段的总体状态。闫国庆等(2008)对创新水平测度做了较深入的研究,基于创新活动的不同功能,把创新水平划分为 R&D 投入促进经济增长的程度、组织创新能力、投资环境水平、合理配置科技创新资源的程度等方面,并构建了包含创新投入、创新服务、创新环境和创新绩效四方面内容的创新水平测度体系。

3.2.2　系统开放式创新演进状态参量分析

3.2.2.1　互补资源分析

Teece早在1986年就提出了互补性资产的观念，认为其是对技术创新与商业化等一系列活动提供配套支持的资产。互补资源的含义要比互补资产的范围更加广泛，除了包含企业拥有和控制，可带来经济利益的有形或无形资产外，还包含如信息等不被企业控制、不一定能带来经济利益的资源。Luca(2016)把能支持从创新灵感产生到推向市场实现商业化所有过程中所需的全部资源称为互补资源。互补资源可以直接源自资源供给方，也可由市场中的第三方提供。随着共享经济驱动的社会知识结构优化以及市场扩展，为创新主体搜索与获取互补资源提供了更好的条件与高效渠道。本书认为，数字经济背景下制造业绿色创新系统互补资源是指可以依托网络平台实现直接或间接的、相互匹配与传递共享的各类资源。

互补资源对不同行业、不同企业以及不同创新过程的影响存在很大差异。Rothaermel和Hill(2005)研究得出在计算机行业和钢铁行业主要依靠互补资产来实现新技术的商业化，而在制药行业互补资产对研发与销售环节影响较大。Susanne等(2019)认为数字经济环境下贸易壁垒的减弱为中小企业提供进入国际市场的机遇，中小企业必须通过获取外部知识、经验等无形资源来促进创新活动，产生竞争优势。吕一博等(2015)认为互补资源包含金融、市场以及技术平台资源三方面，并通过案例研究发现充足的创新资源是开放式创新生态系统运行不同阶段的基本驱动因素，其中金融资源在创意产生阶段能够激发系统内核心企业以并购方式获取外部创意，促进被并购企业的技术研发资源内化；市场资源在研发阶段可保障开放式创新系统的吸引力和竞争力；技术资源平台在市场化阶段中成为供给者、需求者与中介商的“创新集市”，为实现创新合作伙伴间的价值共创提供丰富的技术资源与市场资源。

根据互补的观点，不同创新主体具备的独特资源及经验在制造业绿色创新系统中都可以看作是互补的资源，创新主体之间通过引入吸收互补性资源可以提升彼此的价值。信息技术的发展和各类创新平台的出现增强了制造业绿色系统内创新主体间互补资源的流通，丰富了绿色创新系统中互补资源储备。同类企业之间的差异是由各自具有的资源特征以及资源组合方式引起的，绿色创新系统内创新组织间协同合作，对所需不同创新资源共享与累积产生的协同价值，要远高于企业间单独合作的价值创造。互补资源不仅可以提升制造企业的绿色创新绩效，还可从制造业绿色创新系统层面提升开放式创新水平。

3.2.2.2 知识管理能力分析

知识是制造业绿色创新系统开放式创新的核心，知识管理是组织实现竞争优势所必须进行的关键管理过程。早期的知识管理研究通常仅限于特定组织的内部知识利用及创造等流程，随着开放式创新理论逐渐成为学术热点，知识管理的范围扩展到在创新网络中整合组织内外部知识的能力。Tanriverdi(2005)提出知识管理能力是企业通过协调运作各个知识管理活动，整合配置企业内外部各种知识，实现增强企业竞争优势的能力，并通过实证得出信息技术、知识管理能力以及组织绩效的正向关系。绿色创新系统的知识管理能力在很大程度上取决于内部创新主体间以及网络平台等的知识含量与管理能力。本书认为，数字经济背景下制造业绿色创新系统的知识管理能力是创新主体要素依托网络平台要素，在绿色创新活动中协调、配置、运作绿色创新系统内部及外部知识活动的动态、系统的管理能力。

针对知识管理能力的构成，Lichtenthaler(2009)对开放式创新中知识管理能力的含义和内容的研究较为细致，从知识来源与知识管理过程角度把知识管理能力划分为六个方面，如表3.1所示。

表3.1 知识管理能力构成

	知识探索	知识保留	知识开发
组织内部	发明能力：组织发现内部知识的能力	转换能力：组织内部保留并可随时使用的能力	创新能力：将知识转化为新产品或服务的能力
组织外部	吸收能力：组织探索外部知识并实现内化的能力	连接能力：企业将知识保留在组织边界之外的能力	解吸能力：向组织外部开发新知识的能力

资料来源：根据 Lichtenthaler U 和 Lichtenthaler E.(2009)的资料整理获得

近年来由于各学者研究的侧重点不同，知识管理能力的构成维度与对组织创新活动的影响存在着一定差异。黄蕴洁和刘冬荣(2010)依据流程管理过程将知识管理从知识获取、知识转移、知识分享与知识应用四个阶段展开讨论，并证实了知识管理对企业核心能力具有正向影响关系。侍文庚和蒋天颖(2012)从功能角度把知识管理能力分为知识转移能力、知识共享能力、知识整合能力以及知识创造能力四方面。Santoro(2018)以 Lichtenthaler 的研究为基础，把物联网环境下创新组织的知识管理能力分为发明能力、吸收能力与连接能力，并证实知识管理能力对组织开放式创新有着积极的促进。张省和周燕(2019)结合人工智能环境下知识管理系统的特征，从知识从提供者流通到接受者的传递过程角度出发，认为知识管理分为知识获取、知识共享和知识创造三部分。Sanjay(2019)认为知识管理有利于中小企业识别、应用与共享知识，以此支持与促进企业开放式创新活动。综合上述研究内容，本书认为，数字经济背景下制造业绿色创新系统知识管理能力由绿色知识获取、绿色知识整合和绿色知识共享三项基本内容构成。其中绿色知识获取能力指创新主体在开放式创新活动中，搜索、识别并获得绿色创新系统内部和外部与绿色创新相关的绿色知识的能力；绿色知识整合能力指的是创新主体将获得的绿色知识内部化，择优汰劣后整理或重构成新的绿色知识体系的能力；绿色知识共享能力是指知识提供方向绿色需求方交流、解吸、转移绿色知识的能力。

知识管理能力对提升组织的创新能力、创新绩效具有显著作用的观点已广泛被学术界认同，创新能力与创新绩效又是衡量创新水平的重要指标，并且知识管理可以提高制造企业的环境绩效，由此可知，数字经济背景下制造业绿色创新系统知识管理能力对系统开放式创新演进起到非常重要的影响。首先绿色知识获取能力为制造业绿色创新系统开放式创新水平的增强提供了坚实的知识基础，是绿色知识转化与知识创造的基本前提，其有助于绿色创新主体搜索并获得绿色创新活动必不可少的广泛知识资源；绿色知识整合能力是促进制造业绿色创新系统开放式创新发展的关键途径，支持了组织对内外部绿色知识的重构与融合，促进了新知识的产生与集成，并对知识转化成绿色产品或服务具有辅助促进作用；绿色知识共享能力是制造业绿色创新系统开放式创新持续演进的有力支柱，其带动了制造业绿色创新系统内创新主体间知识的流动与转移，丰富了创新网络中的知识存量，提高了绿色创新成果商业化概率，并可实现制造业绿色创新系统内知识资源利用的价值最大化。

3.2.2.3　网络能力分析

Hakansson 最早提出网络能力的含义，认为网络能力是组织为提高其网络所处综合地位以及协调各种网络关系的能力，其中网络关系可以分为企业内部网络关系与外部网络关系，分别对应内部网络能力与外部网络能力。Thomas 和 Helen (2018)从战略选择的视角，将网络能力定义为创新企业为了同其他网络伙伴共同调动与获取资源，有目的地自主充分利用其业务关系网络的能力，包括在互动中主动使用商业网络以充分满足企业成长和生存目标的能力。Rui 等(2018)从微观角度分析，认为企业家网络能力包含网络定位、网络建设、网络维护和网络协调四个维度，并通过实证方法验证网络能力可为企业提供众多的发展机会。我国学者方刚(2011)及白景坤、丁军霞(2016)从网络资源和社会网络视角分析了网络能力，将其分为网络规划能力、网络运作能力、网络配置能力以及网络占位能力。本书认为，在制造业绿色创新系统中，随着绿色创新网络的逐步成熟、模块化分布式的创新活动日益复杂，能在网络环境中构建创新网络结构、动态管理多元创新主体间的网络关系，以及系统有效管理创新资源的能力，都属于绿色创新系统的网络能力。

国内外众多学者研究发现网络能力对组织开放式创新绩效以及创新能力有着积极的影响。Ritter(2003)强调网络能力是一种跨组织整合多种关系的网络管理能力，企业通过这种能力可以规避关系冲突、发挥网络优势，从而对加深组织间技术合作程度以及对企业的产品和流程创新产生强烈的积极影响，进而影响企业创新绩效。吴岩(2014)通过对我国新创企业的调查分析发现，新创企业网络能力中的关系管理能力和角色定位能力直接影响企业的创新能力。Mu 等(2017)研究发现在社交网络中，管理企业间和企业内部网络关系的能力长期以来被认为是企业通过其创新，创造价值和建立竞争优势的工具，当企业拥有足够的网络能力来管理动态网络关系时，可以提升新产品开发绩效。随着信息通信技术的日益发展，开放网络平台逐渐成为组织获取信息、知识、技术和能力的重要平台，企业广泛利用外部网络中富足的绿色创新资源的网络能力已经成为影响创新主体开放式绿色创新的重要因素。Javier(2019)实证分析后得出网络能力对企业绩效有显著的积极影响，并指出数字平台代表了一种更复杂的信息和通信技术形式，促进了不同合作伙伴之间的互动，增强网络能力并提高组织创新绩效，为企业提供了大量创新发展机遇。

制造业绿色创新系统网络能力对于系统内创新主体建立外部联系、整合系统内外部资源起到重要作用，其体现了创新主体建立于维护恰当的合作关系的能力，以及对制造业绿色创新系统内外部存在的绿色资源有效利用水平，是系统开放式绿色创新的重要保证。

通过以上分析可知，数字经济背景下制造业绿色创新系统的网络能力对系统开放式创新演进有着积极的影响。

3.2.2.4　信息技术能力分析

创新主体在协同进行绿色创新过程中所应用的来自各方的技术需要不断迭代、更新与融合，因此制造业绿色创新系统需要具备一定的可贯通并构建各领域技术的 IT 能力，支撑创新主体在绿色创新过程中实现新型信息技术的整合、转化或新老系统的替换。Chae 等(2014)认为信息技术能力是组织利用其 IT 资产和专有技术创造商业价值的能力，企业的 IT 能力包括 IT 基础设施、IT 人力资源(如技术和管理 IT 技能)和 IT 支持的无形资产(包括知识资产、客户导向和协同作用)。陈猛等(2015)基于动态能力与能力层级角度认为 IT 能力是由整合数据、技术、程序的信息技术整合能力和用来拓展重组合作伙伴资源的信息技术重置能力构成。本书认为，数字经济背景下制造业绿色创新系统 IT 能力是指，系统内创新主体拓展、整合、共享和配置绿色创新系统内外部IT资源以从不同环节支持系统开放式绿色创新各方面活动、满足各类创新主体不同绿色创新需求的能力。

在多元化、融合式和分布式现代组织以及开放复杂的创新环境背景下,以泛在网络技术为代表的新一代网络技术在组织运营、绿色创新活动中发挥着非常重要的作用。胡贝贝和王胜光(2017)从生产要素层面、生产组织方式层面和投入产出关系层面分析了新一代信息技术条件下的生产函数变革,认为作为一种兼具破坏性与创造性的技术,互联网对制造业生产环节产生深远的影响。IT能力不仅在战略层面可以帮助创新主体提高吸收、利用和转化系统内外部绿色创新知识的效率,促进绿色创新成果商业化产生更多经济和环境效益,在业务层面还起到连接各领域、各环节的绿色创新资源来源,支持绿色资源供需双方的合作活动。企业可以通过利用其IT能力来增加收入、降低成本从而提高业务绩效。Cao等(2019)认为IT能力是一种嵌入组织内部的不可转让和模仿的特殊类型的资源,并通过调查633家英国公司实证分析信息处理能力的价值性、稀缺性、不可模仿性和不可替代性与组织竞争优势正相关。虽然大部分的研究者认为IT能力对组织创新绩效有促进作用,但也有学者对此抱有悲观的态度。Chae等(2018)从行业角度研究了IT能力和组织绩效的关系,发现在互联网产业、媒体行业等转型行业中IT改变了产品形式与产业结构,IT能力对不同企业在控制利润和成本方面存在显著差异;在制造行业,IT能力主要从提高生产效率、业务流程重组以及获取更多制造资源的角度提升企业绩效,但不同企业的IT能力对其创新绩效的影响却不尽相同。

在数字经济时代,IT技术已经成为制造企业开展绿色创新活动必不可少的战略性工具。即使IT能力对制造业开放式创新绩效的影响还未明确,但IT能力可以优化合作伙伴关系、提升供应链整合绩效这点已被证实。制造企业盲目进行IT投资往往并不能直接实现明显的经济与环境效益,而是需要把IT资源转换成制造企业的IT能力,并作为组织内部基本素质来提升整体竞争力,通过制造业与信息产业的融合发展,促进制造业开放式绿色创新。

基于上述分析,本书认为制造业绿色创新系统IT能力对开放式创新演进起到促进作用。

3.2.2.5　政策支持分析

政府政策对制造业企业实现开放式绿色创新具有一定的激励、引导与推动作用。国家政策与经济系统实践活动是相互影响并促进的,如我国政府基于抢占制造业国际竞争制高点而提出了一系列"两化融合""开放创新""绿色制造""智能制造"等扶持政策和国家战略,以加快提升我国制造业竞争力,在两化融合、制造业开放式绿色创新实施过程中发现的问题也为政府政策的制定提供参考依据,从而更好地为政府及企业分析现状、对未来规划提供参考。本书认为,数字经济背景下制造业绿色创新系统政策支持是指与我国制造企业开展开放式绿色创新活动、促进制造业与信息产业融合、支持工业互联网落地、实现智能制造等相关的政府政策支持力度和落实情况等。

不同的政策支持内容对制造业绿色创新系统开放式创新演进起到不同作用。在绿色创新方面,由于制造业绿色创新的高风险、高不确定性以及开放式创新的溢出效应等特点,导致创新主体不能完全占有绿色技术、绿色产品或绿色服务带来的收益,绿色创新的投资收益率往往低于一般性的投资。郭捷和齐央宗(2017)认为创新企业在技术创新过程中需要大量各类资源的投入,政府的创新政策不但能促进创新企业技术创新的发展,还可提高宏观经济效率,通过实证分析发现政策支持与区域创新绩效存在显性关系。李冬琴(2018)通过企业层面的问卷数据调查后发现,命令控制型政策与市场激励型政策对企业绿色技术创新有积极影响,不同政策之间的相互交互会促进企业创新绩效;在制造业与信息技术融合方面,焦勇和杨蕙馨(2017)研究发现政府政策干预,各级政府大力推行两化融合,有利于产业结构的合理化与高级化,对制造业产业升级有重要推动作用;在开放式创新方面,Chatfield 和 Reddick(2018)通过对澳大利亚政府政策创新研究发现,政府本身的信息资源开放的政策创新会促进企业与政府间的开放式创新。

通过上述分析,本书认为政府政策支持对制造业绿色创新系统开放式创新演进有着积极促进作用。

3.3 系统开放式创新演进序参量识别体系构建

在对制造业绿色创新系统开放式创新演进的各个参量分析后,接下来进行实证分析,证明以上状态参量确实是影响开放式绿色创新演进的因素,并确定关键因素作为对划分制造业绿色创新系统开放式创新演进阶段依据的序参量。

3.3.1 序参量识别方法

数字经济背景下制造业绿色创新系统的开放式绿色创新演进系统无时无刻都处于协同化发展状态,而影响系统的自组织演进的因素又繁杂且不定。描述系统状态的众多状态参量中含有对开放式绿色创新演进起主导作用的序参量,于是需要通过一种科学的分析方法识别出影响制造业绿色创新系统开放式创新演进的序参量。传统识别序参量的方法主要有弛豫系数法、粗糙集约简法等。由于弛豫系数在计算过程中较为烦琐,求解形式过于复杂,而粗糙集约简法在运算过程中需要离散化处理实际发生的连续数据,以至于会对数据描述的信息内容产生较大失真性,因此本书采用灰色关联分析法进行序参量识别。

灰色关联分析法是对系统中不同因素之间关联程度进行衡量的方法,不同时间内因素之间的关联性的大小称为关联度。灰色关联分析法能够反映系统开放式绿色创新动态发展态势,根据序列数据之间变化的一致程度确定状态参量与决策参量关联程度,在系统开放式绿色创新演进时参量间的一致性变化越高,说明参量间关联度越高。通过对比区分不同状态参量与决策参量的关联度,可以识别出序参量。灰色关联分析法是一种可靠的系统分析方法,其在样本数据的选取与测量方面具备独特优势。首先,此方法是按研究对象发展趋势进行分析,因此其对样本容量没有过多要求,也不需样本数据的正态分布。其次,它可通过设计非函数形式的运算模型以减少计算工作量,且结果会同定性分析结果较一致。因此,本书采用灰色关联分析法对制造业绿色创新系统开放式创新演进起主导作用的序参量进行识别。其识别过程归纳如下。

(1)确定参量序列。运用灰色关联分析法进行实证分析首先要建立状态参量比较序列与决策参量参考序列,一般情况下决策参量设为一个,本书在此建立参考序列 $Y_1=(y_{11},y_{12},\cdots,y_{1n})$,用来表示制造业绿色创新系统开放式创新水平决策参量;建立比较序列 $X_j=(x_{j1},x_{j2},\cdots,x_{jn})(j=1,2,3,4,5)$,以表示互补资源、知识管理能力、网络能力、IT 能力、政策支持五个状态参量。

(2)数据无量纲化处理。由于表述参量的各个数据项的量纲不尽相同,不可直接比较,因此有必要对原始数据进行无量纲化处理。常用的数据无量纲化处理方法有离差标准化、Z-score 标准化、Normalization 归一化方法。由于离差标准化方法可以消除量纲对结果的影响,使不同变量具有可比性,并且可保留原始数据中由标准差所反映的潜在权重关系,因此本书选用离差标准化法进行数据的无量纲化处理。

(3)计算状态参量与决策参量的关联系数。计算公式为

$$\xi_{ij}(t)=(\Delta_{\min}+\beta\Delta_{\max})/(\Delta_{ij}(t)+\rho\Delta_{\max}) \tag{3.1}$$

式中,$\Delta_{ij}(t)=|y_i(t)-x_j(t)|$ 表示 t 时刻状态参量与决策参量之差的绝对值、$\Delta_{\min}$,$\Delta_{\max}$ 分别表示最小绝对差与最大绝对差;ρ 为分辨系数,具有提高关联系数间差异程度的功能,一般其值设为 0.5。

(4)计算参量关联度并识别序参量。其计算公式为

$$R=\frac{1}{m}\sum_{t=1}^{m}\xi_{ij}(t) \tag{3.2}$$

式中，R 的取值范围介于[0,1]之间，R 值越接近 1，说明此状态参量对决策参量的影响越大，通常当关联度值大于 0.6 时，说明此状态参量对决策参量有相当大的影响。对各个 R 值进行排序，识别出最大 R 值作为开放式绿色创新演进的序参量。

3.3.2 参量指标体系设计

3.3.2.1 指标体系设计原则

描述各个参量的指标体系设计对于准确掌握状态参量对决策参量的影响程度，以及能否精准选择影响系统开放式创新演进的序参量起到决定性作用。因此，在设计参量指标体系过程中需要遵循以下原则。

(1)科学性原则。描述各参量的指标设计科学与否，直接影响最终测算结果的准确性与客观性。因此本书在设计参量指标体系时，以现有文献研究成果和实操经验为基础，选择能够科学、真实、客观地反映五个状态参量与决策参量之间影响程度的指标作为参量的衡量指标。

(2)可行性原则。指标设计的可行性是指指标的可获取性和可用性。对制造业绿色创新系统开放式创新演进的参量指标设计应充分考虑到指标数据获取的真实性和便捷性，使用过程中的可靠性和可计算性，以便为分析系统开放式创新演进机理与开放式创新模式构建及选择提供有力基础。

(3)系统性原则。数字经济背景下制造业绿色创新系统开放式创新演进是一个复杂动态的过程，因此在设计描述各参量的指标时需从不同层面和维度上综合全面考虑。既要保证各指标的层次性和关联性特征，也需具备一定的目的导向性。

(4)定量与定性相结合的原则。数字经济背景下制造业绿色创新系统开放式创新的不断演进受到既含有定量也包含定性的多种因素的影响。虽然出于对统计和运算结果的客观性考虑，需尽量多地使用定量指标，但基于指标设计的科学性和可行性原则，在实际测算过程中要对不能通过直接获得二手数据量化的指标进行定性处理，再通过量化方法与定量指标合并处理。

3.3.2.2 指标体系设计内容

为了综合全面地描述各类制造业绿色创新系统开放式创新演进的状态参量，此处采用了多指标的衡量方式。根据上文对各个参量的理论分析及概念界定后，分别设计指标体系如下。

(1)互补资源。数字经济背景下，创新资源以数据信息形式表述并带动金融资源、知识资源、技术资源、物质资源、人力资源等贯穿绿色研发、绿色制造、绿色营销等绿色创新全过程的配置与共享。因此从互补资产的职能角度采用研发互补资源、制造互补资源以及市场互补资源三方面综合对其衡量。

(2)知识管理能力。获得与转化组织外部绿色知识是开放式创新的基本保障，通过上文知识管理能力的理论分析，数字经济背景下制造业绿色创新系统知识管理能力通过绿色知识获取能力、绿色知识共享能力与绿色知识整合能力来衡量。

(3)网络能力。制造业绿色创新系统的网络能力对系统构建绿色创新网络关系，整合系统绿色资源起到了重要的作用。数字经济背景下制造业绿色创新系统网络能力从网络规划能力、网络配置能力、网络运作能力三个维度来衡量。

(4)IT 能力。IT 能力是对制造业绿色创新系统中各个创新主体以及各类创新平台中 IT 资源的整合、拓展与重组等活动，提高 IT 基础设施与 IT 人员技能支持的能力，根据上一节的理论分析，数字经济背景下制造业绿色创新系统 IT 能力在此分为 IT 基础设施和 IT 人员技能。

(5)政策支持。政府的政策支持主要从制造业信息化发展与绿色化发展两方面开展。因此，数字经济背景下制造业绿色创新系统政策支持主要包括绿色创新政策效果与两化融合政策效果两方面。

(6)绿色创新系统开放式创新水平。此指标描述的是制造业绿色创新系统开放式创新从低级向高级演进不同阶段的总体状态，根据绿色创新过程角度从绿色研发水平、绿色制造水平、绿色营销水平以及绿色服务水平四个方面来衡量。

通过对制造业绿色创新系统开放式创新演进过程与影响因素的分析，梳理相关文献后，选取重要指标与测度指标对变量进行描述，如表 3.2 所示。

表 3.2　制造业绿色创新系统开放式创新演进的参量指标体系设计

参量	参量名称	测度指标
决策参量	绿色创新水平 Y_1	绿色研发水平 Y_{11}
		绿色制造水平 Y_{12}
		绿色营销水平 Y_{13}
		绿色服务水平 Y_{14}
状态参量	互补资源 X_1	研发互补资源 X_{11}
		制造互补资源 X_{12}
		市场互补资源 X_{13}
	知识管理能力 X_2	绿色知识获取能力 X_{21}
		绿色知识共享能力 X_{22}
		绿色知识整合能力 X_{23}

续表3.2

<table>
<tr><th>参量</th><th>参量名称</th><th>测度指标</th></tr>
<tr><td rowspan="7">状态参量</td><td rowspan="3">网络能力 X_3</td><td>网络规划能力 X_{31}</td></tr>
<tr><td>网络配置能力 X_{32}</td></tr>
<tr><td>网络运作能力 X_{33}</td></tr>
<tr><td rowspan="2">信息技术能力 X_4</td><td>IT 整合能力 X_{41}</td></tr>
<tr><td>IT 重置能力 X_{42}</td></tr>
<tr><td rowspan="2">政策支持 X_5</td><td>绿色创新政策支持 X_{51}</td></tr>
<tr><td>两化融合政策支持 X_{52}</td></tr>
</table>

3.3.3 数据选取

参量指标数据采用定量数据与定性数据相结合的方式，标准化处理后的定量数据与定性数据结果综合到一起进行灰色关联分析。其中制造业绿色创新系统开放式创新水平、互补资源、知识管理能力、IT 能力通过定量指标测定，定量数据源自历年《中国统计年鉴》《中国科技统计年鉴》《中国绿色专利统计报告》《中国能源统计年鉴》《中国工业经济统计年鉴》《工业企业科技活动统计年鉴》《中国互联网络发展状况统计报告》《中国信息产业年鉴》以及国家知识产权局和国研网（国务院发展研究中心信息网）等相关数据库。

当今学者对于网络能力与政策支持两个参量指标的研究主要通过设计问卷采集样本数据的定性方法进行测量，因此本书参考综合了方刚、Javier 的研究内容设计 8 个题项，从网络规划能力、网络配置能力、网络运作能力三个维度进行测量，设计 4 个题项从绿色政策支持与两化融合政策支持两方面测量。问卷采用 Likert 七级量表形式，其中 1 分为“很差”、2 分为“差”、3 分为“较差”、4 分为“一般”、5 分为“较好”，6 分为“好”、7 分为“很好”。本书选取北京、上海、广东、吉林、江苏等 10 个城市，覆盖 28 个制造行业中的多家企业作为样本采集范围，面向企业中的中高层管理人员发放问卷，共回收问卷 381 份，其中有效问卷 209 份。

考虑到 2012 年前后各年鉴的统计口径发生了较多变化，为了保证样本的可信度，以及大多国家统计报告更新到 2020 年等因素，本书样本数据的选择时间范围为 2012 年到 2019 年。由于废弃资源和废旧材料回收加工业的数据缺失，其他制造行业各年的统计内容不同，以及在问卷调查中未获取到木材加工及木、竹、藤、棕、草制品业和印刷业的有效的定性数据，因此此处本书把样本行业限定在 25 个制造业行业。详细的定量数据提取与问卷设计见附录 1 和附录 2。

3.4　系统开放式创新演进序参量的实证分析与确定

3.4.1　实证过程与结果

由于互补资源、知识管理能力、网络能力、IT 技术、政策支持以及开放式创新水平均由多个指标进行衡量，因此首先需要分别将各参量指标合并成单一指标。本书运用熵权法对各个参量的指标进行合并，计算如下。

首先，对指标进行标准化处理，以消除量纲的影响。设 x_{ij} 为第 i 个评价对象第 j 个指标的原始值，n、m 分别为指标数和样本数，以 p_{ij} 代表各个参量标准化后的结果，则各参量指标标准化处理的公式为

$$p_{ij}=\begin{cases}(x_{ij}-\min x_{ij})/(\max x_{ij}-\min x_{ij}) & \text{正向指标}\\(\max x_{ij}-x_{ij})/(\max x_{ij}-\min x_{ij}) & \text{负向指标}\end{cases}\tag{3.3}$$

其次，计算第 j 个指标中样本值占样本总和的比重 Z_{ij}，并求出第 j 项指标的熵值 H_j。其中，当 $Z_{ij}=0$ 时，规定 $Z_{ij}\ln Z_{ij}=0$，即

$$Z_{ij}=p_{ij}/\sum_{i=1}^{m}p_{ij}\,,k=1/\ln m\tag{3.4}$$

接下来，基于熵值赋权法（熵权法）计算出第 j 项指标的权重，即

$$H_j=-k\sum_{i=1}^{m}Z_{ij}\ln Z_{ij}\tag{3.5}$$

$$w_j=(1-H_j)/\left(n-\sum_{j=1}^{n}H_j\right),j=1,2,\cdots,n\tag{3.6}$$

其中，$w_j\in[0,1]$，$\sum_{j=1}^{n}w_j=1$.

最后，进行指标合并，其公式为

$$Z_i=\sum_{j=1}^{n}w_{ij}p_{ij}\tag{3.7}$$

通过以上计算步骤和前文灰色关联分析法，分别计算出互补资源、知识管理能力、网络能力、IT 能力、政策支持五个状态参量与开放式创新水平决策参量的灰色关联度，结果如表 3.3 所示。

表 3.3 状态参量与决策参量的灰色关联度

关联度	互补资源	知识管理能力	网络能力	IT能力	政策支持
农副食品加工业	0.729 6	0.676 3	0.700 5	0.727 0	0.572 7
食品制造业	0.720 7	0.640 6	0.728 0	0.607 0	0.636 5
饮料制造业	0.754 0	0.637 7	0.628 0	0.627 6	0.645 8
烟草制品业	0.768 2	0.638 2	0.733 4	0.580 4	0.629 0
纺织业	0.673 7	0.649 4	0.734 4	0.728 6	0.607 2
纺织服装、鞋、帽制造业	0.660 5	0.652 0	0.653 9	0.713 9	0.600 8
皮革、毛皮、羽毛(绒)及其制品业	0.627 8	0.543 1	0.645 7	0.791 5	0.602 2
家具制造业	0.651 6	0.704 3	0.643 0	0.734 4	0.670 2
造纸及纸制品业	0.668 7	0.569 8	0.802 0	0.703 5	0.634 1
文教体育用品制造业	0.688 9	0.805 0	0.667 3	0.721 5	0.607 0
石油加工、炼焦及核燃料加工业	0.661 4	0.578 3	0.705 8	0.540 8	0.605 5
化学原料及化学制品制造业	0.630 7	0.721 1	0.686 9	0.640 7	0.546 5
医药制造业	0.566 9	0.630 1	0.760 3	0.742 5	0.812 7
化学纤维制造业	0.690 5	0.660 4	0.656 1	0.594 0	0.564 0
塑料与橡胶制品业	0.862 5	0.733 4	0.768 1	0.610 9	0.717 6
非金属矿物制品业	0.675 5	0.711 2	0.688 0	0.542 2	0.701 3
黑色金属冶炼及压延加工业	0.726 2	0.635 6	0.580 5	0.607 1	0.843 1
有色金属冶炼及压延加工业	0.725 2	0.587 8	0.779 6	0.571 2	0.788 2
金属制品业	0.846 4	0.696 1	0.706 2	0.660 7	0.621 7
通用设备制造业	0.656 3	0.561 1	0.635 0	0.787 5	0.684 4
专用设备制造业	0.749 2	0.572 8	0.633 8	0.753 7	0.628 4
交通运输设备制造业	0.797 4	0.785 4	0.733 3	0.816 7	0.708 5
电气机械及器材制造业	0.601 4	0.541 4	0.632 7	0.567 7	0.555 8
通信设备、计算机及其他电子设备制造业	0.719 5	0.594 7	0.858 7	0.662 5	0.627 8
仪器仪表及文化、办公用机械制造业	0.651 9	0.663 9	0.751 7	0.672 0	0.709 1
平均值	0.700 2	0.648 1	0.700 5	0.668 2	0.652 8

3.4.2　确定序参量

在灰色关联分析法中，一般把灰色关联度的测算结果分成五个区间来确定变量之间关联程度，如表 3.4 所示。

表 3.4　关联度区间划分

关联度系数	$0<R\leqslant 0.2$	$0.2<R\leqslant 0.4$	$0.4<R\leqslant 0.6$	$0.6<R\leqslant 0.8$	$0.8<R\leqslant 1$
影响程度	影响小	影响较小	影响一般	影响较大	影响大

序参量是描述开放式创新自组织演化中形成新系统结构有序程度的参量，也反映出新开放式创新模式的有序程度。序参量产生于系统内部，衍生于系统状态参量，并对系统具有长期缓慢的影响，是影响开放式创新演进最主要的因素。通过比较分析各个状态参量对决策参量关联度，可确定对制造业绿色创新系统开放式创新演进起决定作用的序参量。

上一节的状态参量与决策参量关联度的测算结果表明，不同行业中五个状态参量对行业开放式绿色创新演进的影响各不相同。其中在通信设备、计算机及其他电子设备制造业中网络能力对开放式绿色创新演进的影响最为突出，关联度达到 0.858 7，在塑料与橡胶制品业、金属制品业中互补资源对开放式绿色创新演进的影响最为突出，关联度达都达到 0.8 以上。由于制造业开放式绿色创新具有跨组织、跨学科、跨行业、跨技术领域相互渗透融合的特点，单一地从各行业角度分析参量间的关联度是不科学且片面的。因此对影响我国制造业绿色创新系统开放式创新演进的状态参量分析与序参量确定，要以制造业总体的关联度均值来测量。

首先，数字经济背景下制造业绿色创新系统中互补资源、知识管理能力、网络能力、IT 能力以及政策支持五个状态参量同开放式绿色创新水平的关联度均值都超过了 0.6，说明以上五个参量对系统开放式创新演进的影响较大。接下来，按照不同状态参量的关联度均值由大到小排序后可得，网络能力参量的关联度 0.700 5 与互补资源参量的关联度 0.700 2 远高于其他状态参量的关联度。由此选出，数字经济背景下制造业绿色创新系统开放式创新演进的序参量由网络能力与互补资源构成。

3.5　系统开放式创新演进阶段分析

数字经济背景下制造业绿色创新系统开放式创新演进是指，随着信息通信技术的逐渐进步，制造业绿色创新系统中创新资源的配置不断优化，带动绿色创新主体竞合协同发展，提升系统开放式创新水平，增强制造业不同行业竞争优势，驱动系统开放式绿色创新活动逐步完善追求最佳状态的过程。根据上文 2.4.1 的分析可知，数字经济背景下制造业绿色创新系统开放式创新演进由初级到高级分别分为数字化资源配置阶段、网络化集成阶段、智能化协同阶段三个过程。随着开放式创新的逐级演进，开放式创新水平不断提高。制造业绿色创新系统开放式创新演进模型如图 3.1 所示。

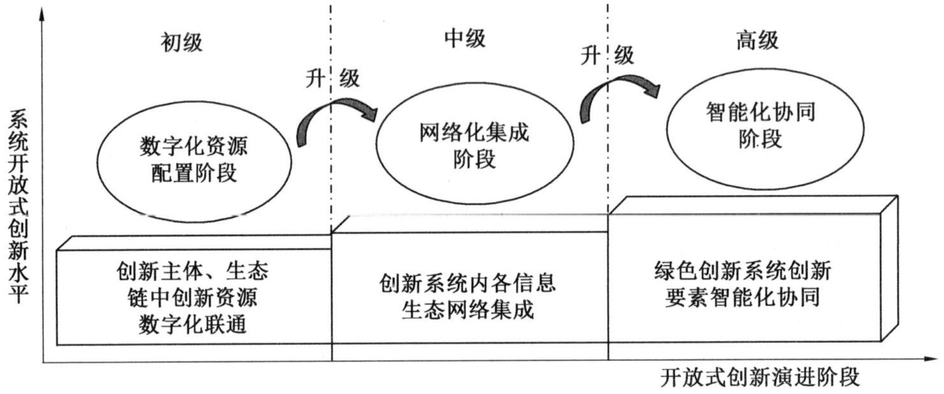

图 3.1　制造业绿色创新系统开放式创新演进模型

3.5.1　数字化资源配置阶段

此阶段是系统开放式创新演进的初级阶段，是新型数字技术与思想开始影响制造业绿色创新系统并逐渐与之融合的阶段。随着互联网产业的不断发展，社会生产逐步由物质主导向信息产业主导变革，数字经济与实体经济的渗透融合作为一种核心侵蚀因素引起开放式创新范式变化，推动了绿色创新系统实施开放式创新活动进程。开放式绿色创新是一个需要多个创新要素跨时空参与的分布式创新流程，通过金钱或非金钱机制的刺激，结合每个组织的属性，有目的地管理绿色创新资源的流通。此阶段开放式绿色创新的主要特征是打破线上与线下的创新边界，物质环境中的创新资源以及描述事物活动属性的信息都需要进行数字转化，成为虚拟环境创新主体所需的数字化绿色创新资源。

系统中创新主体的基本业务流程与绿色创新管理活动开始借助物联网、移动互联网、信息通信等技术向网络云迁移，践行数字化转型。这一时期政府的鼓励推动政策陆续出台，制造企业迫于外部环境变革的压力与内部绿色创新管理活动的高质高效低成本需求，开始制定与实施数字化创新战略。在此阶段实力较强的核心制造企业已经基本实现数字化转型，甚至主营业务与战略定位已经向互联网企业转型，如海尔企业已从传统制造家电产品的企业转型为面向全社会孵化创客的平台。实力薄弱的中小企业需要借助于中介服务机构以及核心企业搭建开放式创新平台，通过 SaaS（软件即服务）、PaaS（平台即服务）、IaaS（基础架构即服务）等云端服务，推动企业内部基础设施数字化以及绿色创新业务流程数字化，优化管理实体端的创新活动。

在此阶段，随着通信网络的升级、系统与软件的推广、智能终端设备的普及以及各类传感器的使用，促使人、机、物、创新活动的广泛互联，这使得进行绿色创新有关的设备、联网终端、各个创新要素都在源源不断地产生数据，数据已成为一种新的资产、新的生产要素、新的创新资源，并为制造业绿色创新赋能。随着制造业绿色创新系统微观层面上各创新主体的业务流程、产品生命周期、绿色创新活动等各管理环节，从绿色研发端、绿色制造端到绿色产品端及绿色服务端切入进行数字化转型，从而使创新主体更容易搜索、捕获、管理与转化所需的互补绿色创新资源。创新系统产业层面汇集了不同信息生态位中的创新主体内部与竞合伙伴间的绿色创新流程，充实着多种多样进行开放式绿色创新活动所需的数字化资源信息，制造业绿色创新系统中依托开放式绿色创新平台，运用网络技术、数字技术等进行数字化创新管理，协同创新主体、促进绿色创新活动、优化创新资源配置，以此提高系统开放式创新效率。

3.5.2　网络化集成阶段

历经数字化创新管理阶段，创新技术环境中数字技术的深度应用，催生了海量数字化资源，与新能源、新材料以及先进制造技术等融合应用，使其成为新的核心绿色创新要素。网络设备与技术标准的成熟大大增强核心资源要素的连接性与流通性，将人、事物、流程、创新活动和信息连接起来。创新主体在不同绿色创新过程中产生对绿色创新资源要素的需求后，搜索找寻到创新资源来源，并与之进行关联与合作。在此阶段，系统中绿色创新平台种类与数量逐步增多，平台运作管理机制逐步完善，促进制造企业绿色创新供需实时对接。创新主体可以从绿色创新平台中在线获取到由来自各方提供的资源及服务，并通过大数据、云计算、雾计算及专业分析软件支撑实现全产业层面的绿色创新协同，使得开放式创新活动向分散式、协同式结构发展。

在此阶段开放式创新的开放深度、广度及宽度进一步提高。其中开放深度表现为组织间的合作关系程度，包含强关系与弱关系，组织间通过通信技术加强了紧密合作的强关系，创新主体通过网络平台、社会化媒体以及社群服务等建立了相对松散的弱关系。开放广度的扩大则表明绿色创新主体对合作伙伴选择范围增大，网络连接程度加强。开放宽度的提高则从绿色创新过程的开放环节增多，实现全流程全阶段的开放协作来体现。所以从制造业绿色创新系统整体上看，开放式创新网络连接范围更加广泛、组织间关系程度更加拓宽、网络密度辐射范围加大，导致开放式创新网络结构更为复杂。新兴绿色创新网络平台的不断涌现，通过价值链以及信息网络的互联，实现产业链横向、纵向以及跨产业的全业务流程的无缝对接与高度集成。创新要素间的网络关系更加灵活紧密，网络结构呈现分散式去中心化或多中心小世界网络组织模式。这一时期系统中绿色创新生态链与生态网络已经具备较大规模，使开放式创新网络结构得以逐步稳固与完善地发展，从而提高开放式创新能力，推进制造业绿色创新系统开放式创新向更高层级快速演进。

3.5.3 智能化协同阶段

此阶段是系统开放式创新演进的高级阶段。第一阶段的海量数字化创新资源与信息的采集及积累，第二阶段的万物虚拟互联互通形成各类绿色创新网络，是制造业绿色创新系统实现智能的开放式创新活动必不可少的两个必要条件。在此阶段中，制造业绿色创新系统的智能化运作是开展智能化开放式绿色创新的前提，以感知、互联、智能化为特点的新一代信息技术（物联网、雾计算、数字孪生技术等），将为制造业的升级提供突破性技术手段，智能工厂、智能车间、智能产品、智能服务、智慧物流等都已逐渐被普及及应用。智能化绿色创新是新一代人工智能、商务智能与先进制造技术相融合，以绿色创新环节的智能化向智能活动转化为核心，以端到端创新数据流为基础的去集中化全域式绿色创新活动。此时的创新系统具备自主学习能力，通过深度学习、增强学习、迁移学习等智能设备自主学习方式，可以对非结构化绿色创新问题提出智能解决方案。制造业绿色创新领域的知识产生、获取、应用、转化与扩散的效率将发生重大变化，显著提升绿色创新绩效与绿色创新智能服务能力。

伴随着新型产业相互竞争的日益激烈，系统开放式创新不断增加个性化颠覆性绿色技术创新活动。此时绿色创新活动更加分散，绿色创新单元可以高度自治，实现绿色创新要素的智能化协同、创新成果在绿色创新网络中深度集成。制造业绿色创新系统中物理实体、人体意识与数字虚体间广泛连接融合，系统开放式绿色创新网络近似于生物学中的神经网络，每一个创新活动单元或网络结点可以对系统内外部瞬息万变的环境变化做出快速反应与智能决策。此时绿色创新网络有较高的成熟度，并且拥有很高的自我调节和适应能力。在整个开放式绿色创新活动中，智能化绿色研发、智能化绿色制造、智能化绿色营销与智能化绿色服务是系统开放式绿色创新实施过程，智能绿色产品与智能绿色服务是创新成果的主要体现，价值创造是智能绿色创新的最终目的。通过集成更广泛的新生技术与多方智能，提高系统深度学习、快速反应与决策能力，进一步提高绿色创新系统对环境的自适应性，促进制造业绿色创新系统可持续发展。

3.6　系统开放式创新演进规律

数字经济背景下制造业绿色创新系统开放式创新演进具有动态性、复杂性，符合耗散结构特征。随着系统开放式创新的各类创新要素、动力因素、序参量的变化，呈现出开放式创新演进过程的突变，实现制造业绿色创新系统开放式创新从低级有序过渡到高级有序的自组织演进过程，以及从无序到有序、协同升级的演进规律。

3.6.1　耗散结构形成规律

耗散理论指出，远离平衡态是产生系统有序的基本前提。系统的非平衡态是指随着系统微观构成要素的状态差异性而产生的不平均、不对等等状态。数字经济背景下制造业绿色创新系统开放式创新需要与外界环境不断地进行信息、物质、资金和能量等各类创新资源的交换，从而吸收足够的负熵流以破坏开放式创新系统原本的有序稳定结构，使其处于远离平衡态状态，产生系统自组织演进的耗散结构。具体过程表现为：绿色创新平台可以跨越制造业绿色创新系统边界，汇集整合系统内外部绿色创新资源，对系统内外部起到能量交互传递作用，促进创新主体产生、共享、转换绿色创意和设想。创新主体间借助新型信息技术手段，建立多种交流沟通合作途径，促进形成各种形态的绿色创新网络；通过跨领域的多方技术集成与知识融合重构知识体系结构，促进科学发展进步与绿色技术的升级换代。

3.6.2　自组织演化触发机制形成规律

协同理论指出，涨落在系统演化中起到关键作用，但一般性的微涨落会被系统要素的结构及功能所吸收，不会导致原系统结构的有序性变化，只有当影响要素发生非平衡相变的突变时，产生的巨涨落才会触发系统向更高一级变化。协同机制促使开放式创新演进中各个状态参量间产生非线性协同效应，由此发生的巨涨落活动在系统内部产生序参量，在序参量之间的作用机制支配下，推动系统开放式创新自组织演进。具体过程表现为：受到泛在网络技术环境和政策环境的影响推动，制造业绿色创新系统的绿色技术与知识的管理能力、使用管理集成信息技术的能力日益加强，使得绿色互补创新资源逐渐丰富，网络规划、配置、运作活动更加完善，成为促进系统开放式创新自组织演进的关键诱因。

3.6.3 新的系统有序结构形成规律

通过序参量的作用，数字经济背景下制造业绿色创新系统开放式创新体系出现巨涨落，促使系统能级跃进，向更高一级的有序结构演进，参量间的非线性相互影响产生的分叉和临界效应是开放式创新演进到新的有序结构的根本条件。绿色创新要素间的非线性协同作用促使开放式创新体系远离平衡态向新的有序方向演进并最终形成系统开放式创新有序结构。在序参量协同作用下，开放式创新的新有序结构主导着创新主体、制造业乃至绿色创新系统的发展，并产生新的开放式创新运作架构以及开放式绿色创新模式。

3.7 本章小结

本章首先对数字经济背景下制造业绿色创新系统开放式创新演进的机理进行了深入分析，明确了开放式创新演进的特征，根据系统开放时创新动因选择出开放式创新演进的各个参量，明确了演进阶段和规律。接下来分别探讨了互补资源、知识管理能力、网络能力、信息技术能力、政策支持这五个状态参量对制造业绿色创新系统开放式创新水平这一决策参量的影响。采用我国 2012～2019 年 25 个制造行业的样本数据，基于灰色关联分析法实证分析并确定数字经济背景下制造业绿色创新系统开放式创新演进的序参量。最后明晰了数字经济背景下制造业绿色创新系统开放式创新的演进阶段和演进规律。

第4章　数字化开放式绿色创新模式研究

传统的制造业绿色创新体系主要是为创新型制造企业服务，受到传统创新系统结构自身的限制，系统整体运营效率和绿色创新水平较低，因此很难实现绿色创新系统开放式创新活动的顺畅实施。当今新兴数字技术改变了传统制造企业中事物与运营活动的表现形式，推动制造业绿色创新系统的数字化转型，为实施开放式绿色创新活动提供了崭新的虚实结合数字化环境。本章结合数字经济背景下制造业绿色创新系统开放式创新演进的数字化资源配置阶段的特点，构建与之匹配的数字化开放式绿色创新模式，以此提升制造业绿色创新系统开放式创新水平。

4.1　数字化开放式绿色创新模式内涵

4.1.1　制造业绿色创新系统数字化分析

制造业绿色创新系统开展数字化开放式绿色创新活动的前提是创新主体（尤其是制造企业）要具备一定的数字化技术基础以及有较高的信息化程度。在微观层面上，制造企业进行数字化进程需要从两方面考虑：一是组织内部业务流程、生产运营、管理互动等活动通过运用信息系统以数据流打通；二是要整合并有效利用企业外部数据流，各个主体之间技术与数字资源流通和整合推动制造业绿色创新系统的数字化进程。制造业绿色创新系统数字化的实质是，在创新系统内外部环境影响下通过数字技术把虚拟世界（包含数据、功能、连接）与物理世界（包含参与者、活动、事物、信息）在线上线下连接起来，数据资源通过网络连接与系统处理后可进一步加强绿色创新能力以及提高绿色创新活动的附加价值。

物理世界是事物以有形资产状态实际存在的世界，而信息世界是一个被信息系统数字化以便于操作和计算的世界。人们的生产活动要早于IT出现的时间，物理世界要先于信息世界存在，所以在信息世界中需要通过数字化手段逐步替代与切换物理世界中的创新要素。在物理世界中，绿色创新的参与者内部进行组织运营活动以及与其他创新主体相互协同合作进行绿色创新活动。一系列的活动是为了一定目的对事物的性质状态进行改变,活动过程需要信息的支持与描述,活动中也产生大量信息。经过数字化处理的事物和信息在信息世界中被识别为数据,一旦物理世界中的事物和信息被转换为信息世界中的数据,就可以利用数字技术、大容量网络实现数据的存储和传输。因此,信息世界和物理世界之间的连接终端变得尤为重要,通过以物联网设备为代表的连接终端,使物理世界中模拟的事物和信息借助数字化技术增强,并连接到信息世界中。在物理世界中的绿色创新资源通过物联网和ICT进行数字化处理,在信息世界中将其转换为数据,从而作为另一种形式的数字化创新资源支持开放式绿色创新活动,制造业绿色创新系统数字化逻辑模型如图4.1所示。

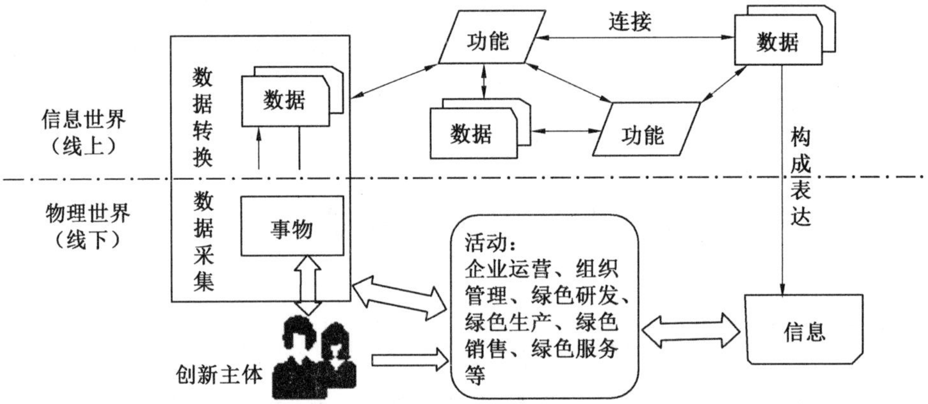

图4.1　制造业绿色创新系统数字化逻辑模型

数字化开放式绿色创新模式实施的前提,是需要在适当时间与恰当地点通过合适方式提供必要的创新资源,才可以有效连接创新主体各自的绿色活动。创新资源的数字化必须与信息世界的数据相关,这样才可在必要的时间地点传输获取数字形式内容,这些需要通过绿色创新平台来实现。绿色创新平台是连接整合了不同创新组织内外部创新活动和系统控制单元,在数据上实现互操作的网络系统,直接为终端用户提供数字化绿色创新资源并产生绿色创新价值。

4.1.2　数字化开放式绿色创新模式的含义及特征

对于数字化,当今学者并没有对其进行明确的解释与概念界定。本书认为,狭义的“数字化”是指通过计算机技术将所要描述的研究对象的有关信息,转化为数字形式以便于进行计算机处理运算的过程。广义的“数字化”是利用信息技术、数字技术等将传统载体存储的信息通过数字形式表现，并能实现不同系统之间数字信息的流通、共享、迭代。在本章的研究中，采用广义的数字化含义对开放式绿色创新模式进行描述。在当今新型数字技术飞速发展的环境中，随着通信网络的升级、系统与软件的推广、智能终端设备的普及以及各类传感器的使用，促使人、机、物的广泛互联，使得制造企业内部的生产设备、制造车间、产品、组织部门和不同创新主体与数字虚拟环境、现实物理世界之间能够实时联通、相互识别和有效交流。随着万物互联的不断深入，进行绿色创新有关的设备、联网终端、各个创新要素都在源源不断产生数据，数据已成为一种新的资产、新的生产要素、新的创新资源，并为制造业绿色创新赋能。承载着信息和知识的数据，沿着价值导向流动的同时，带动资金、技术、人才等创新资源在创新系统中优化配置。综上所述，数字化开放式绿色创新模式是以提高绿色创新效率为目的，通过现代信息通信技术把绿色创新活动涉及的创新资源以数字形式作为载体，运用科学的资源管理机制与激励措施，使数字化资源在制造业绿色创新系统中高效流通转化的新型创新模式，其主要特征有以下几方面。

（1）数字化强调的是运用信息通信技术、物联网技术、数字技术等，使绿色创新主体、绿色创新功能以及绿色创新环境等创新要素在互联网虚拟世界中实现数字化的描述、管理及控制。

（2）开放式强调的是，在绿色创新活动的各环节均重视内向或外向的创新资源流通，由数字化资源流通从企业内部促使各个创新环节的开放与整合，从企业外部带动系统绿色创新活动的多过程开放与协调。

（3）绿色创新模式运行强调的是在制造业绿色创新系统中数字化流程运行与数字化创新资源流通时，各个创新主体间的功能协调作用，并且要有较完善的管理、协调、组织机制。

4.2　数字化开放式绿色创新模式设计

4.2.1　基于复杂适应系统理论的创新模式设计思想

4.2.1.1　复杂适应系统理论分析

John Holland 最早提出了复杂自适应系统（Complex Adaptive Systems, CAS）理论，认为复杂自适应系统是由多个组件构成的系统，这些组件在交互时彼此适应与学习。复杂自适应系统理论具有普遍应用性，在了解并预测瞬息万变的全球市场环境、在充满活力的经济体系中激发创新活动、支持保护自然生态系统、加强控制与治理互联网等方面具有广泛的应用。本章以该理论作为建立数字化开放式绿色创新模式的核心方法，因其具备以下特点。

(1)系统主体具有主动适应性。制造业绿色创新系统创新主体是数字化开放式绿色创新模式实现及发展的基础，创新主体为适应动态环境而自主依据环境变化调整绿色创新战略。在复杂自适应系统理论中，系统主体既是系统的基本构成要素，又是维持系统运行和促使系统持续演化的根本动因，系统主体的主动适应性是对系统的宏观现象与微观功能进行分析研究的出发点，系统中的组织主体对动态的系统环境具有自发的主动适应性。主动适应性体现了创新主体是否能够在一定变化条件下实现主动调整或改变自身状态与行为实现自主运行。

(2)强调系统中主体间、主体与环境间的交互作用。制造业绿色创新系统创新主体之间存在着多种交流和合作关系，数字化资源存在多种流通渠道和方式，主体与环境存在多种影响和作用模式。在复杂自适应系统理论中，强调主体之间的相互作用，主体与环境间的相互影响是形成整体并促进系统演化的基础，这种作用和影响越强，系统的演化进程就愈加复杂多变。

(3)微观层面与宏观层面的有机联系。数字化开放式绿色创新是由微观绿色创新要素构成的宏观体系，从微观到宏观的发展过程中，绿色创新活动和产生的创新价值具有量的剧增和质的巨变。传统理念认为通过统计规律可实现从微观到宏观的研究，但此方法忽视了主体的主动适应性，当主体具备自我学习和发展的能力时，过往经验会固化到其内部，则微观层面的变化将不能通过统计方法描述宏观层面的演化活动。复杂适应系统理论能够弥补传统方法的缺陷，实现微观到宏观各层面的有机联系。

4.2.1.2　数字化开放式绿色创新模式的复杂适应系统特征

根据复杂适应系统应具备的“四个特点”和“三大机制”，总结出数字化开放式绿色创新模式复杂适应系统有以下几方面特征。

(1)聚集性(Aggregation)。指绿色创新主体从各自交互意愿出发，依据一定合作机制而聚集或联合成较大组织系统。复杂自适应系统中聚集性并不仅是描述主体空间发生的集合活动，而是通过多主体间合作关系在虚拟世界的逻辑相连结合成更大的创新组织，涌现出单个主体不具备的功能和特质。聚集性体现了在系统中单个主体之间、主体与系统整体间的相互影响和作用。

(2)非线性(Nonlinear)。指绿色创新主体之间具有整体上的绿色创新效果超出局部线性叠加效果的非线性作用。非线性引起了复杂自适应系统的复杂性，使绿色创新主体行为成为反复迭代的演化过程，衍生出各式各样的性质和状态。

(3)多样性(Diversity)。指绿色创新主体在为了适应环境而自我演化的过程中，受到多种内外部因素的影响而导致个体、组织之间的差异性不断扩大，并分化出多种多样的绿色创新功能。绿色创新环境既受到绿色创新主体的作用，又反向影响每个存在期中的绿色创新主体，这种主体与环境之间的持续适应和相互作用过程，产生了主体多样性。

(4)流动性(Flows)。复杂自适应系统在运行过程中存在如信息流、物质流、商流、能量流、资金流等各式各样的流，在数字经济虚拟空间中都可用数据流进行量化和表示。流表现了绿色创新主体间根据各自不同功能而带动的数字化绿色创新资源的流通和分配，其具有乘数效应、再循环效应等特征。

(5)标志(Tagging)机制。标志机制的作用是归纳总结绿色创新主体独特属性和从外部环境搜索并获取资源的方式，并引导创新主体的聚集。在开放式绿色创新活动中，创新主体之间可通过标志机制来识别、筛选、交流以及建立关系。

(6)内部模型(Internal Mode)机制。复杂适应系统中不同信息生态位的绿色创新主体都具有各自不同的功能以及预测未来和对环境反应的能力，创新主体根据以往开放式绿色创新活动中所积累、提炼和挑选出的经验，形成其特有的内部模型。

(7)积木(Building Blocks)机制。积木是对复杂事物由上自下分解出的产物，是组成复杂适应系统的基本单元构件(积木块)，通过单元构件的不同组合方法与关联方式反映系统的复杂性和主体的适应性。Holland 指出，在复杂适应系统中，积木是创新主体在环境发生变化后所产生的适宜行为，基于经验通过检验而实现积木的有效组合。

4.2.2　数字化开放式绿色创新模式架构

在研究复杂适应系统内部各主体基本行为方式时，通常采用刺激—反应模型来反映主体构成与运作模式，此模型包含探测器、规则集和效应器三部分。探测器通过感受外部环境，实现信息数据的侦测与采集并存储在系统内部流向规则集；规则集汇集众多由 IF/THEN 语句描述的操作和判别规则，可对输入的条件和活动进行匹配处理，处理完成后的消息流进效应器；通过效应器的指令传递和做出决策，将结果反馈到环境。根据以上思路设计数字化开放式绿色创新模式架构如图 4.2 所示。

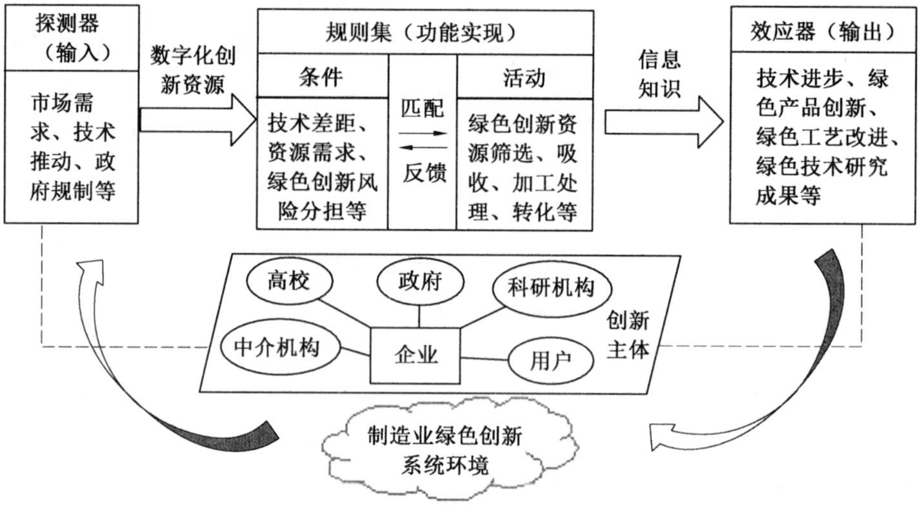

图 4.2 数字化开放式绿色创新模式架构

4.2.2.1 探测器

在制造业绿色创新系统中创新主体通过感受外部环境刺激，产生开放式创新动力，选择并获取绿色创新所需绿色创新资源，实现对数字化绿色创新模式的数字化创新资源输入。

市场需求客观反映了社会与市场对于可持续发展和绿色生活需求，市场中规范性竞争为企业增加绿色创新压力，这将直接刺激创新主体开展绿色创新活动。

技术推动是指随着社会多领域技术的不断发展进步，通过多主体间交互合作达成技术共识，刺激创新主体掌握与融合新型技术提升绿色创新能力。

在企业明显缺乏绿色创新动机时，政府规制对推动、引导与保护创新主体开展开放式绿色创新活动有间接刺激作用。

4.2.2.2 规则集

规则集在数字化开放式绿色创新模式中是系统功能实现的关键环节。数字经济背景下制造业绿色创新系统内各主体对创新环境的感知与反馈过程也是筛选、吸收与转化绿色创新资源的过程，绿色创新主体须对接收获取到的数字化创新资源按系统中适宜的规则进行加工处理。条件和活动的匹配行为及策略，不仅与绿色创新主体的特点和创新功能有关，还要根据外部环境的刺激影响进行适时调整，并且是通过以往一系列的活动反馈积累和不断优化的。

4.2.2.3 效应器

作为绿色创新成果输出的重要环节，效应器将主体决策转化成绿色创新成果，其输出结果即为系统内绿色创新主体受到环境刺激后所进行的反应行为。效应器体现了数字化开放式绿色创新模式的绿色创新成效，是创新主体协同合作后对数字化创新资源的处理结果，也表现出绿色创新主体应对创新环境变化的效果。效应器的创新成果输出起到影响外部绿色创新环境变化的作用，以进一步刺激主体持续开展开放式绿色创新活动。

4.3　数字化开放式绿色创新模式运行

4.3.1　数字化开放式绿色创新模式运行总体模型

4.3.1.1　构建思路及流程

当前，在研究复杂自适应系统中要素建模时多采用基于 Agent 的仿真模型，此建模方法可以表现出具有复杂性自适应特征的个体微观层行为，以及宏观层面个体间的影响和作用。据前文对复杂适应系统理论的分析可知，主体要素和环境要素是构成数字化开放式绿色创新模式的核心要素，主体和环境要素之间紧密联系，这通过数字化创新资源在各类创新平台中的流通转化来体现，并通过功能要素实现绿色创新活动。因此本书此处采用 Agent 的仿真模型构建思路，分别对绿色创新主体要素和运行环境要素两方面设计数学模型后再构建出数字化开放式绿色创新模式的运行模型，具体流程如图 4.3 所示。

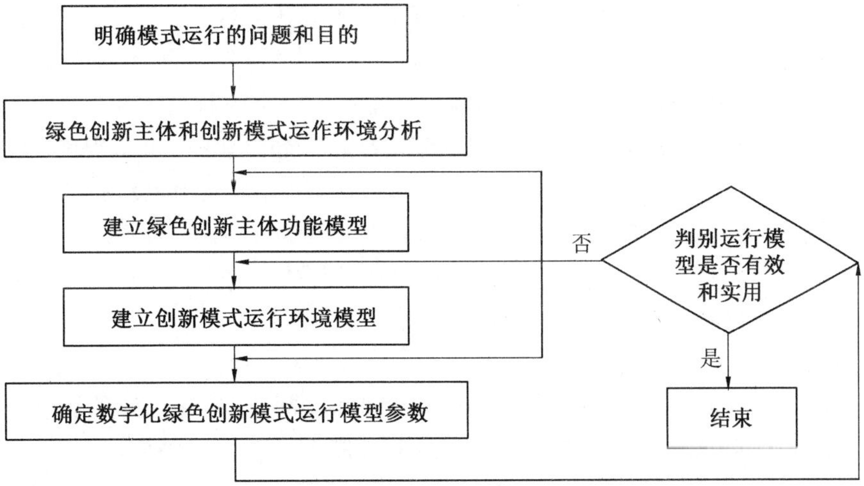

图 4.3　数字化开放式绿色创新模式运行模型构建流程

4.3.1.2　总体模型

绿色创新主体运作模型，是在数字经济背景下制造业绿色创新系统中参与绿色创新活动的主体单元在建模阶段中的逻辑映射。在基于多 Agent 方法对数字化开放式绿色创新模式运作建模中，创新主体(Agent)是绿色创新的行为主体，是开放式绿色创新模式运行模型中最核心的基本组成要素。在一定环境状态下，创新主体能对外界变化的刺激做出响应，以开展各项绿色创新活动、实现状态或功能转换以及激发出新事件。因此，此处通过标志、属性和行为—功能来对绿色创新主体运作模型进行描述。绿色创新主体受到数字化开放式绿色创新模式运行环境的四个特点和三大机制参数的刺激后，根据其他创新主体的标识描述，依据自身和合作伙伴的内在属性，选择某种方法产生一定绿色创新行为，并开展某方面的绿色创新活动。数字化开放式绿色创新模式运行模型如图 4.4 所示。

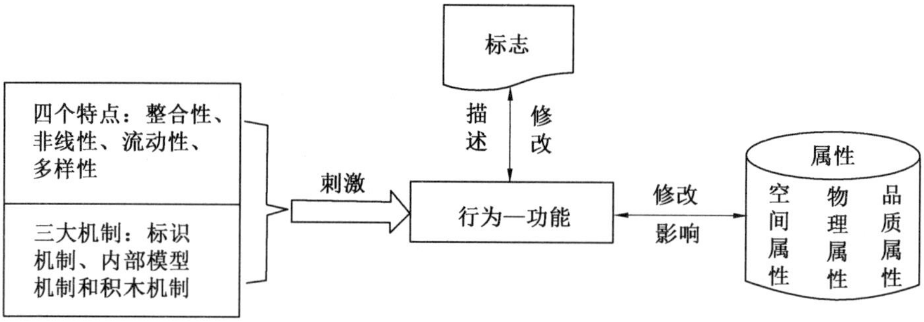

图 4.4　数字化开放式绿色创新模式运行模型

1. 标志

标志可使一个创新主体区别于其他创新主体。每个创新主体都有且仅有唯一的标志，不同创新主体的标志不可相同，创新适应系统中包含的可识别创新主体特征也是为了区分其他主体标志。微观层面来看，每个开放式绿色创新活动都不尽相同，每个绿色创新主体都有各自独特的运作特征，也就是说，微观层的创新主体和宏观层的系统开放式创新模式运作都有特殊的标志。数字化开放式绿色创新模式运行的主动适应性首先要从识别标志开始。

2. 属性

属性是绿色创新主体的特性。在一定时间和空间下，创新主体的属性描述了创新主体的状态以及完成各项绿色创新活动的能力。根据所要描述内容，绿色创新主体属性包括空间属性、物理属性和品质属性三类。其中，空间属性用来描述创新主体的时间和空间特征，如所属区域、网络位置等；物理属性用来描述绿色创新主体中能够运用定量或定性的物理术语进行描述和测度的信息，如组织规模、研发投入、营业额等；品质属性描述的则是那些绿色创新主体客观具有但却不能通过物理性质表述的，在创新主体绿色创新活动实施过程中体现出的特征，如创新功能、信任程度等。

3. 行为—功能

行为—功能描述的是绿色创新主体之间、创新主体与环境之间进行数字化创新资源流通交互的过程，是响应外部环境的条件、内部运行状态以及其他刺激条件、事件驱动实现绿色创新活动的集合，包括适应性行为和反应性行为。适应性行为指创新主体在同合作伙伴和外部环境的交互过程中，通过不断学习和积累经验来修正行为规则，以提高自身适应性的活动。反应性行为是指绿色创新主体对外部环境条件、内部运行状态以及其他刺激条件驱动的响应活动。行为产生结果的表现形式就是组织所具备的绿色创新功能，因此行为的不同会影响创新功能的实现效果，不同的功能也需要相应的行为来实现。

4.3.2 创新主体功能模型设计

企业之间的协同关系有助于形成产业规模，提升核心制造企业的绿色创新能力，可以促进整个制造业的绿色创新体系的发展。企业与政府的合作有利于在政府政策支持下绿色创新活动的顺利实施。高校及科研院所是绿色创新系统的知识积累库，为创新企业提供知识资源支持，企业与大学及科研院所合作有利于增强知识资源的流通性，并增加创新成果转化的机会。企业与中介机构之间的合作有利于企业与绿色创新系统内部其他相关组织机构之间顺畅沟通和建立合作，中介机构是辅助企业进行绿色创新活动，保证创新活动顺利实施的重要元素。下面分别对绿色创新企业、政府、高校及科研院所、中介机构的不同功能和特点进行模型设计。

4.3.2.1 企业

创新主体是制造业绿色创新系统的核心要素，主体间的相互关系和相互作用构成了系统数字化开放式绿色创新的基本框架。在开放式的创新体系中，企业作为创新实施的核心机构，对绿色创新发挥着至关重要的作用。创新企业进行创新活动的主要动力是满足市场需求，在创新过程中实现价值增值，所以企业的首要任务是了解市场需求并及时做出反馈。核心企业的市场反应能力、数字化信息反馈能力和绿色技术创新能力在整个制造业绿色创新体系的运作中发挥着关键作用，根据 Oswald 的市场创新理论，企业在制造业绿色创新系统开放式创新中的功能

属性可以用式(4.1)表示

$$F_1 = \sum_{i=1}^{n} (KH/C_i + B_i) \tag{4.1}$$

式中,F_1 表示企业在开放式创新中的绿色创新功能;K 表示市场随机性;H 代表市场反馈能力;n 表示活跃企业在市场中的数量;C 代表企业对市场的反应能力;B 代表企业绿色技术创新能力。

4.3.2.2 政府

政府是影响数字化开放式绿色创新模式的另一个关键角色,为系统提供各项政策支持、法规约束、宏观战略引导的作用,在各层面创新体系的实践发展中发挥了关键作用。一方面,它是系统开放式创新活动的参与者,发挥着制定各种政策和完善体制内的法律法规的作用;另一方面,政府是整个绿色创新系统的宏观调节者,引导主体行为与创新平台运作,合理配置整个系统内的创新资源。特别是在制造业绿色创新系统中,由于绿色创新的双重外部性,绿色创新系统的运行必须由政府提供强有力的绿色创新政策体系支持。弗里曼指出,政府在制造业绿色创新系统开放式创新中的功能属性可以表示为

$$F_2 = \left[\frac{G - gV}{v_{\min}}, \frac{G - gV}{v_{\max}}\right] \tag{4.2}$$

式中,F_2 代表政府在开放式创新中的绿色创新功能;G 代表政府制定的相关政策;v 表示政策实现程度;g 表示外部环境对政策的影响强度;V 表示政策可行性。

4.3.2.3 高校及科研院所

高校及科研院所为整个制造业的绿色创新系统提供知识来源。高校和科研院所自身具备可以研究和开发绿色技术,为绿色创新系统提供知识资源与培养人才的属性。与企业绿色创新相比,高校及科研院所通常不会过分考虑研发内容的市场风险或市场价值,所以更容易开发出具有高市场价值和高技术含量的技术或产品,实现突破性创新。首先,高校和科研院所对绿色技术的研究与开发,将为制造业的绿色创新系统提供知识与技术支持;其次,人才是知识的载体,大学和科研院所可以培养支持绿色创新的有关人才,丰富绿色创新系统的知识体系;最后,大学和科研院所也具有孵化、传播绿色技术,进一步促进绿色创新系统运行的作用。高校及科研院所在制造业绿色创新系统开放式创新中的功能属性可以表示为

$$F_3 = \frac{G - SgA - W}{v_{\max} - g} \tag{4.3}$$

式中,F_3 代表高校及科研院所的绿色创新能力;A 代表科研人员的绿色创新能力;

W 代表高校及科研院所具备的创新硬件环境。

4.3.2.4　中介机构

数字经济背景下制造业绿色创新系统中，中介机构虽不直接参与绿色创新活动，但企业、政府、科研机构和其他组织机构之间的沟通联系不能与中介机构分开。在信息理论中，信息具备不完全性的特征，由于技术和人们认识事物程度的制约，描述客观事实的信息不可能全部得到。在创新系统中不完全信息的状态下，中介在市场活动与创新过程中发挥着重要作用。一方面，中介机构为企业提供创新服务，包括信息传播、咨询服务、技术孵化、财务支持等，以减少信息不完全情况下的无效交易数量；另一方面，中介机构是绿色创新系统中的黏合剂，可以很好地协调各种绿色创新主体之间沟通合作。中介机构在制造业绿色创新系统开放式创新的绿色创新功能可以表示为

$$F_4 = \iint g^b F_4^p f(x, y) \mathrm{d}_x \mathrm{d}_y \tag{4.4}$$

式中，p 表示非线性参数；b 表示识别机制参数，这两个参数将在下文做详细说明。

4.3.3　运行环境模型设计

如前文所述，数字化开放式绿色创新模式运行主要围绕着“四个特点”和“三大机制”展开。四个特点包含聚集性、非线性、流动性和多样性，反映数字化开放式创新模式运行环境的基本特征。三大机制包括标志、内部模型和积木，它们在系统自适应过程中起到催化与协调的作用，反映了系统整体和内外部环境的自适应过程。基于以上分析，在数字化开放式绿色创新模式运行中，运行要素用运行特征与运行机制来表示，建立创新模式运行模型为

$$W = \frac{\partial^2 a}{\partial \delta} * \sum_{i=1}^{n} \lambda p^{*} (mb^2 + oz + W_0) - W\alpha \tag{4.5}$$

式中，λ 表示聚集性参数；p 表示非线性参数；m 表示流动性参数；z 表示多样性参数；b 表示标志机制参数；α 表示内部模型机制参数；o 表示积木参数；W 表示参数统一的维度单位；W_0 表示初始值；a 表示整体系数；δ 表示七个要素的完整性。

(1) 聚集性。创新主体基于绿色创新目的的相似性与共通性，以及创新功能互补的需求，在虚拟空间（如创新平台）逻辑上自主地聚集在一起。聚集效应是指在不同阶段的创新活动中，创新主体经过合作伙伴筛选后，趋向于同有较高能力的组织开展合作。这种现象近似于在数字经济环境中的长板效应，在创新活动分工体系中，个体的优势会吸引具有其他优势的组织聚集起来并共同分工协作达到创新目的。在制造业开放式绿色创新模式中，创新主体通过聚集作用形成更高级的组

织形态，例如绿色制造联盟、工业互联网联盟等，这可以从不同级别与层次突出聚合特征。聚合性的表达式为

$$\lambda = p\lambda_0 + \log(a^n + ej) \tag{4.6}$$

式中，λ 表示聚合性；λ_0 表示初始聚合；e 表示创新目的相似度；j 表示创新目的的共性。

(2) 非线性。首先，创新主体具有自适应和自主学习的能力，并不是获取知识与技术后直接简单模仿应用，而是通过对知识的吸收和转化来逐步提高创新能力。并且，系统开放式绿色创新效果不是创新主体单个创新效果的简单的线性叠加，而是经过创新主体之间的相互作用产生更多的附加价值，系统总体的创新效果远大于个体效果的累加和。

(3) 流动性。其反映的是系统内部不同处理活动与功能模块之间信息流的流通过程。在制造业绿色创新系统开放式创新活动中，创新主体间的协同以及创新要素间的互通是由各种数字化创新资源的流通而带动的。

(4) 多样性。它反映了制造业绿色创新系统信息生态位功能多样性、开放式绿色创新的创新要素种类的多样性，以及不同组织间竞争优势的多样性。制造业中不同行业的制造企业都有自己独特的关键技术、制造工艺、产品及服务特色等，而这些需要受到市场环境的检验，具备一定的用户接受程度才可以保留下来并进一步发展。设 z 代表多样性，k 代表创新要素多样程度，f 代表相对优势，h 代表市场接受程度，则多样性的表达式为

$$z = \frac{\sum_{i=1}^{n}(k_i - \bar{k})(f_i - \bar{f})}{\sum_{i=1}^{n}(h_i - \bar{h})} \tag{4.7}$$

(5) 标志。标志是指创新主体对事物多样性的选择，对信息的识别和反应的能力。创新主体通过标记来识别、响应并处理不同的对象，它用来在繁多的创新主体中标记确定恰当的合作伙伴与合作方式，在多种多样的资源中选择所需的有价值的创新资源。不同的主体对不同的创新要素具有不同的标记方式和响应机制。如在制造业绿色创新系统中，对制造企业、高校、中介服务机构、政府、用户等创新主体，以及不同的制造技术、知识的识别与反馈，都属于对不同事物的标记活动。具备同类标记的各个主体聚合可形成不同的行业、集团、联盟、平台、社区等。

(6) 内部模型。其描述的是创新组织在内部收集、整合并转化创新资源进行创新实践的活动。当创新环境发生变化或创新主体绿色创新压力增强时，可以通过调整创新组织内部运行结构来适应环境变化提高创新能力。

(7) 积木。积木是数字化开放式绿色创新模型运行系统的关键构成要素，它在系统内部表现为对输入信息的加工处理，在创新活动中起到支持数据资源的吸收转化与重构作用。组织由支持数字化开放式绿色创新模式运行的人才、资金、设备、知识与技术、信息系统和操作机制构成。积木的表达式为

$$O=\frac{p\sum_{i=1}^{n}(r_i-\bar{r})(c_i-\bar{c})}{\left[\sum_{i=1}^{n}(l_i-\bar{l})\right]+\log(r^n-ud)} \tag{4.8}$$

式中，o 代表积木运作参数；r 代表知识与技术；c 代表基础设施；l 代表资金；u 代表信息系统；d 代表操作机制。

4.3.4　实例分析

4.3.4.1　运行模型形式化定义

绿色创新主体每种属性对应多种变量，多个属性组成主体的属性变量框架。创新主体行为在数字化开放式创新模式中由产生式规则来描述。一般情况下，行为规则的条件和结果是一系列关于绿色创新主体或运行环境的状态的断言，而状态特征可用属性来表现，则行为规则的条件和结果可由属性变量框架描述。数字化开放式创新模式运行模型的形式化定义如下。

＜绿色创新主体(Agent)＞：：＝＜agent 类名＞＜属性变量框架＞＜行为框架＞

＜属性变量框架＞：：＝＜属性变量槽＞

＜属性变量槽＞：：＝＜属性变量槽名＞＜属性变量侧面名＞＜属性变量侧面值＞

＜属性变量槽名＞：：＝＜空间属性＞|＜物理属性＞|＜品质属性＞

＜属性变量侧面值＞：：－＜字符串＞|＜数值＞|＜过程值＞

＜行为框架＞：：＝＜行为槽＞

＜行为槽＞：：＝＜行为名称＞＜IF＞＜行为条件框架＞＜THEN＞＜行为结论框架＞

＜行为结论框架＞：：＝＜行为条件侧面名＞＜行为条件侧面值(布尔值)＞

＜行为结论框架＞：：＝＜行为结论槽名＞

＜行为结论槽名＞：：＝＜行为结论槽名＞＜行为作用对象＞＜行为作用属性＞＜参数值＞

＜行为作用对象＞：：＝＜绿色创新主体(Agent)＞

＜行为作用属性＞：：＝＜属性变量侧面名＞|＜行为条件侧面名＞

＜参数值＞：：＝＜字符串＞|＜数值＞|＜过程值＞

＜过程值＞：：＝＜字符串＞|＜数值＞|＜布尔值＞

4.3.4.2 参数设计

为了验证前文数字化开放式绿色创新模式运行模型的有效性和实用性，此处通过算例分析法并运用 Matlab 软件对数字化开放式绿色创新模式运行模型进行模拟测试。在测试过程中，根据制造行业的特点，选出具有代表性的 11 个行业作为模拟对象，对模型的运行能力和实用性进行模拟测试。由于从不同方法获得的分析结果与分析方法不同，因此有必要确保测试环境参数在测试过程中的一致性。在制造属性列中，以流程式制造与离散式制造表示不同行业的制造属性；在生产类型列中，ETO（Engineer-to-Project）表示按订单设计、MTO（Make-to-Order）表示按订单制造、Batch 表示批量生产、ATO（Assemble-to-Order）表示订单装配、MTS（Make-to-Stock）表示备货式生产。不同行业特征、行业制造属性以及生产类型，对应不同的制造规模，具体参数设定如表 4.1 所示。

表 4.1 数字化开放式绿色创新模式运行参数设定

行业种类	制造属性	生产类型	制造规模/500 万元
农副食品加工业	流程式制造	ETO	50
饮料制造业	流程式制造	MTO	450
纺织业	流程式制造	Batch	200
皮革、毛皮、羽毛（绒）及其制品业	流程式制造	Batch	450
印刷和记录媒介复制业	流程式制造	MTO	380
医药制造业	流程式制造	MTO	900
金属制品业	流程式制造	ATO	700
有色金属冶炼及压延加工业	流程式制造	MTS	650
石油加工、炼焦及核燃料加工业	流程式制造	MTS	12
交通运输设备制造业	离散式制造	ETO	200
通信设备、计算机及其他电子设备制造业	离散式制造	ETO	400

4.3.4.3 结果分析

在实验过程中，为了更清晰地体现数字化创新模式运行的可行性和有效性，以常规条件下的制造创新系统开放式绿色创新模式运作模型作为比较对象，分别对其和基于复杂适应系统理论构建的数字化开放式绿色创新模式进行模拟运行，得出运行能力曲线(如图 4.5 所示)和运行模型的覆盖率(如图 4.6 所示)。

开放式绿色创新模式运行的可行性可以通过运行能力曲线来反映。运行能力曲线图是由操作能力、适应能力和运行效率三个维度构成，模式运行的这三个能力综合水平越高，说明此开放式绿色创新模式运行能力越强。图 4.5(a)描述的是传统开放式绿色创新模式的运行能力，三个能力综合水平是 65%；图 4.5(b)描述的是数字化开放式绿色创新模式的运行能力，综合水平达到 98.42%，高出传统模式 33.42%，说明本书设计的数字化开放式绿色创新模式具有很好的可行性。

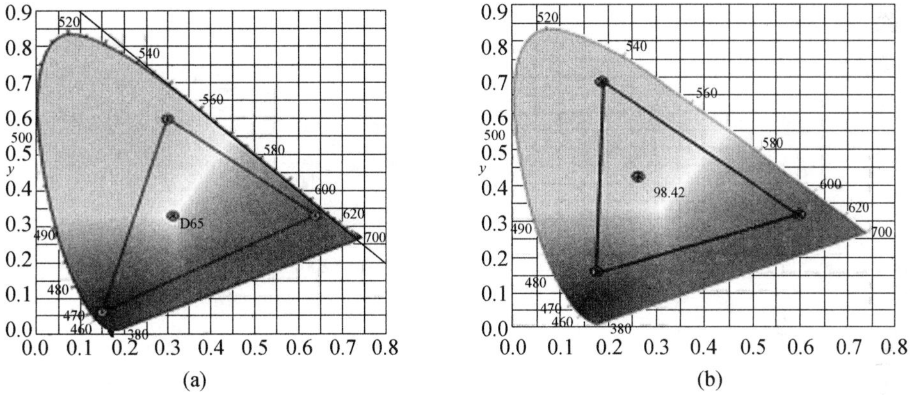

图 4.5　运行能力曲线

开放式绿色创新模式运行的有效性由覆盖率进行表示，覆盖率描述了开放式绿色创新模式在不同制造行业的运行能力。图 4.6(a)表示传统开放式绿色创新模式在低难度环境下的运行覆盖率，图 4.6(b)表示数字化开放式绿色创新模式在低难度环境下的覆盖率，图 4.6(c)表示高难度环境下传统开放式绿色创新模式覆盖率，图 4.6(d)表示高难度环境下数字化开放式绿色创新模式运行覆盖率。分别对低难度和高难度环境下两种模式的覆盖率取平均值可得，数字化开放式绿色创新模式比传统模式运行覆盖率提高了 54.32%，因此本书设计的数字化开放式绿色创新模式具有更好的有效性。

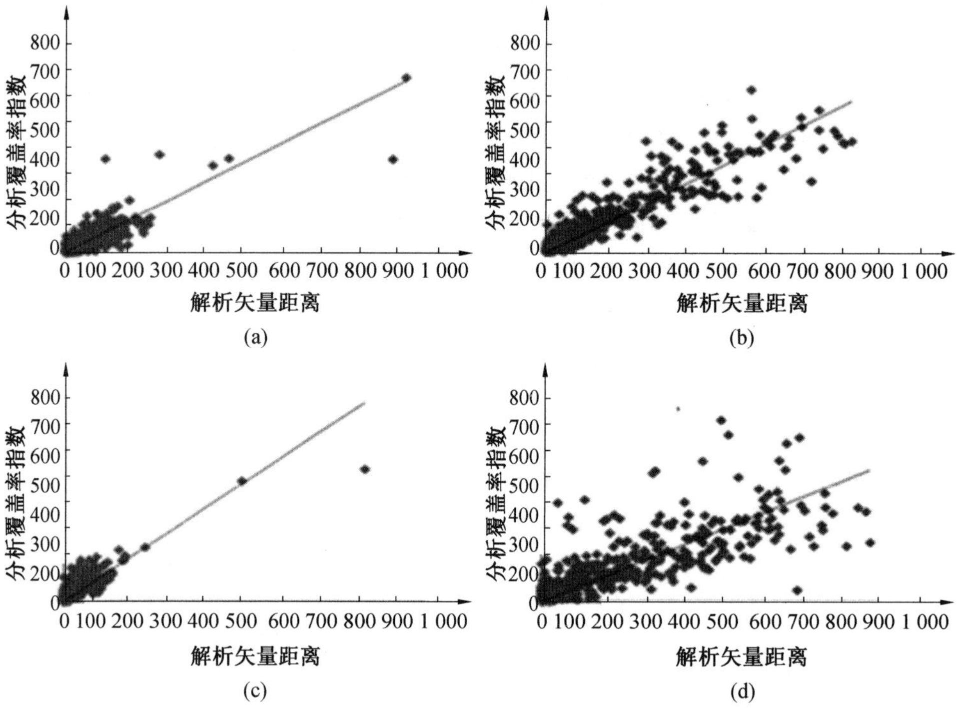

图 4.6　运行模型覆盖率

4.4　数字化开放式绿色创新模式适用条件

数字化开放式绿色创新模式是基于制造业绿色创新系统开放式创新所处的初级阶段，伴随着信息技术的发展，智能终端设备的普及和各类传感器的使用，使得制造业绿色创新系统内创新主体的设备、产品、组织部门等通过数字虚拟环境能够实时联通、相互识别和有效交流。绿色创新资源转化成信息流在网络中流通转换为制造业绿色创新赋能。

制造业绿色创新系统具备的一定的数字化创新资源是实现智能化开放式绿色创新模式运行的基础。因此此模式的适用条件应伴随着某行业的制造业绿色创新系统中互补资源和网络能力的相互影响和逐步协同，制造业绿色创新系统开放式创新处在数字化资源配置阶段时便可实现。

4.5　本章小结

本章首先分析了数字经济环境中数字化开放式绿色创新的内涵及特点，提出了制造业绿色创新系统数字化转型架构应为建立数字化开放式绿色创新模式做好铺垫。基于复杂适应系统理论构建数字化开放式绿色创新模式，并分别设计创新主体功能模型、运行环境模型以及数字化开放式绿色创新模式的运行模型。接下来为了保证设计制造业绿色创新系统数字化开放式创新模式运行模型的有效性，运用算例分析法并采用 Matlab 分析软件对运作模型运进行了运行能力和分析覆盖模拟实验，证实模型的可行性和有效性。

第5章　网络化开放式绿色创新模式研究

在数字化绿色创新管理阶段中产生和积累大量的数据信息，为制造业绿色创新系统开放式创新进一步演进提供了数字化创新资源基础。伴随着信息流在创新网络中流通转换，创新主体核心业务以及硬件设备迁入云端，小范围的合作创新活动已经满足不了市场对绿色创新的需求，创新主体的关系从简单的二元交易向组织间的战略网络合作关系转化。在此阶段中，构建与之匹配的网络化开放式绿色创新模式，可以进一步提升开放式绿色创新水平以促进制造业绿色创新系统发展。

5.1　网络化开放式绿色创新模式内涵

5.1.1　制造业绿色创新系统绿色创新网络集成分析

创新网络是创新系统内各个创新主体开展开放式创新活动的必然结果，表现了制造业绿色创新系统中不同创新要素相互关联影响的方式与状态，是由与开放式绿色创新模式运行紧密相关的创新要素相互联系与作用构成的逻辑结构。因此依据前文的分析，网络化开放式绿色创新模式的基础是系统创新要素的网络互连，并对围绕着以不同绿色创新目的，通过不同绿色创新活动聚集而成的小型网络(结点)之间，进行以一定方式的绿色创新网络集成。创新网络集成是在网络社会中创新链更加复杂、不断细化的背景下，通过工业通信技术与新型网络技术对创新网络进行更系统化、更高级化的集成形式，依托网络平台和先进的数字技术对创新网络中的创新要素进行整合、优化与配置。绿色创新网络集成模型如图5.1所示。

绿色创新网络形成的基础是制造业绿色创新系统中创新组织的“云、网、端”的互联互通。“云”是进行集成绿色创新系统中各类创新要素与创新主体业务能力，并共享绿色创新所需资源与服务的网络平台；“网”描述了所处不同空间的创新主体在互联网虚拟环境中互联关系的逻辑结构；“端”指的是用户终端设备，包括各种进行信息输入与输出的便携设备及硬件软件环境，它是连接物理世界与虚拟世界

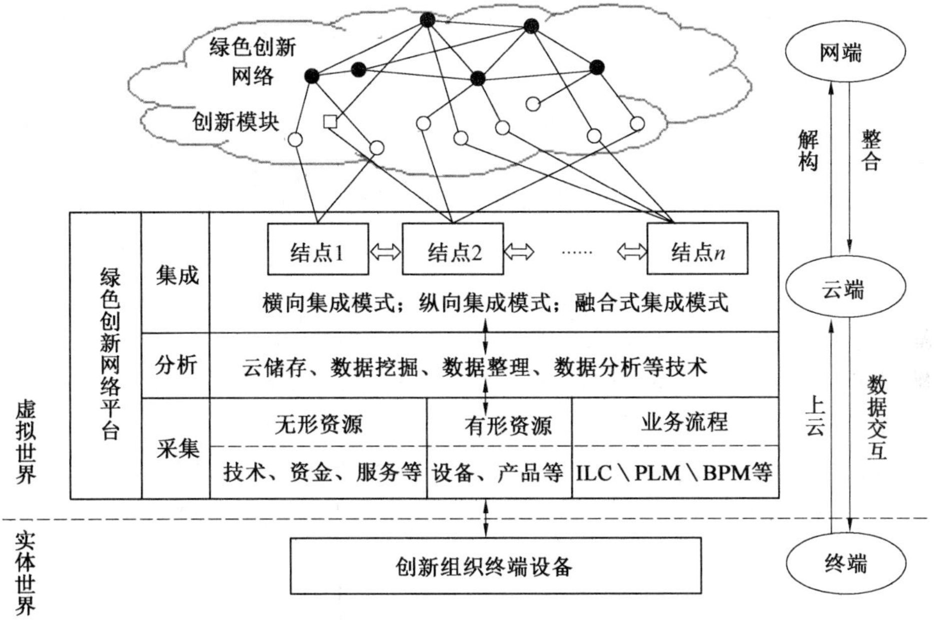

图 5.1　绿色创新网络集成模型

的桥梁。

实体世界中围绕制造业绿色创新活动相关的各类创新资源与业务流程通过终端设备进行数据采集迁入云端。其中软件技术、资金、网络服务等这类易被数字化描述与使用的无形资源最先储备在云端资源池中，而诸如制造企业的研发设备、生产车间以及产成品等有形资源需要依托物联网技术逐步接入云平台。云端资源池在采集储存了大量各类数据信息后，需要运用大数据技术进行数据挖掘、整理、分析等工作，封装成满足不同需求的产品服务包供用户使用。在数字化进程中创新组织已经运用各类系统软件与应用软件对组织核心业务与创新流程进行内部集成。到了绿色创新网络结构搭建阶段，需要把不同创新组织的创新生命周期(ILC)、产品生命周期管理(PLM)、业务流程管理(BPM)等核心业务迁入云端，并在云平台中通过数据分析技术对创新系统中创新要素进行模块化处理。绿色创新系统中原有创新网络解构成不同的创新模块分散在创新网络中，被分解的创新组织内部创新流程依托云平台在创新网络中选择所需的不同创新模块进行重新整合构成创新结点(结点也可看作一种小型网络形态)，通过结点的相互连接对各个绿色创新活动、业务流程进行对接，实现创新系统资源的优化配置与价值集成，并促进绿色创新活动在制造业绿色创新系统中进一步扩散，形成更复杂、多样、广泛的绿色创新网络。

实施开放式创新活动是影响企业业务流程管理的关键因素之一,技术创新(例如增强现实、物联网和增材制造等)的引入会促进企业改变创新链的配置及功能。核心创新主体通过开放式创新活动产生聚集效应,在创新链中形成包含了不同种类与规模的结点,结点中创新模块在生成、流通与整合过程中产生创新价值,吸引更多创新组织聚集,又形成了新的结点,这使得创新链之间不断解构与整合,促进制造业绿色创新系统内资源优化,推动绿色创新网络集成以实现创新价值最大化。因此,绿色创新网络集成可看作是云端对不同模块产生创新价值的集成。Alberti和 Pizzurno(2017)认为在开放式创新网络中,创新参与者在不同组织、集群和行业边界上横向和纵向交换不同的资源(技术、知识、产品、服务和人员等)。因此,本书认为绿色创新网络集成方式包括横向集成、纵向集成以及融合式集成三种方式。其中横向集成是以实现某一绿色创新成果为目的的绿色创新过程集成;纵向集成是在产业内对不同创新成果的集成;融合式集成是指不同产业间绿色技术创新活动或绿色创新成果的集成。基于以上三种绿色创新网络集成方式,分别对应横向集成网络化开放式绿色创新、纵向集成网络化开放式绿色创新与融合式集成网络化开放式绿色创新模式。

5.1.2　网络化开放式绿色创新模式含义及特征

在某个创新组织的全部绿色创新进程中存在着各式各样,描述与控制不同的绿色创新活动的信息流。当多个创新组织的若干个信息流,以服务于控制和管理同一绿色创新活动的目的而被联系组织在一起时,就形成了支持网络化绿色创新活动的信息网络。当前我国网络技术正跨越式飞速发展,这也使互联网与制造业融合得更加紧密。在积累了大量数字化创新资源基础上,需要运用工业通信技术在网络虚拟端对数据进行提炼、建模、分析、转化后提供给需求端。通过网络平台与数据终端的互联,打通了在网络虚拟端汇集的产品生命周期不同阶段、创新生命周期不同过程、创新网络中不同行为主体的物流、资金流、业务流、信息流,从而支持制造业绿色创新系统绿色创新活动网络化集成。

Hurmelinna 等(2018)认为,数字经济背景下创新活动更多的是由跨时空的不同创新网络和生态系统中的组织之间相互作用产生的。制造企业通过互联网络超越组织边界与环境相连已经成为普遍现象,在制造业绿色创新系统中,创新主体可以通过外包、代工、众创等方式分工协作,将创新链中不产生价值的环节分离出去,实现优势互补提高核心竞争力。不同的绿色技术创新、绿色产品创新以及商业模式创新在产业层面纵向聚合，又可形成新的绿色创新网络关系，增加绿色创新成果并提高成果商业化效率。

综上所述，网络化开放式绿色创新模式是指，制造业绿色创新系统中各个创新组织以产生或加大系统绿色创新价值为目的，依托云技术、网络通信技术，基于网络平台集成各类绿色创新网络，通过一定的组织合作关系与绿色创新网络协作方式，高效实现制造业绿色创新系统运作的开放式创新模式。其中创新组织包括创新主体内部的组织部门、创新企业、创新联盟、合作网络等各类参与绿色创新的组织形式。网络化开放式绿色创新模式的主要特征是：

（1）网络化强调的是创新组织中不同创新网络、创新主体、工厂、设备等之间以云、网、端互联并集成，数字经济背景下平台化、模块化、协同式、分布式特征贯穿创新网络各个活动与环节，以实现创新要素最优组合与创新组织的网络协同。

（2）开放式强调的是在创新网络内各个绿色创新环节存在着不同类型、不同程度的强弱关系，由广度、宽度及深度表示。其中开放广度描述了创新主体合作伙伴的数量，体现出创新网络的密集程度；开放宽度说明了在创新过程中进行协同合作的创新环节的开放程度；开放深度指的是创新主体之间合作关系的紧密程度。

（3）绿色创新模式运行强调的是通过聚合与离散的网络管理活动，对绿色创新系统中以创新网络活动为主导的不同创新组织，通过绿色创新活动分工实现优势互补，达到创新流程重组、创新成果整合、创新资源优化配置的目的。

5.2　网络化开放式绿色创新模式设计

5.2.1　横向集成网络化开放式绿色创新模式

横向集成网络化开放式绿色创新模式指的是在市场需求拉动或新兴技术推动的作用下，多个创新组织为了完成某一绿色创新成果而协同合作，通过云端对所需创新功能集成，以实现知识创造与成果商业化过程的绿色创新方式。绿色创新活动从知识创造到创新成果商业化要经历绿色研发、绿色制造与绿色营销三个阶段，绿色服务作为辅助环节要对绿色创新活动进行全过程的支持。横向集成网络化开放式绿色创新流程如图 5.2 所示。

由于不同的合作伙伴具有不同的创新能力与创新互补资源，因此需要对合作伙伴的专业知识与经验进行分析、选择与利用，并通过合作伙伴的能力扩大创新成果的市场潜力。创新网络中的合作伙伴之间需要相互了解，明确各方可以提供的

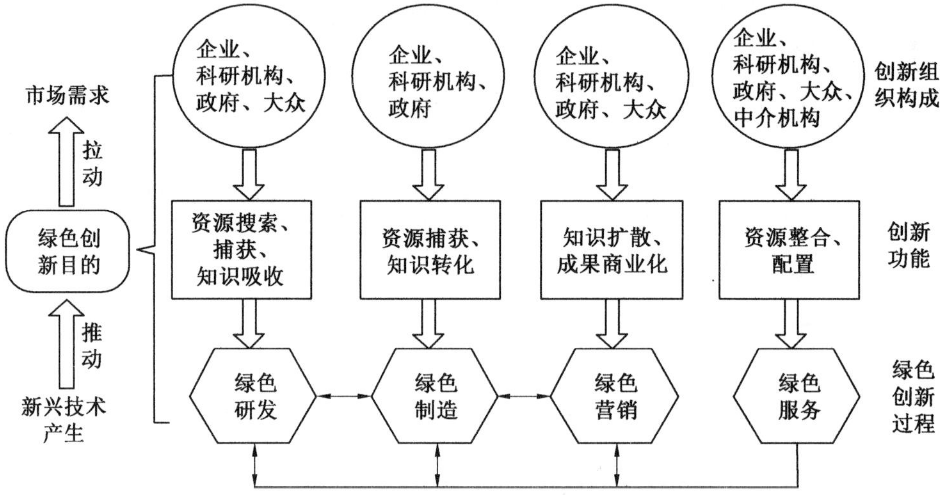

图 5.2 横向集成网络化开放式绿色创新流程

互补资源，并共同遵循一套绿色创新活动的管理流程。创新组织信息系统的云集成会促进网络中创新组织之间开放式绿色创新活动顺利进行，绿色创新网络平台也需要为创新组织进行创新合作、价值贡献集成提供管理与支持的基础功能，而云端网络平台的运作方式与提供的服务支持取决于创新网络的创新目标。Rehm 等(2016)认为建立伙伴关系，集成合作伙伴的价值贡献，协调创新过程是构建创新网络的三个重要方面。在制造业绿色创新系统中横向集成绿色创新网络的创新目的各不相同，网络内创新主体建立合作关系的方式、不同创新模块的价值贡献集成的途径，以及协调创新活动流程的方法都不尽相同。因此，建立创新合作伙伴关系、模块价值贡献集成以及绿色创新过程协调是构成横向集成网络化开放式绿色创新模式的重要内容。

5.2.1.1 建立创新组织合作关系

开放式创新网络是各种行为者交换多种知识的结果，这些行为者针对不同类型的创新资源发挥异质作用。创新网络中在时间与空间维度分布着多种与绿色创新活动相关的创新主体，这些创新主体根据自身的独特创新功能形成不同性质、不同角色、不同规模的创新组织(创新组织可以是企业部门、虚拟企业、联盟、社群等)，具有共同绿色创新愿景的创新组织根据绿色创新过程聚集形成不同阶段的创新结点(网络)，并通过建立多种伙伴关系构成绿色创新网络，横向集成绿色创新网络结构如图 5.3 所示。

聚集现象是由创新主体提供或对互补性创新资源的需求不同而产生的，其包

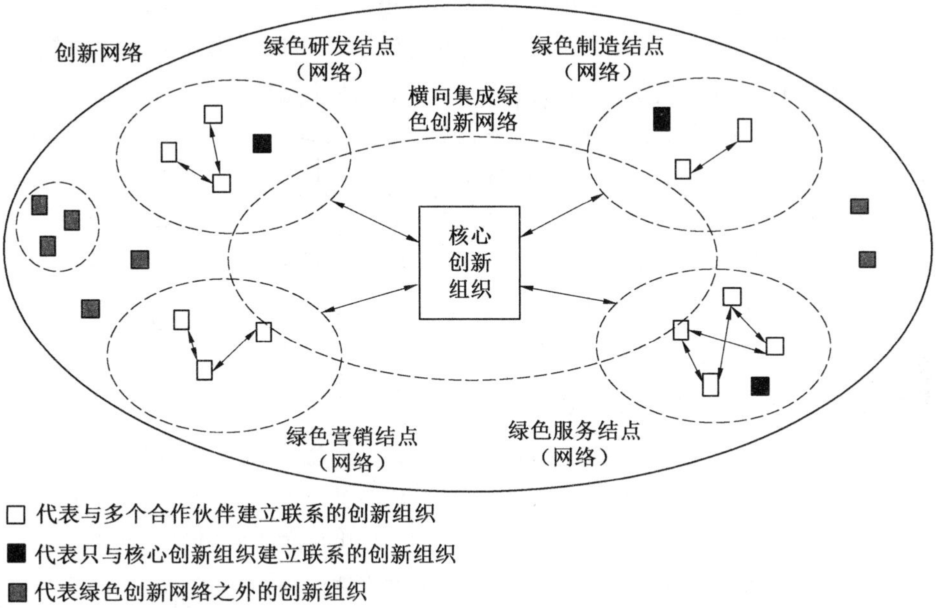

图 5.3　横向集成绿色创新网络结构

括两种方式。从内向型开放式创新角度看，绿色创新系统中的核心创新组织为了实现某一绿色创新目标，产生了对互补性创新资源、创新功能和创新能力的需求，于是会从创新战略层面从创新网络中选择合适的伙伴建立合作关系实现网络聚集。从外向型开放式创新角度来看，核心创新组织首先对自己特有的绿色技术与知识进行开源式分享，吸引合作伙伴获取新的知识产生聚集现象。其他创新组织通过知识吸收与转化产生新的价值，由此达到了通过技术推动和促进其进一步进行绿色创新活动的目的。

核心创新组织是横向集成网络化开放式绿色创新活动的主要推动者，与其建立不同程度的连接关系的绿色创新活动结点越多，表明绿色创新网络开放宽度越广。在创新网络中与核心创新组织存在直接或间接联系的其他创新组织数量和种类越多，说明绿色创新网络开放广度越高。较大程度的开放宽度与广度预示了绿色创新网络中具有种类繁多且丰富的异质性资源、较多的创新机遇、更细化的分工与较强的创新功能互补性。但是随着开发宽度增加，会使绿色创新管理活动更加复杂，从而加大对创新流程控制的难度。过高的开放广度会造成知识生产型创新主体的内部知识泄露，导致某些创新主体对外部知识过度依赖，系统内寄生式组织增多，反而降低系统绿色创新绩效。网络开放深度由创新组织内外部关系的紧密程度来表示，创新组织内外部合作越密切，知识捕获的成本越低，绿色创新效率越高，但是网络组织间灵活性会下降，创新资源的流通与知识转化效率也会降低。为了解决以上问题，平台信息系统通过收集创新主体活动信息，运用大数据技术可精准地对接需求端并提供个性化创新服务，辅助支持创新流程的控制活动。网络平台可实时监督并评估创新活动进展与目标达成情况，识别并筛选绿色创新网络中寄生型创新主体，从而优化绿色创新系统创新环境。云端依据每个创新主体的创新能力与服务能力建立资源池，确定合作伙伴之间的知识差距和重叠情况，对创新主体提供有关潜在合作伙伴的信息，增加主体间合作机会，并降低信息搜索、知识吸收与转化成本，提高绿色创新效率。

5.2.1.2 模块价值贡献集成

网络中制造企业参与开放式绿色创新活动时，更渴望吸收其他参与者的知识与技术并从中获益，这促进了创新主体间不同种类的创新资源的有意识或无意识的持续交换。当创新资源在网络中流通时，不同类型的创新资源可以相互嵌入，一种资源的交换可能有意或无意地带动其他类型的资源转移交换。依据创新链理论，价值创造要经过资源获取、知识创造、价值产生与价值捕获四个阶段，在虚拟世界中价值创造的活动可以通过每个阶段信息传递关系构成的信息网络来表示。因此，绿色创新网络的价值贡献集成就是把信息流流经的创新模块对绿色创新活动做出贡献的集成。

多元化创新资源的交流是网络化开放式绿色创新活动的基础，创新主体在开展绿色创新活动中不断发生资源供给与资源获取现象。在横向集成网络化开放式绿色创新活动中，各个创新主体在从事绿色创新活动时需要吸收特定的创新资源并进行知识创造，完成一个资源输入输出过程。新的知识又扩散到绿色创新网络中为下一个阶段提供所需资源，产生并捕获创新价值，这又是一个输出输入过程。创新模块通过以上活动丰富了绿色创新系统的资源持有量，但仅单独的一项输出或输入活动产生的是系统闲置资源，并不能产生绿色创新价值。只有当不同创新模块对创新资源进行一系列的输入输出活动时才可为产生或增加绿色创新价值做出贡献。

依托互联网、信息技术，可将描述绿色创新网络的价值创造活动、参与的创新主体和绿色创新目的相关信息集成到云端，并系统地将创新主体的知识和能力融入创新过程。云平台不仅可以系统地识别、集成创新主体的价值贡献，还可以捕获、配置创新网络中存在的闲散资源，提高资源利用率。通过云端对信息流的管理可以增强结点间的连接频率，促进创新资源的流通与转化，增加创新主体对绿色创新价值贡献的机会。依托网络创新平台进行价值贡献集成增加了绿色创新网络的创新价值,并提高系统开放式绿色创新水平。

5.2.1.3　创新过程协调

数字经济的飞速发展使人类社会步入万物互联的网络世界,信息技术的快速迭代更新引发了其他技术领域、产品和市场变革。在此影响下,用户对产品及服务的需求更具综合性、精细性、个性化、高效化等特征。这就要求产品从前期设计环节到推向市场都要由点到面、全面综合地考虑产品服务将要解决的各方问题。横向集成网络化绿色创新过程协调是对绿色创新网络中以绿色创新不同过程聚集的各个结点间关系与活动的协调,包括合理安排绿色创新网络中创新主体间的信息流分布,以及系统地整合创新组织内外之间的创新活动。通过创新平台在云端以创新模块为基本单位,对绿色创新过程的管理活动进行表述、模拟、管理、协调并有效集成。云平台可以将合作伙伴的角色、能力、资源和专业知识捕获存储到资源池,把创新组织具备的功能解构成创新模块,运用平台系统内科学的管理模型,根据创新流程的变化调用模块调节或整合成创新结点,在网络层面整体协调绿色创新网络的开放式创新活动。借助平台系统可以实现对绿色创新网络实施精细化的管理方式,使绿色创新活动不会因为内外部环境变化而波动。

创新网络中的核心创新组织是绿色创新网络集成活动的主要引导者和管理者,其为了识别与利用市场机会,促进结点内与结点间创新组织和网络成员在网络中创造价值并捕获价值,而开展一系列有目的的创新管理活动。绿色创新过程的管理与协调是核心创新组织借助于网络平台来完成的,所以核心创新组织要具备在云端组织模块、协调结点活动的能力。核心创新组织首先通过云端数据分析掌握市场绿色技术需求以及新兴技术变革,感知并把握创新机会,预测并防范创新风险,明确创新目标。其次,由于创新平台为多种角色的合作伙伴提供连接渠道,因此其具有多边性特征。核心创新组织通过感知能力识别平台各边创新参与者的功能以及对创新互补创新资源的提供情况,提炼创新主体可能做出的价值贡献,参照信息流的传递关系选择创新模块。最后,核心创新组织通过综合能力,重组创新资源,运用信息通信技术与合作伙伴建立有效沟通渠道,协同创新主体设计创新过程,组织协调创新活动并及时根据环境变化调整创新过程。

5.2.2　纵向集成网络化开放式绿色创新模式

Teece(2018)认为,无线技术和互联网技术的产生推动了某些行业内的大规模整合,这使得创新活动从个体的产品或流程的创新转化为工业生态系统内产业上下游层面的联合创新，从而开启了对商业和创新活动探索的新空间。纵向集成网络化开放式绿色创新模式是指，当产业链某结点产生绿色创新成果时，推动其所处产业上下游不同环节进行绿色创新活动而产生与之关联、匹配的多项绿色创新成果，借助互联网信息技术对产业不同环节的绿色创新成果集成，以实现产业链绿色创新价值最大化为目的的绿色创新方式。纵向集成网络化开放式绿色创新流程如图 5.4 所示。

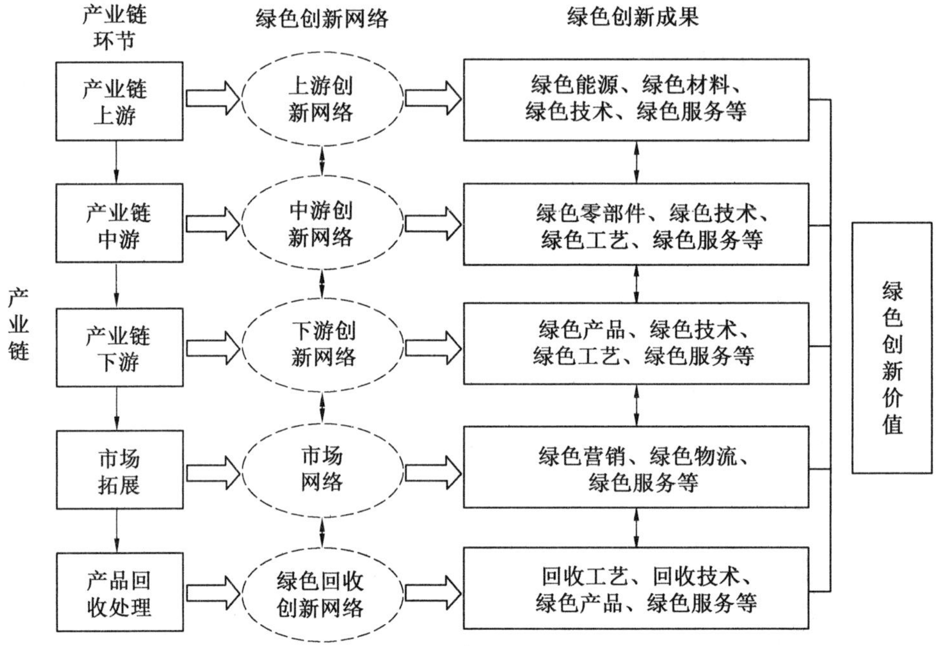

图 5.4 纵向集成网络化开放式绿色创新流程

制造业产业链环节从上游的原材料供应，到中游的零部件、半成品生产加工，再到下游的产成品装配并继续延伸到市场拓展与产品回收处理环节。其中某一环节中任意一项绿色技术创新成果都会引发产业链相同环节内部，以及产业链上下游不同环节之间的绿色创新连锁反应。例如，在新能源汽车行业里，以蓄电池作为动力源的绿色能源技术创新带动产业链中游环节的绿色零部件（如发动机）创新、绿色工艺创新等创新活动，而某一零部件的绿色产品升级又会引发产业链相同环节中其他制造企业的绿色创新活动——生产与之关联或匹配的新型绿色零件。

制造业不同行业的管理运作流程、供应链、价值链、创新链的构成都不尽相同，这决定了行业内构建不同环节间的创新关系网络方式，网络内各个结点价值整合途径以及协调产业创新环节的方法各不相同。因此，构建绿色创新关系网络、网络结点价值整合以及创新环节协调是构成纵向集成网络化开放式绿色创新模式的主要内容。

5.2.2.1　构建绿色创新关系网络

纵向集成绿色创新网络的形成本质上是受到行业市场运作规律的影响，产业链各个环节中的创新主体为了适应市场变化，相互关联共同从事绿色创新活动，在产业终端为需求侧提供绿色产品与服务，从而带动创新要素在产业中自发形成各种聚集互动关系。纵向集成绿色创新网络结构如图 5.5 所示。

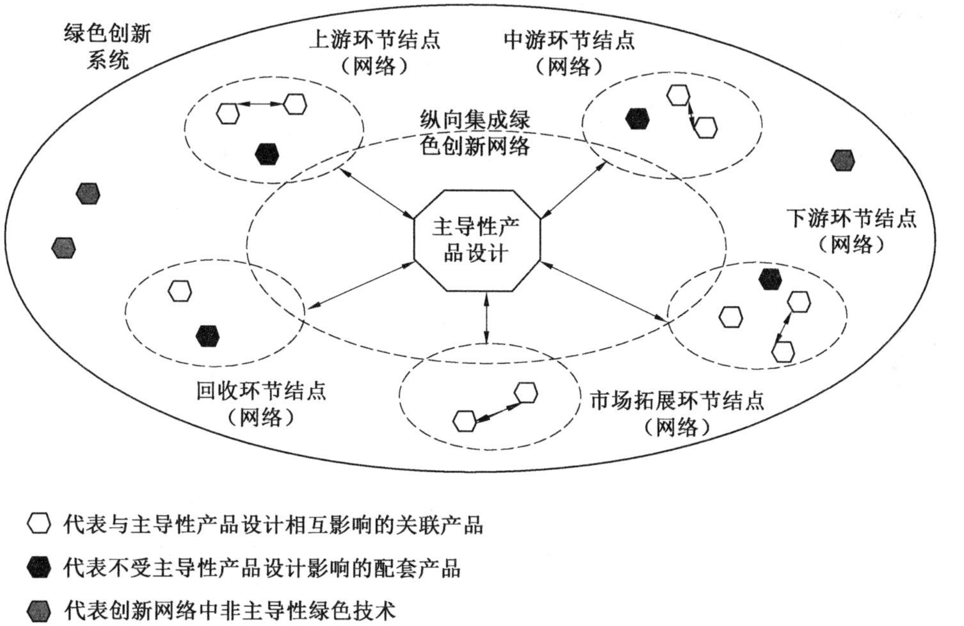

图 5.5　纵向集成绿色创新网络结构

技术创新引领是产业发展的第一动力，创新模式的变化是制造业发展变化的关键推动因素。在各个行业发展初期，绿色技术创新往往是颠覆式、探索式、不连续性的，有共同绿色创新目的的创新组织在绿色创新系统中聚集形成零散式子创新网络，并且各种子网络之间的绿色创新产品设计存在相互竞争关系。当市场选择了某一绿色产品主导性设计后，产业链各环节内部与不同环节之间将围绕这个主导性设计进行渐进式、利用式的产品创新与流程创新。创新网络中与主导性产品关联的网络结点，通过调用平台中创新模块吸收主导性产品设计的开源技术，开展开放式绿色创新活动生成新型绿色产品或服务，并在产业互联网云端整合成新的创新模块存储在资源池中，为绿色创新网络不同结点的内外部创新主体提供创新资源。创新主体重新聚合或分散，生成的创新组织在资源池中进行灵活的技术选择，产生与主导性产品设计配套的绿色创新成果，最终在纵向集成绿色创新网络中整合成终端绿色产品。其中部分新型配套绿色创新成果会进一步带动主导性产品设计升级，促进产业进行可持续的良性绿色创新活动，也有机会被市场选择成为产业另一主导性技术和产品，带动新一轮的产业开放式绿色创新活动。当终端产品具备一定产业化生产规模后，逐渐形成新的产业形态，实现产业绿色进步，提高产业竞争力。

创新网络中的伙伴关系主要包括竞争关系、合作关系与协同共生关系，这三种伙伴关系受到网络内外部环境影响而相互转换。绿色创新相对其他创新活动，需要创新组织掌握更为专业与复杂的知识和技术，需要更多的资金支持。创新组织在对稀缺创新资源进行争夺时互为竞争关系，如处在产业链相同环节的企业间为了争夺下游客户群体而互为竞争对手，属于横向竞争。而跨产业链不同环节的企业之间的竞争关系属于纵向竞争，如企业通过网络直销模式直接面向消费者，此时企业与分销商、批发商互为纵向竞争关系。竞争关系促使创新组织积极寻找能够提供创新资源、分担绿色创新风险的合作伙伴。当横向竞争对手面临共同技术问题时，彼此会知识交换、资源共享，转换成战略合作伙伴。纵向竞争关系的企业为了应对产业环境变化而分工合作、功能互补，转变为合作关系。随着网络技术的发展，产业内商务活动与创新活动都依托于网络平台开展，增进了产业内不同企业间的交流活动，产业供应链、创新链、价值链、服务链各环节的连接方式由线性变为网络协同方式。制造业绿色创新成果商业化与绿色产品的产业化，取决于云端资源池中与主导绿色技术相关的零部件、兼容品、配套品等技术模块的丰裕程度，所以绿色创新网络中各合作伙伴通过在网络平台适度开源绿色技术，促进结点内外部伙伴协同创新，实现价值共创、风险均摊的协同共生关系。

5.2.2.2 网络结点价值整合

基于价值网络视角，产业创新网络可以视为不同结点内与结点间的价值创造活动聚集而成的价值创造系统。纵向集成开放式绿色创新模式的价值整合过程包括：首先，网络中创新组织识别市场需求后进行知识创造。其次，产业不同环节中的创新组织以为用户提供所需绿色产品为目的聚集成不同环节结点进行价值共创。最后在创新系统所处社会与自然环境层面，围绕产业终端产品价值最大化的目的，对绿色创新网络各环节中创新成果的价值整合。

在绿色创新系统中，构建价值网络要以需求侧为核心展开，这是绿色创新网络建立与发展的基础。作为绿色创新的核心主体，制造企业是以价值驱动从事商务活动的。企业进行知识创造是为了获得更高价值，但不一定会对整个绿色创新系统产生积极影响，甚至可能会对生态环境造成破坏。所以从绿色创新系统的整体价值最大化出发，价值创造必须包括对生态环境做出贡献的创新成果，产生的价值不仅通过经济利益来描述，还需从社会、生态价值方面（例如降低失业率、空气和水质的改善、加强自然资源保护）来衡量。开放式绿色创新网络中的价值创造应促进各合作伙伴之间产生对自然环境有益的合作活动，从而为直接（例如客户）和间接（例如社会）利益相关者带来附加价值。绿色创新网络中绿色创新平台通过提供对资源池中各类创新模块的模拟、运行、评估与检测等服务，支持各个结点网络进行技术选择活动与达成战略合作关系，从系统层面进行价值整合实现绿色创新价值最大化。

在传统商务活动中，企业获得的价值通常由提供产品或服务的品质与数量决定，企业的主导产品往往会获得更高的客户价值。但随着数字经济的兴起，产品或服务的价值与客户支付的价格不再正向相关，企业的核心创新成果趋向于低价甚至免费提供给用户。如百度公司的开源无人驾驶平台 Apollo，对汽车制造企业免费提供其研发出的自主驾驶技术代码，其平台的盈利模式是通过整合下游使用其软件技术的制造企业与软件开发商实现产业链环节的价值共创，面向最终消费者提供终端智能汽车产品来捕获价值。因此，产业不同环节之间联合开展开放式绿色创新的前提是通过创新投入产生商业化产品并从客户端获得价值。结点之间的资源共享与绿色技术转移是以“协同共创”的方式代替传统“价值交易”方式，合作伙伴通过商业模式创新共享终端的捕获价值。当前的市场环境对绿色技术的需求还不具备普遍性，绿色创新网络中的价值共创不仅仅是增强绿色知识创造与共享，还应该提高市场拓展能力，增加新市场进入机会与产生新的商业模式。基于网络技术、数据分析技术可以精准定位用户群体进行市场细分，通过云端灵活地对不同结点中的技术与产品模块组合生成满足不同用户群体的产品与服务，实现长尾经济。在网络创新平台对产品重组和用户重组进行商业模式创新，可优化产业结构，提高纵向集成开放式绿色创新价值捕获能力。

5.2.2.3　创新环节协调

纵向集成网络化绿色创新环节协调就是对绿色创新网络中以产业链不同环节聚集的结点间关系与活动的协调，包括在各个结点网络中合理配置绿色创新要素，以及从战略层面系统地整合与协调产业内绿色创新活动。在纵向集成网络化绿色创新活动中,通过云端对创新要素的分解、组织与重构,在系统创新网络中形成了具有兼容性、灵活性的创新模块,这些模块不仅可重复调用,也可依据一定标准和规则组成新的结点网络。创新要素配置在云端与网端之间从绿色产品、创新组织功能与创新资源三方面进行模块化的解构与整合,通过对不同类型创新要素模块的协调,带动绿色创新网络的组织协同、资源协同与战略协同。

产品模块化描述的是依据绿色创新产品具备的性质、功能以及生产技术或工艺的不同,分类成不同的产品模块或技术模块。这些模块既可以集成到终端产品中提高网络终端价值,也可以作为其他产业链环节所需的技术资源促进绿色技术二次创新。产品模块由专用产品模块与通用产品模块构成,专用产品模块主要体现出产品的特色,具有灵活可变、更新升级速度较快的特点;通用产品模块指的是构成终端产品的基础技术、零部件或服务,具有标准化、变动频率小、价值稳定的特点。创新组织通常运用通用产品模块来进入或开拓新市场,再对专业产品模块不断创新进行产品升级,来精准定位并满足不同客户群体,捕获更高的附加价值。创新组织功能模块化是指依据企业组织机构和管理职能把创新组织分解成多个组织功能模块,并依据产业链不同环节的绿色创新活动以一定方式(如网络平台、通信技术和设备等)连接构成不同环节结点的内部结构。基于结构化、模块化思想构成的网络组织结构运作起来更加灵活,当产业环境发生变化或创新活动遇到危机时,可通过调用创新功能模块进行调整战略合作伙伴与优化创新活动进程。资源模块化是指根据资源的不同类型对系统内创新资源进行模块化处理,生成具备分析、存储及处理功能的资源模块。创新功能模块网络连接影响资源模块的配置与整合,资源模块的变化不仅引导创新组织功能的聚合,也带动产品模块的集成与整合。

在纵向集成绿色创新网络中,终端绿色产品中各环节的创新成果整合过程并不一定按照产业链上下游环节顺序递进,某一环节产生的绿色技术创新成果可能直接或间接地跨环境影响其他结点的创新活动。在对创新要素的模块化处理与配置中,终端产品可依据不同结点创新成果产生的价值大小与兼容的困难程度,选择整合内容与优先顺序,缩短产品的创新周期与生产周期并优化产业结构。

5.2.3 融合式集成网络化开放式绿色创新模式

绿色产品不可能在非绿色产业中产生,因此制造业向绿色产业升级是制造业绿色创新系统可持续发展的基本保障之一。传统制造行业形成期间投入的大量资源与相对稳定的产业及市场结构,带来的沉没成本效应与锁定效应会成为传统向绿色制造产业升级的巨大阻碍。因此通过融合式集成网络化开放式绿色创新促进新型绿色制造产业产生，可以实现制造业产品与服务的绿色升级，或直接产生新型绿色技术与绿色产品替代传统工业高污染、高能耗、高成本的产品与业务活动。Nathalie 等(2018)认为由于科学和技术不断动态交叉融合发展，行业之间的界限越来越模糊，高新技术驱动型产业的出现改变了传统产业原有结构，并建立新的产品、流程和商业模式。由此可见，绿色创新系统内围绕同一知识领域生产的产品不再能持续满足市场的绿色需求，绿色创新活动也不再只发生在单一边界的行业内。因此，融合式集成网络化开放式绿色创新模式描述的是，产生自不同绿色创新网络内的创新成果，基于产品、技术或服务的功能互补性或替代性，以满足不同市场用户绿色需求为目的，依托于高新技术产业的支持，打破了制造行业边界，融合成新的绿色创新产品并形成一定产业规模的绿色创新方式。其中融合是指通过价值主张、技术和市场等元素的融合来模糊行业之间的界限。融合式集成网络化开放式绿色创新流程如图 5.6 所示。

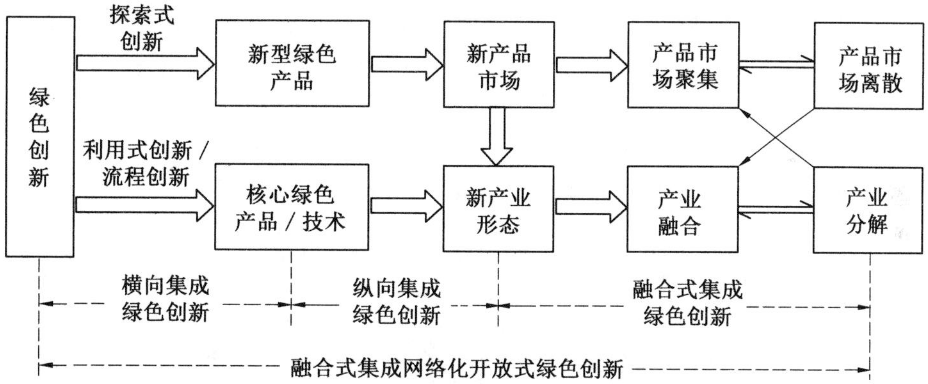

图 5.6　融合式集成网络化开放式绿色创新流程

在绿色创新系统中，横向集成绿色创新可产生颠覆性绿色创新成果，通过纵向集成绿色创新可形成新的产品市场。若此新的产品市场发展规模越来越大，会形成新的产业形态，或者经过多次的聚集和离散后最终消失。但当产品市场所处竞争环境逐渐加剧时，不同产品市场之间的产品或技术会聚集捆绑成新的产品形式，新产品市场受到绿色创新系统环境变化的影响，又不断发生解绑与聚集的融合式集成绿色创新活动。创新网络中利用绿色创新活动或绿色流程创新往往会产生行业内的核心技术或产品，由此催生出新的产业形态，不同产业之间受到系统环境的影响会发生融合或分解的现象，形成融合式集成绿色创新模式。

融合式集成网络化开放式绿色创新模式的核心是不同组织间、网络间、行业间的知识、技术、产品、管理方式、活动流程等创新要素相互融合构成新的创新范式。因此，在制造业绿色创新系统中，构建融合式集成绿色创新网络、融合式集成绿色创新途径以及融合式集成绿色创新阶段协调是构成融合式集成网络化开放式绿色创新模式的基本要素。

5.2.3.1　构建融合式集成绿色创新网络

制造业绿色创新系统中存在各种具备特定学科背景、知识体系与市场特征的创新网络，包括以单一创新目的横向聚集和以产业链纵向整合的绿色创新网络。当创新系统环境发生变化时，先前没有联系的若干产品或行业之间，部分或全面渗透整合在一起并衍生出新的绿色创新网络以应对外界挑战。融合式绿色创新网络描述的是不同创新网络中的某些绿色创新要素，以一定方式互相聚集融合，依照绿色创新过程或产业链的各个环节构成新的创新结点（网络），并形成新兴产业内绿色创新网络的过程。融合创新活动最初发生在不同创新网络间的交集区域，并由此逐渐向其他环节扩张，带动融合产业内以及其他绿色创新网络的融合活动。新兴技术的产生、市场多样化需求与政策环境的变化是驱动融合式集成绿色创新网络形成的主要因素。融合式集成绿色创新网络结构如图 5.7 所示。

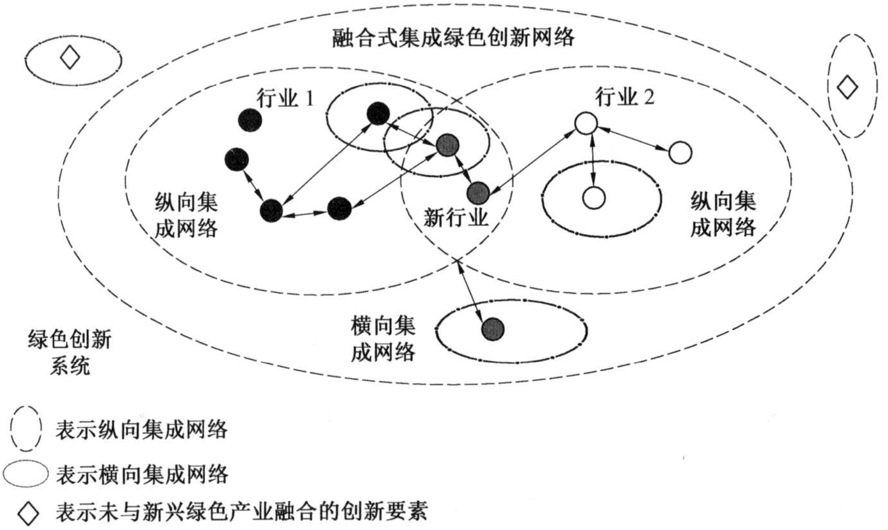

图 5.7　融合式集成绿色创新网络结构

跨越行业与技术领域产生的新兴技术从供给端推动不同产业间形成融合式集成绿色创新网络，这种融合会促使创新网络中的创新主体共享技术平台，如信息通信技术的发展促进互联网行业与汽车行业相结合，产生了像智能巡航系统、节能驾驶系统、车联网管理系统等大量对用户极具吸引力的节能环保功能。其中信息技术、网络技术的发展不仅会加强数字经济与实体经济的融合，还会带动制造业间或其他行业与制造业的协同发展、绿色创新。如企业的生产车间与制造工厂依托互联网平台，运用数字技术结合化工业、服务业等行业共同打造出绿色车间、绿色工厂，形成融合多产业的绿色创新网络。

市场中用户期望更多样化的产品和服务，往往是对不同产品或行业间的需求结构融合，从需求端带动不同产品、产业间构成融合式绿色创新网络。如当用户希望在看电视时可以像操作电脑一样高效地控制电视机，这种跨产品的需求结构就会导致不同产品间以及多种行业的融合创新。当客户期望具有不同产品特征的组合时会促进不同绿色技术或绿色产品捆绑与集成，引发了绿色产品融合，此时网络平台往往通过精准定位用户需求并提供特殊的绿色技术与服务并和其他产品集成进行价值创造。当用户需求导致创新主体寻求来自其他行业的绿色创新资源时，将引发行业间融合创新，融合最初往往发生在不同行业内信息化程度最高的子行业间，随着创新平台促使知识、技术的融合逐渐紧密和广泛，融合活动向整个行业扩散，形成融合式集成绿色创新网络。

国家政策导向与环境规制对产业间形成融合式集成绿色创新网络起到了一定的引导作用，我国政府为加快信息化与工业化融合进程出台了一系列政策，促进制造业以创新为驱动，向绿色、融合、开放式发展。此时融合式集成绿色创新网络的形成是由政府制定的可持续发展政策推动产生的，绿色创新活动首先发生在典型的环保产业中，受到政策引导与行业特征的互补性，依托两化融合服务平台、绿色创新服务平台等使环保产业向其他产业渗透融合，如环保型汽车、节能建筑等。

5.2.3.2　融合式集成绿色创新途径

制造业绿色创新系统是技术、产品市场、行业间发生融合与分解现象的背景，它也可看作是由若干个可能发生融合的、多个正在演化的互补性绿色创新网络和技术市场构成。数字经济背景下绿色创新系统中各个绿色创新要素都以数据化的表现形式，模块化的处理活动在网络云端通过聚合或离散过程构建融合式绿色创新网络。聚合是指创新组织依托信息通信技术建立网络关系，将多种从前没有关系的产品市场或行业中的创新要素模块，部分或全面地整合在一起的过程。离散指的是将产品市场或行业拆分成包含不同特征和创新要素模块的多个产品或子市场。融合式集成绿色创新可以从供应端与需求端两方面开展。

(1)供应端。从融合创新供应端的创新要素输入角度来看，制造业融合式集成绿色创新活动可以从知识渗透与产品整合开展。

①知识渗透。当从事绿色创新活动的某创新主体，运用本行业技术领域内的知识解决不了绿色创新所遇问题时，便会参与到其他技术平台中，从其他科技领域范围内搜索可用知识来设计解决方案，由此发生跨行业边界的技术外溢与知识渗透现象。此时云端分布在不同绿色创新网络、创新平台的知识与技术模块将被相互调用与集成，带动了各绿色创新网络中创新要素的流通、整合与共享，产生知识渗透融合方式。知识包括显性知识与隐性知识，显性知识渗透可以通过直接引入经过编码的知识模块从绿色研发、绿色设计、绿色工艺等环节促进融合式集成绿色创新，最终催生出更多新型绿色产品，产生新的产品市场或行业。隐性知识渗透主要从绿色管理方式、绿色创新文化等方面通过信息技术支持、网络文化交流促进融合式集成绿色创新。

②产品整合。在绿色创新系统中，与制造业相关的绿色产品或服务都被分解成不同性能的产品模块存储在云端资源池中，产品整合的实质是运用特定的技术与方法对跨平台中不同绿色产品模块的耦合。此融合方式在互联网产业发生频率较高，随着互联网技术与思想对不同产业的影响加深，制造业中产品服务的组合与捆绑现象逐渐普遍。产品整合包含内部嵌入式与外部连接式。当不同硬软件产品与服务，从产品内部某个或某些模块之间无缝对接而联结在一起，形成统一产品提供给用户端时，这种整合就是内部嵌入式整合。外部连接式整合指的是不同的硬件产品中某些功能模块通过通信技术或系统软件产品建立逻辑关系，整体上整合产品绿色功能为用户提供多样化绿色服务。如智能手机与汽车通过蓝牙技术和应用软件建立可互相操控关系，在手机端通过 APP(应用程序)可对汽车发动、熄火等功能进行远程控制，以达到节约汽车耗能与减少尾气排放的目的。

(2)需求端。由于消费者更加偏爱“一站式购物”“一站式体验”的消费方式，尤其在信息技术的影响下科技发展迅速，多功能设备与集成多性能的绿色产品或服务已经成为市场新趋势。从融合创新市场需求端输出绿色产品功能的角度看，融合式集成绿色创新产生的绿色产品与服务，通过“新产品—市场”组合策略引发市场互补型与市场替代型两种融合方式。

①市场互补型。当融合式集成绿色创新网络形成后，原产品市场及行业最终产生出新行业的细分市场，若新细分市场中产品或服务的功能是对原绿色创新网络中创新成果功能上的补充，并且原产品市场或行业仍被保留并继续发展，这种融合方式属于市场互补型融合创新。如人体秤制造行业融合了软件技术与手机行业产生了智能健康秤产品，满足了原市场中用户对健康管理的新需求。

②市场替代型。若新细分市场中产品或服务集成了原绿色创新网络中创新成

果的功能，并且融合式集成绿色创新网络取代了原创新网络，那么这种方式属于市场替代型融合创新。如集成了拍照摄像功能的智能手机，逐渐占有并取代了数码相机市场。替代型融合创新活动本身就是一种产生绿色经济效益的绿色创新方式，因为融合后的创新产品在满足用户多样化需求的同时大大减少了所需产品的种类和数量，降低了能源与材料的消耗并提高了生产资源转化效率，从而产生绿色效应。

5.2.3.3　融合创新阶段协调

如果新的技术发展可以在不同领域中应用并提供价值，那么其他行业将通过网络平台搜索运用来自相关领域的知识技能以达到创造新价值的目的，从而可以实现不同平台中的技术融合以及各类技术平台的融合，只有技术和市场完全趋同时才能实现行业间的充分融合。融合式集成网络化绿色创新可以被描述为一个序列过程，先从不同的科学领域中知识的相互渗透开始，发展到先前不同的技术和市场的交叉集成，最终导致产业融合。融合的过程是由技术或市场层面的发展推动的，根据不同产品市场或产业间的知识渗透、技术集成、目标协调、市场趋同、产业融合过程可以把融合创新划分为融合初期、中期与成熟期三个阶段。

在融合式绿色创新初期，市场需求结构模糊，绿色技术变革迅速，技术集成方式与标准体系还未明确，新产品的主导设计并未出现。此时从事融合式集成绿色创新活动的创新主体对各自绿色创新战略目标仍未达成一致，核心创新组织将面临巨大绿色创新风险。于是创新主体在寻求绿色创新合作伙伴时，更多以降低绿色创新活动的不确定性、共担绿色研发风险、减少外部知识对其核心绿色技术与业务带来的威胁为目的进行合作。当各创新组织交流的知识技术属于功能互补时，合作各方会依托网络平台与其他伙伴建立虚拟企业或战略联盟，通过灵活的合作模式以应对不稳定的技术变化与需求结构，缩小合作伙伴之间的技术差异。但当融合过程中绿色技术之间具有替代特征时，现有的市场细分需要被新的需求结构替代，核心创新组织会通过并购模式来获取其他创新组织的知识与技术。在此阶段中，某绿色创新网络中的核心创新组织对其他科技领域产生知识技术需求，通过跨平台的知识搜索和绿色创新模块调用，与其他创新网络中的创新组织建立合作关系，带动不同领域与学科中的知识互相渗透，甚至引发不同绿色研发平台、绿色技术平台融合。

随着知识、技术的大规模集成，带动市场趋同进一步加深，融合式集成绿色创新进入中期阶段。此时技术变革的速度减缓、频率下降，市场中新绿色产品核心设计之间竞争加剧，促进新型绿色标准体系框架产生。行业市场新生需求结构确立，未来发展的总体不确定性逐渐减弱，相互合作的创新主体总体战略目标趋于一致，使得创新主体之间从主要以绿色研发为导向的技术趋同，转向以获取更多用户价值为导向的市场趋同为目的的融合创新活动。此时，创新主体通过扩展市场提高竞争优势，因此创新主体以寻求分担进入新市场面临的风险和降低市场环境不确定性为主要目的进行相互合作。当创新主体共同开拓新的市场时，采取以市场为导向的战略联盟是主要的合作方式。由于市场不确定性降低，鼓励更多企业抢占跨行业的细分市场，此时核心创新主体通常以投资并购方式获得对方的用户市场。在此阶段中，绿色技术创新模块的跨网络、跨平台集成带动了原来行业下游市场趋同，引发诸如直销平台、社会化媒体等原网络营销渠道以及中介市场电商平台的融合。

技术整合与市场趋同从供给端与需求端双侧对接整合，新产品市场的逐步扩张形成新兴产业，融合创新步入产业融合成熟阶段。行业内新绿色技术与绿色产品的主导性设计已经产生，新的产业结构逐渐确定，行业标准体系与政策体系更加完善。新产业内细分市场已经形成，融合创新的风险性与不确定性进一步降低，引发绿色创新系统内大量企业涌入新兴市场，使得绿色创新网络内创新主体间竞争加剧，新兴市场由蓝海向红海转变。此时，创新主体的创新重点是在绿色创新网络中协同合作伙伴，通过绿色商业模式创新获得更多用户流量，产生更大创新价值。融合式集成绿色创新网络中的制造企业在进行绿色创新活动中需要如技术平台、电商平台、中介服务平台、社交平台、共创平台等网络平台的支持。企业的商业模式创新会导致新产业结构的产生与调整，带动绿色创新网络中各类创新平台内创新功能模块的集成与整合，引起不同领域的网络平台间融合。

5.3 网络化开放式绿色创新模式运行

5.3.1 网络化开放式绿色创新模式运行总体模型

网络化开放式绿色创新模式运行的实质是制造业绿色创新系统受到创新驱动因素的影响，系统内创新主体为了实现统一战略目标而协同合作组成绿色创新网络，通过云端各类平台对不同创新模块的调用集成完成一系列的绿色创新活动，最终提升系统开放式绿色创新水平。网络化开放式绿色创新运行总体架构如图 5.8 所示。

其中，创新模块是网络化开放式绿色创新模式运行的基础，具有独立性、关联

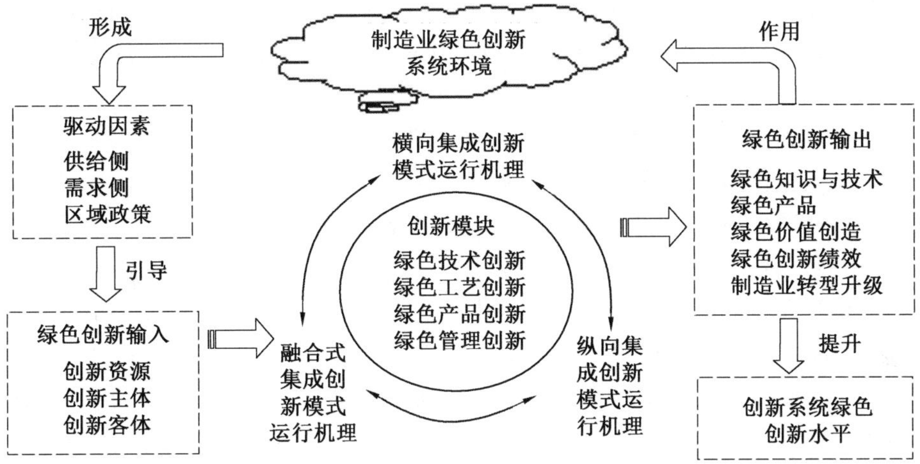

图5.8 网络化开放式绿色创新模式运行总体架构

性和可定制化的特点。模块化创新理论及其方法论的发展可追溯到2011年,其为产业创新开辟了新的维度。在绿色创新网络中,每个模块都具备自己独特的信息处理功能以支持特定的业务活动和绿色创新流程,但模块之间又存在一定程度的相互关联,其根据制造企业在绿色创新过程中的不同需求以及系统内外部创新环境变化的影响而改变,进而重构绿色创新网络。从创新模块功能的角度可以把绿色创新模块分为四大类:

(1)绿色技术创新模块是对绿色创新所需知识资源、技术资源进行搜索、处理、整合、配置、转化、利用与再创造的功能单元,为绿色工艺创新、绿色产品创新以及绿色管理创新提供知识、技术与创新服务支持。在绿色研发活动中往往面临着知识需求难以掌握、隐性知识获取困难、社会中用户知识分布零散及知识固化与转换困难等问题。对技术创新模块跨平台集成,构建网络化知识管理系统可以对各个绿色创新环节的创新需求进行预测与精准定位,有目的地选择不同渠道进行知识搜索、收集、总结并编码,对隐性知识进行显性化提炼并共享,促进知识在组织中交流、固化与再利用实现绿色技术创新。

(2)绿色工艺创新模块是以降低制造成本、提高生产效率、减轻产品生产活动对环境的负面影响为目的,从工艺创新的构想、设计、测试、改造、生产五个阶段,对清洁生产技术与服务以及末端治理技术与服务的创新活动进行支持与优化的功能单元。制造企业现行的如产品数据管理(PDM)、计算机辅助制造(CAM)等制造管理系统都是基于系统功能模块集成,从节能、降耗、减排制造理念着手设计选择可运行的工艺模块，促进制造业绿色工艺创新。由于绿色工艺创新与绿色产品创新存在互动关联关系，因此绿色工艺创新模块的选择与运行既取决于绿色产品的内容和性质，也影响着绿色产品创新模块的集成。

(3)绿色产品创新模块是基于绿色产品功能和属性，围绕绿色产品生命周期各个环节提供绿色创新支持与控制的功能单元。通过对绿色产品设计、制造、销售、运营、服务以及回收再处理等环节的产品创新模块分解与组合，打通并整合产品闭合生命周期，形成完整的绿色产品创新闭环网络系统。绿色产品往往更为复杂，传统的产品开发和生产过程已无法满足准时、高效地将产品推向市场的需求。单一企业内部的产品生命周期管理系统运用已掌握不了整个行业数据，跟不上瞬息万变的外部环境变化。因此各企业应把内部创新管理系统中的功能模块有选择地兼容到统一的绿色产品创新平台上，以便全面管理整个行业的绿色产品创新活动。

(4)绿色管理创新模块是对系统绿色创新活动的规划、组织、控制的功能单元，能够支持创新组织制定和实施绿色创新项目。在绿色创新活动前期，参与创新的企业选择适当的计划功能模块辅助规划绿色创新战略、进行项目经济效果与风险预测。在创新活动实施中，创新组织调用并集成所需不同业务管理环节的功能模块以优化企业业务流程，并可通过外部网络系统整合绿色创新网络的创新过程，优化绿色供应链和价值链。控制功能模块可以随时监控并评估绿色创新进程，保证制造业绿色创新系统内创新活动正确高效地运行。

开放式绿色创新模式运行包含“发起—实施—结果—作用”反复循环的四个环节。其中驱动因素发起绿色创新活动引导创新要素输入制造业绿色创新系统，经过系统三种网络化开放式绿色创新模式运行处理后，产生绿色创新结果并反作用于系统创新环境，形成新的创新驱动因素引导另一轮开放式绿色创新活动，以此实现制造业绿色创新系统可持续发展，不断提高开放式绿色创新水平。

5.3.2　网络化开放式绿色创新模式运行机理

网络化开放式绿色创新模式运行机理就是对在创新模式实际运行中，各个创新模式的不同构成要素间的相互关系和运行活动最终对制造业绿色创新系统的影响的原理描述。因此，本书接下来分别从横向集成开放式绿色创新模式、纵向集成开放式绿色创新模式和融合式集成开放式绿色创新模式的构成要素、运行活动以及影响描述分析网络化开放式绿色创新模式的运行机理，如表 5.1 所示。

表 5.1　网络化开放式绿色创新模式构成要素、运行活动及对系统影响描述

	构成要素	运行活动	影响描述
横向集成网络化开放式绿色创新模式运行机理	创新组织合作关系	1. 一群由不同创新主体构成的创新组织为了共享共同的绿色创新愿景，以一定伙伴关系而相互合作 2. 建立多种多样的创新组织内外部关系 3. 把合作关系作为战略性资产	1. 促进创新主体从外部获取知识资源，以提高绿色产品开发能力 2. 抓住市场机遇，提高进入或开辟新市场的能力 3. 加强创新主体之间的协同能力
	价值贡献集成	1. 集成创新模块对生成绿色创新价值做出的贡献 2. 识别创造价值机会 3. 吸收创新资源进行知识创造 4. 价值创造与价值捕获	1. 促进创新活动细化与分工 2. 提高绿色创新系统知识吸收与创造能力 3. 增加创新网络绿色创新价值
	创新过程协调	1. 评估当前创新活动状态 2. 识别创新过程中的问题 3. 在困难的条件下推动创新过程的能力 4. 实施有效的信息交流、资源流通、知识转移的活动 5. 实施网络信息管理战略	1. 建立良好的开放式绿色创新氛围 2. 增强创新组织业务管理能力，使协同合作活动变得更加灵活 3. 缩短产品创新周期 4. 实施敏捷的操作和管理流程可快速应对环境变化
纵向集成网络化开放式绿色创新模式运行机理	绿色创新关系网络	1. 创新要素在产业内不同环节聚集成的结点间的关联运作情况 2. 掌握绿色技术变革趋势 3. 保持创新组织、行业内上下游关系的灵活性 4. 网络中伙伴关系具有多重性	1. 支持绿色技术选择，促进技术进步 2. 促进绿色制造产业升级 3. 增强产业竞争力 4. 提高开放式绿色创新绩效

续表5.1

	构成要素	运行活动	影响描述
纵向集成网络化开放式绿色创新模式运行机理	价值整合	1. 对绿色创新网络中不同结点内与结点间的价值整合，以实现终端产品价值最大化 2. 明确行业绿色技术发展战略 3. 掌握市场发展趋势与终端用户的价值需求 4. 价值共创与价值实现	1. 增强绿色创新系统价值创造能力 2. 促进创新成果的集成 3. 提高产业终端产品价值 4. 优化产业结构
	创新环节协调	1. 评估当前产业绿色创新水平，找出产业绿色创新困境 2. 开展合理创新要素配置活动 3. 制造行业内模块化绿色创新管理与运行	1. 提高对供应链的柔性化管理 2. 缩短产品创新与生产周期 3. 增强绿色创新网络的环境适应性 4. 建立良好的行业绿色创新氛围，促进创新系统持续不断进行绿色创新活动，增强可持续发展潜力
融合式集成网络化开放式绿色创新模式运行机理	融合式绿色创新网络	1. 产品市场行业间随着知识与技术的捆绑或渗透融合形成新的绿色创新网络 2. 保证融合技术间的兼容性 3. 保持产品组合和产品功能的灵活性	1. 扩大市场绿色消费规模 2. 产生新的绿色行业标准 3. 顺应技术与市场环境发展变化 4. 促进绿色技术转移与扩散，提高绿色创新成果商业化机会
	技术集成与行业重构	1. 不同领域的创新要素解构与集成 2. 实时掌握用户多样化的绿色需求 3. 跨领域探索并制定新的绿色制造行业发展战略	1. 满足用户多功能绿色产品需求 2. 促进隐性知识流通共享显性化 3. 促进制造业产品和服务的绿色升级 4. 产生新型绿色技术与绿色产品 5. 引发新型绿色制造产业形态

续表5.1

	构成要素	运行活动	影响描述
融合式集成网络化开放式绿色创新模式运行机理	融合创新阶段协调	1. 建立融合创新组织间的良好沟通与信任关系 2. 评估绿色创新网络运行效率 3. 实现知识渗透、技术集成、市场趋同、产业融合全面协调管理	1. 降低绿色创新的不确定性与风险性 2. 带动绿色文化跨行业间渗透，促进行业间绿色创新 3. 提高新型绿色产品成功上市概率 4. 提升系统开放式绿色创新水平

5.4　网络化开放式绿色创新模式适用条件

网络化开放式绿色创新模式是基于制造业绿色创新系统开放式创新演进到中级阶段，伴随着信息流在创新网络中流通转换，创新主体核心业务以及硬软件设备迁入云端，创新组织的关系从简单的二元交易向组织间的战略网络合作关系转化，通过一定的组织合作关系与绿色创新网络协作方式，以实现制造业绿色创新系统高效运作为目的的开放式创新模式。此模式需要主导行业和相关行业内的绿色创新组织内部和组织之间具备一定网络联通特征和网络协作方式，通过在虚拟端达到绿色创新活动分工，实现绿色创新流程重组、创新成果整合、创新资源优化配置。

制造业绿色创新系统具备的大量的数字化创新资源和一定的网络能力是实现智能化开放式绿色创新模式运行的基础。因此此模式的适用条件应伴随制造业绿色创新系统中互补资源和网络能力相互作用和协同的逐步深入，促使制造业绿色创新系统开放式创新演进到网络化集成阶段时才可实现。

5.5　本章小结

本章首先界定网络化开放式绿色创新模式的内涵及特点。其次，从绿色创新网络集成角度以横向集成、纵向集成、融合式集成三个维度设计横向集成网络化开放式绿色创新模式、纵向集成网络化开放式绿色创新模式和融合式集成网络化开放式绿色创新模式。最后，提出网络化开放式绿色创新模式运行总体模型，并根据不同创新模式的构成要素间相互影响关系及运行活动，提出网络化开放式绿色创新模式运行机理。

第6章　智能化开放式绿色创新模式研究

经过绿色创新网络结构搭建阶段，制造业绿色创新系统实现了跨功能、跨流程、跨区域、跨产业的网络化互联集成，系统开放式创新也向智能化绿色创新运行阶段进一步演进。根据制造业绿色创新系统的绿色研发、绿色制造、绿色营销以及绿色服务四个开放式绿色创新过程，构建与之匹配的智能化开放式绿色创新模式，以保证制造业绿色创新系统的可持续发展。

6.1　智能化开放式绿色创新模式内涵

6.1.1　制造业绿色创新系统智能化运作分析

制造业绿色创新系统的智能化运作是开展智能化开放式绿色创新的前提，此时系统内网络技术、信息通信技术、人工智能技术、商业智能技术已具备一定规模与应用范围，系统内物理世界与虚拟世界的边界愈发模糊。应用层、设备层、技术层整合构成的智能体系，是制造业绿色创新系统智能化运行的基础，这一智能体系的核心特征是系统内各类信息系统具备了认知和学习功能，其不仅具有强大的感知、分析、计划与控制能力，更具有自主学习、产生新知识的能力。在此智能体系中，人们将部分认知融合到信息系统中，使其具备了学习与认知的能力，可以感知并学习物理世界的发展变化，能部分替代人对物理世界的行为动作，实现了“人一物理系统一信息系统”充分融合，制造业绿色创新系统智能化运行模型如图6.1所示。

制造业绿色创新系统智能化运行从技术层、设备层、应用层三个方面开展。技术层相当于制造业绿色创新系统的神经网络和控制中心，是由物联网、雾计算、人工智能等底层技术和其支撑的“数据、算力、算法”运作方式构成的虚拟世界。物联网、传感器等技术为系统智能化运行积累数据基础，雾计算、边缘计算等技术可提高系统数据处理、反馈及运算能力，数控技术(CNC)、数字孪生等技术为数据处理

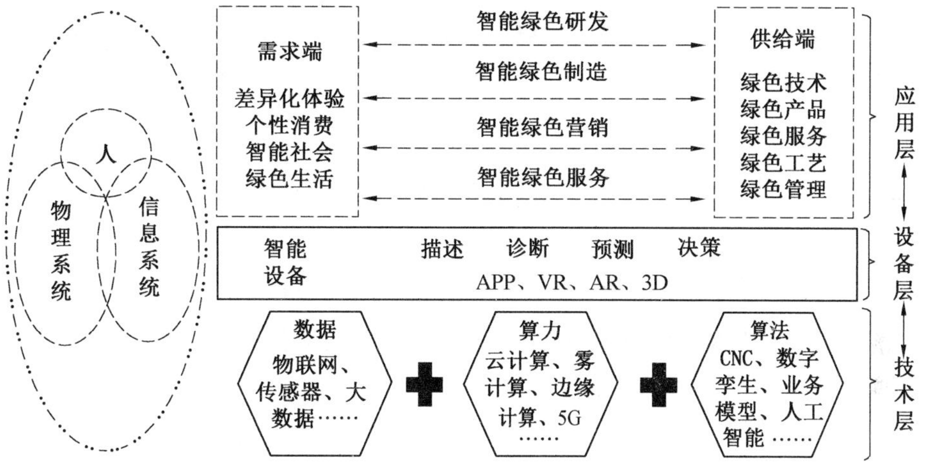

图 6.1　制造业绿色创新系统智能化运行模型

提供方法和模型支持。技术层中底层技术与运算过程不断叠加、迭代与融合，为设备层与应用层提供高效、可靠、精准的数据和技术支持，为制造业绿色创新系统营造可靠传输、精准定位、智能处理的技术环境。

设备层模糊了物理系统与信息系统边界，是现实世界与虚拟世界相互连接并融合的渠道。设备层由智能设备硬件技术和软件技术构成，包含制造企业的智能设备、外部的公共智能设施、消费端的智能绿色产品等。智能设备具有一定计算能力与智能能力，具备描述、诊断、预测和决策功能，可对自身和其他设备以及整个绿色创新过程进行自动实时检测、控制和优化。依托边缘计算、雾计算技术支持的智能设备也可作为网络边缘、靠近实体世界的智能结点，不仅能为云端采集整理大量用户数据、降低云端工作压力、提高系统响应速度，也可高效精准定位用户需求，实时提供绿色服务。因此，设备层是具有一定信息处理功能的信息输入输出系统，通过融合应用程序的智能设备对实体世界的感知，集成应用层活动产生的大量数据为技术层提供数据基础，并可及时高效地对应用层提供管理控制服务功能。

应用层描述的是由绿色创新主体、绿色创新客体构成的现实世界。在制造业绿色创新系统中，只有当制造企业捕获到创新价值时才是成功的开放式绿色创新活动。创新价值来源于两个方面，一方面来自企业内部，通过智能化绿色创新活动为企业内部带来创新价值，如优化组织管理活动、提高生产效率、降低材料损耗等。另一方面来源于用户，精准定位用户需求，通过商业模式创新可为用户提供智能产品或绿色服务创造更多的价值。因此，对系统绿色创新过程的灵活智能化运行与管理，促进供需两端的精准匹配、高效协同，是应用层的核心任务。应用层的智能化绿色创新活动是以设备层为载体呈现的，创新主体在应用层从事的各类活动也为设备层和技术层提供大量数据，为制造业绿色创新系统智能化运行奠定数据基础。

6.1.2 智能化开放式绿色创新模式含义及特征

我国在2019年政府工作报告中，首次提出"智能＋"，人工智能成为提升企业运营能力、提高制造业绿色创新系统创新效率、促进传统制造产业转型升级的新动能。万物互联时代中人类社会充溢着大量数据，人们的精力、思维与行动已无法实时监控与管理互联网系统产生的不断增长和变化的信息。尤其在制造业中，通过电商平台产生的海量需求端数据与依托工业互联网产生的实时供给端数据间的挖掘、分析与关联方式，都已超出了人类传统经验与学习能力，急需具备一定智能能力的设备、终端、系统、网络等辅助或部分替代人类创造性脑力工作，高效支持制造业绿色创新系统开放式创新活动。此处智能能力是类比人体活动的三种功能：感知、决策和行动。

以感知、互联、智能化为特点的新一代信息技术（物联网、雾计算、数字孪生技术等），将为制造业的升级提供突破性技术手段，智能工厂、智能车间、智能产品、智能服务、智慧物流等都已逐渐被普及及应用。在这种环境下，万物互联将逐步向万物智能方向发展，各种终端设备都将被赋予智能能力，并允许它们与其他设备进行通信和交互、交换数据、做出自主决策，并根据预设条件执行有用的绿色创新任务。此时，制造业更强调分散化，降低集中控制程度，分散的自主智能设备通过网络形成紧密联结关系，实现人、机、系统与各项活动流程的融合，并在现实社会与虚拟社会中随意转换。

智能制造绿色创新系统的发展，依赖于新兴智能技术与绿色创新各个环节的深度融合，制造业绿色创新系统开放式创新是随技术进步和产业化实践动态发展的。利用新型技术不仅可以对创新过程进行实时智能化绿色管理，实现创新资源高效利用，还可以支持研发生产绿色智能产品与绿色智能服务，推动绿色经济发展。综上所述，智能化开放式绿色创新模式是在新一代信息技术基础上，将制造技术与数字技术、网络技术、智能技术集成，应用于绿色研发、绿色制造、绿色营销及绿色服务的创新过程中，进行感知、分析、推理、决策、控制与行动，实现以智能化绿色技术及产品的迅速开发及对创新活动实时优化为目的的开放式创新模式。智能化开放式绿色创新模式的主要特征是：

(1)智能化强调的是融入了智能技术、智能设备、智能化管理与运作思想的制造业绿色创新系统。在运行过程中,可对描述各类创新要素的数据信息进行知识转化,不仅可以自主解决绿色创新活动中出现的结构化决策问题和半结构化决策问题,并且能够代替部分创造性的脑力劳动。

(2)开放式强调的是制造业绿色创新系统运行的去中心化,终端具有智能分布式处理功能,促进内外部全要素的共享与整合,带动全域的开放与融合创新。全要素即与绿色创新相关的,覆盖所有时间、空间、情境下的各种创新要素。全域包含各个知识领域、相关产业、创新环节、社会群体、体制机制以及自然环境等。

(3)绿色创新模式运行强调对制造业绿色创新系统运行全过程的精细化、智能化、绿色化管理,实现创新柔性,达到全要素高效协同、产销合一、绿色发展的目的,以此促进价值创造、提高开放式绿色创新水平,使制造业绿色创新系统保持可持续的竞争优势。

6.2　智能化开放式绿色创新模式设计

6.2.1　智能化绿色研发模式

研发是企业创新活动的基础,是产生价值增值的主要来源,创新主体间协同合作从事绿色研发是制造业绿色创新系统保持竞争优势的核心内容。绿色产品研发活动往往是一项需要多方参与、多方协调的系统工程,具有高风险性与不确定性。尤其在船舶、航天、武器等复杂产品绿色研发中,既要保证产品质量可靠和使用安全,又要尽可能地缩短研发周期响应创新需求,还需实现可持续性绿色发展,以至于每一研发环节都工作繁多、管理复杂。随着信息技术高速发展并与制造业深度融合,可以实现产品设计、管理、测试、运行的快速性与高效性。智能化绿色研发模式是依托数字技术、信息技术以及人工智能技术等,对全域全要素的知识实现大批量精准获取、高效整合与快速转化,以支持从概念提出、需求分析、详细设计到产品开发及测试等绿色研发阶段智能化运作与管理,从而满足环境需求进行的绿色技术、绿色产品、绿色服务等研发活动。制造业绿色创新系统智能化绿色研发模式框架如图 6.2 所示。

研发是绿色创新中知识积累的关键阶段,知识的积累、流动与创新又是研发每一环节顺利实施的基础活动。因此数字技术、信息技术以及人工智能技术等从知识活动与研发管理两方面对绿色研发活动进行智能化支持,实现及时响应社会、市

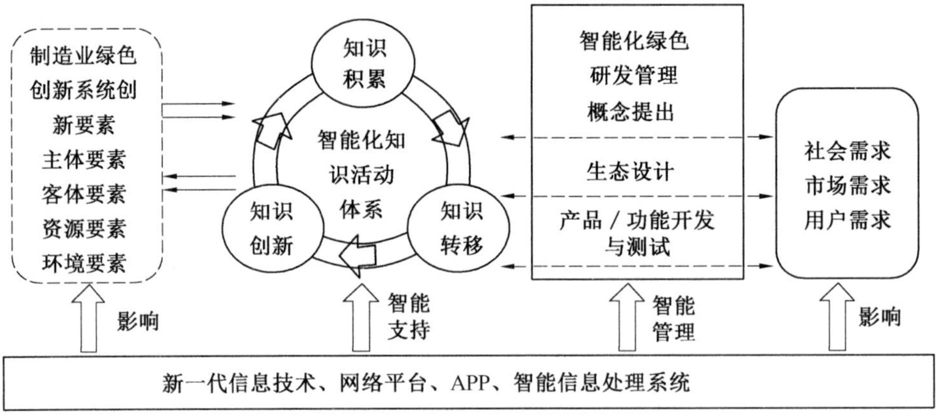

图 6.2　制造业绿色创新系统智能化绿色研发模式框架

场以及微观用户的价值需求的目的。智能化绿色研发具有无缝式、迭代式的特点。无缝式旨在实现不同绿色研发环节之间、研发管理与知识活动内容方面及绿色研发活动面向各方需求的无缝式对接；迭代式指包含研发活动与知识活动各自不同阶段之间的反复迭代相互促进。

6.2.1.1　智能化知识活动体系

智能化知识活动体系是通过新一代信息通信技术与智能技术从知识积累、转移到创新等知识活动流程，实现智能高效管理，以支撑绿色研发实现价值创造。

知识积累是创新组织从外部获得并保留知识的过程，包括知识搜索、知识筛选与知识捕获。知识的产生遵循由数据到信息转变成知识的演化规律，大量、多样、实时的数据资源是知识活动的基础。在互联网虚拟世界存在着与绿色研发活动直接或间接相关的爆炸式增长的海量数据，因此建立大搜索式的知识搜索，有针对性的知识筛选与精准的知识捕获是发掘数据潜在知识价值的前提。在网络中，搜索引擎是获取信息的基本方式，受到新兴信息技术等影响，搜索引擎可跨平台地广泛辐射到物联网、社交网络、电商平台以及设备终端等应用空间，不仅为研发者提供所需多领域、综合全面的信息及绿色知识资源，帮助创新主体动态地从组织内部、合作伙伴、用户、资源平台等获得相关绿色技术、知识和管理经验，还可为绿色研发活动制订科学的解决方案。制造企业通过获取绿色知识，可替代或升级原有非环保型的落后技术，从而降低环境污染。知识积累主要包含三方面内容：一是直接知识搜索，根据搜索需求直接提供在平台中已经存在的知识内容，如查询科技文献、绿色专利技术等；二是知识定位筛选，首先对用户要求进行分类并定位到某平台知识库中，再对知识内容进行筛选排序并精准推送给用户，如前沿、热点绿色知识推送等；三是智能知识捕获，搜索引擎针对绿色研发活动存在的问题智能地建立绿色知识联系，并提供最优解决策略，产生并捕获新的知识，如建立绿色知识结构、产品绿色设计解决方案等。

知识转移是指在创新组织吸收并积累了一定知识的基础上，向组织内部不同部门或组织外部其他创新主体转移、扩散、共享知识的活动，是对绿色研发活动提供所需知识资源的基本保障。知识转移可减小合作创新主体间的认知差距与跨领域、跨行业的绿色技术鸿沟，在制造业绿色创新系统中形成更好的绿色知识协同效应。数字经济背景下制造业绿色创新系统为创新主体间实现高效的知识转移活动提供了稳定平台。依托新兴信息技术支撑的知识管理系统平台可实现人、物、事、情景的泛在互联与创新主体间的信息互通，通过感知用户不同时空、不同状态的知识需求，建立相应的知识体系与技术框架，处理并管理网络分布式存储的各类知识，为知识供需两端提供绿色知识扩散途径和知识共享策略。知识管理系统可以分析社会环境对绿色创新需求的变化，在满足用户知识需求的基础上有针对性、有选择地推荐绿色知识及技术，促进绿色知识的流通和转移，带动整个系统绿色创新氛围，实现创新合作伙伴间的绿色创新战略统一。

知识创新指研发主体把已经理解掌握的多方知识重构与整合并应用在创新活动中，在原有知识结构基础上产生新知识并可创造出价值，是对知识整合、创造、应用的过程。知识创新可看作显性知识与隐性知识持续作用与相互转化的动态活动，通过隐性知识相互转化的社会化模式、隐性知识转化为显性知识的外化模式、显性知识的组合模式与显性知识向隐性知识内部转化模式四方面来实现，因此，数字经济背景下制造业绿色创新系统借助于新一代信息技术实现的智能化知识活动，分别从这四方面对知识创新进行智能化管理与支持。隐性知识的相互转化与隐性知识的显性化是知识创新的重点过程，怎样利用创新组织内部人员与外部用户的个人隐性知识进行有效知识创新是知识活动的难点问题。利用网络社群平台可以促进个人隐性知识的共享交流、相互转化，知识工程软件系统可抽象出隐性知识属性并建立知识模型使隐性知识概念化，通过知识控件丰富隐性知识的处理与表现方式，实现隐性知识显性化。新一代大数据分析方法的出现，为显性知识间的整合与向隐性知识内部转化开辟了一种新的智能分析法，可将隐藏在各类创新要素中的知识挖掘出来，利用大数据分析技术找到数据之间的相关性形成新的知识，促进绿色知识创新。这种全要素的知识整合可以为研发活动乃至整个绿色创新过程实现统一的生态设计与绿色管理，提高制造业绿色创新系统开放式创新水平。

6.2.1.2 智能化绿色研发管理

智能化绿色研发管理是通过新一代信息通信技术与智能技术对从概念提出、生态设计，到产品和功能开发及测试阶段的绿色研发过程赋予科学智慧的管理方式，实现低浪费、低消耗、高效率、高质量、绿色的研发活动。其中研发各环节并不是割裂开的，而是依托智能信息系统对泛在互联的各方信息进行无缝式对接，实现研发活动的迭代式过程。

概念提出是绿色产品、服务或新增绿色功能的初步创意形成阶段，也是对创意进行筛选与优化的过程。研发之初首先要进行需求识别与可行性分析，通过大数据技术对潜在市场进行分析、挖掘与预测，借助信息管理系统对技术、经济与环境的可行性分析后，通过智能化的知识活动实现从灵感到创意雏形的形成过程。

生态设计的目的在于在整个产品生命周期中尽量降低环境危害，对经过筛选后确定的绿色产品创意进行细化与完善，设计出详细的绿色产品逻辑模型与物理模型以及开发活动方案，整体上全面明确产品结构、属性、功能及管理策略，并确定产品绿色制造工艺、生产流程等环节，基于产品功能模块的设计方法可以为高效地生产运作管理与回收重用服务打好基础。在此阶段，数字模拟、3D、AR 等技术可以帮助产品设计建模，通过平台也可把产品仿真模型面向用户展示，研发组织可直接联通合作伙伴与用户端对产品设计方案进行论证与修改，带动多方参与绿色产品、绿色功能设计的积极性，促进绿色知识传播与转化。

产品开发是根据设计阶段提出的产品结构模型，转化为具备实际功能可操作的成品过程。此阶段需要开发出产品核心技术，解决产品在生产活动中面临的诸多问题。产品测试是检验产品功能实现情况以及用户体验满意情况，包括以产品为中心的内在属性、绿色功能与整体效果测试，以用户为中心的产品使用及服务体验效果反馈，以市场为中心的目标市场对产品表现以及环境效果与经济效果的评价。在此阶段中，分解管理信息系统（WBS）可将总体设计方案分为不同子模块，根据研发网络中不同组织任务分工实现分布式研发，集成式成果整合，而这一系列活动中必须有绿色技术标准的支持才能实现技术和模块兼容，以此带动绿色标准在研发网络中的普及应用。在开发过程中运用仿真建模技术可辅助模拟及测试产品性能与服务功能，做到随时修改产品问题与及时升级产品版本，从而降低开发成本、提高开发效率、缩短研发周期、减少开发资源浪费。

6.2.2 智能化绿色制造模式

智能化绿色制造模式是深度融合数字技术、人工智能与先进制造技术，对贯穿于产品设计、生产、服务等制造过程各个环节及相应智能系统的优化集成，旨在快速响应用户要求、不断提高绿色产品质量、提升绿色服务水平，实现对环境友好的制造任务。智能化的制造内容与绿色效果输出是智能化绿色制造的核心特征。智能化的制造内容指利用智能工厂，依托智能后勤管理体系生产出智能产品与提供智能服务，绿色效果则体现在制造内容中的每一方面，是制造活动的根本目的。其中后勤管理理论（Logistics Management）起源于美国，我国学者大多将其翻译成物流管理。Elias（2019）通过案例分析，提出技术、组织与项目管理是影响企业实现工业4.0的生产范式的主要因素。因此，智能制造通过网络物理系统中信息技术与制造设备之间的联通，从技术维度、组织维度以及管理维度推进智能产品、智能工厂、智能物流以及智能服务全面绿色创新与可持续发展。制造业绿色创新系统智能化绿色制造模式框架如图6.3所示。

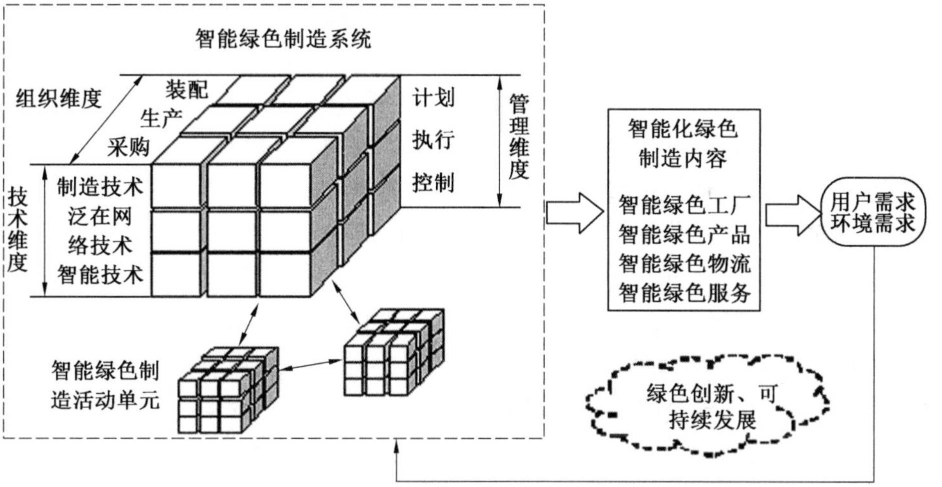

图6.3　制造业绿色创新系统智能化绿色制造模式框架

智能化绿色制造是一种面向需求多样性和个性化，达到分布式、精细化、柔性化的制造流程，实现环境可持续性发展的由多个子系统构成的人机交互系统。此系统的业务流程贯穿了制造业绿色创新系统中超时间、跨空间的多个制造企业及其合作伙伴的制造活动，因此基于系统结构化思想，智能化绿色制造系统是由多个灵活、自主运行的智能绿色制造活动单元构成。系统中活动单元的互相联系与整合，组成了全面感知、实时监控、迅速响应、自主运行的制造系统神经网络，可根据制造环境变化与多变的用户需求，及时调整制造方案与生产流程，产生新的绿色管理模式，促进新型绿色产品与功能的出现，支持制造企业工厂智能化绿色运行，促进智能绿色产品高效生产，带动智能化绿色物流快速发展，促进智能绿色服务质量提升，从而大幅度提高制造业整体生产力和生产效率，降低环境污染。

6.2.2.1　智能绿色制造活动单元

智能绿色制造活动单元是分布在制造业绿色创新系统中不同制造企业及相关主体内，根据制造活动可拆解或集成的，具备独立功能、灵活运作、自主活动的基本构成元素，每个单元都根据其功能具备从技术维度、组织维度以及管理维度展开的三方面内容。

技术维度描述的是与构建智能绿色制造活动单元密切相关的硬件、软件以及基础设施等各种技术情况，包含制造技术、泛在网络技术、智能技术三方面，体现了制造活动中两化融合水平，是智能绿色制造活动单元运行的基础，从制造设备、生产车间、加工工厂到企业间的绿色制造网络系统实现全面覆盖与集成。制造技术是各种机械工程、加工设备、制造工艺等支持制造生产活动技术的总称，泛在网络技术包含物联网、云计算、5G等新兴信息通信技术，智能技术主要指人工智能、商务智能等具备智能操作与应用的一系列技术。随着多方技术的渗透融合，三种技术已无明显的区分界限。支持产品生产的智能绿色制造活动单元的技术水平与性能根据制造产品的种类、流程及性质不同而调节变化。具有较高技术水平的活动单元，可以减轻人员工作强度、改善作业环境，增强在恶劣环境的工作能力，起到在生产过程中实现节能、降耗、减排的作用，提高制造业绿色创新系统绿色创新绩效。

组织维度是指从制造流程的角度，把组织活动划分为采购、加工与装配三个过程。制造即运用一定工具与方法改变原材料的物理或化学属性，加工成可供使用的产品制作，因此制造物资采购是制造组织活动的第一个环节。采购指制造企业为保持生产经营活动顺利开展而根据采购计划从供应市场获取制造资源的活动，组织采购活动的智能绿色制造活动单元可进行灵活的竞猜、询价、招标等方式，帮助企业快速选择最佳供应商，实现最优性价比的采购计划，并可整合财务与采购业务，实现活动与财务一体化控制，提高采购效率，增强采购合理性。在加工环节中，活动单元可根据环境与用户需求变化及时控制、调度制造设备和生产线，也可智能判别与选择合适的外包合作伙伴，提高生产效率。装配指将零部件按照技术要求组装成合格产品的过程，活动单元可加强装配活动的标准化管理，提高精确程度，优化装配生产工序。不同部门与组织间各个制造流程阶段中的智能绿色制造活动单元相互协同与整合，实现制造业绿色创新系统层面的制造资源职能分配与综合利用，提高生产能力，提升能源、材料的利用率，形成环境友好的生产过程。

管理维度根据制造环节的管理职能，从计划、执行与控制三方面展开。

计划是对生产项目做出的整体安排与任务部署，为组织及其相关机构确定目标，拟订执行方案，使制造网络中各项工作与活动都能围绕预定目标协同合作。具备计划职能的活动单元可以根据当前情况自动制定后期将要完成的活动安排，如根据订单量和库存自主制订采购计划，达到预期效果。

执行是指依据虚拟世界的计划与命令安排，在现实世界中对生产现场实现的具体活动，完成特定的生产目标。具备执行职能的活动单元可以创造新的绿色资产或根据计划目标改变现有绿色资产的状态。控制是对生产业务进行检查与纠正，确保计划得以高效实现。活动单元随时掌握并分析制造活动中的监测信息与反馈信息，采用数据分析方法衡量执行活动对现实世界做的变化，调查未达到预期生产目标的原因，调整并改进自身运行机制。智能绿色制造活动单元在管理活动中可优化计划安排，加强生产进度控制，在系统层面实现一体化的环保和耗能指标实时监控，监督制造活动达到环境保护要求，并能及时进行故障诊断降低维护成本，提高生产质量和工作效率，实现面向环境的制造活动。

6.2.2.2 智能化绿色制造内容

由于现代制造系统的复杂性增加，特别是在所有制造流程、设备等系统集成后，各项创新活动的决策变得更加烦琐与困难，需要具备智能能力的制造设施借助具有智能能力的物流管理生产出智能产品与提供智能服务。因此，智能绿色制造包含智能绿色工厂、智能绿色产品、智能绿色物流、智能绿色服务四方面内容，其中智能绿色服务属于制造业绿色创新系统创新过程之一，所以这方面内容将在下文智能绿色服务模式设计中陈述。

智能绿色工厂是融合泛在网络技术、自动控制技术、智能设备及软件应用程序，形成协同高效的自感知、自决策、自执行的生产系统，根据绿色生产需求与标准不断调整优化生产流程，从制造环节促进制造业绿色创新系统开放式绿色创新。智能绿色工厂是支撑制造业智能化转型的基础，是构建开放、共享、协同、智能的制造系统的必要条件，也是在制造环节支持制造业绿色创新系统智能化开放式创新的基本设施。智能工厂改变了传统注重大批量、高速度、连续性的生产模式，更为注重高品质、精细化、低成本、节能降耗、降低环境污染的绿色生产模式。

智能绿色产品是智能绿色制造的价值载体，是使智能技术融合于产品装备中，使产品具有智能感知、智能决策与智能操作的特点，以达到在产品使用与回收过程中遵循环境保护、绿色发展的理念。智能绿色产品促进制造业绿色创新体现在两方面：一是形成颠覆式绿色产品创新，旨在借助于智能技术产生新型智能绿色产品，如采用光投照技术的投影键盘可随时在实体世界投射出虚拟键盘，手指触碰时传感器会捕捉具体位置的坐标分析确定出用户下达的指令，此技术可节约传统键盘的生产材料与能耗；二是渐进式绿色产品创新，对传统产品赋予智能能力而增加了绿色使用功能，如在汽车产品中通过温控系统、节能系统感知汽车行驶状态，自动调节车内温度与驾驶模式降低油耗实现绿色驾驶。

智能绿色物流是支撑智能绿色制造活动、制造业绿色创新过程最主要的辅助环节之一，为了满足用户个性化、定制化、精准性、高效性以及环境保护要求，需要物料与产品在包装、运输、仓储及配送等过程具有高柔性、绿色化的特点以及快速响应、高质量服务的能力。受到繁荣的电商市场影响，我国物流产业得以高速迅猛地发展，但随着用户购物体验的增强却产生了诸如过度包装、资源浪费、能源消耗过大等十分严峻的环保问题。物联网技术、智能技术为智能物流发展提供交通基础、设施基础以及技术的同时，智能制造绿色活动单元在物流管理环节中也需遵循严格的绿色管理标准，感知物流环境变化，以强调绿色经济效益为前提对物流活动进行控制与决策，不断提出效率、经济、环保的最优配送方案促进制造业绿色创新系统开放式绿色创新。

6.2.3　智能化绿色营销模式

营销是绿色创新成果商业化，为客户、开放式创新合作伙伴乃至整个社会获取价值最主要的活动。智能化绿色营销是以环境保护为营销理念，以提倡绿色文化为价值观念，依托新一代新信息通信技术，借助电子商务、社交媒体等网络平台，从消费者绿色消费行为与碎片化、个性化的消费需求为出发点，进行的一系列自感知、自决策、自行动的智能化营销活动。数字经济背景下制造业绿色创新系统绿色营销活动若想顺利实施，需要通过从战略愿景的角度进行绿色营销环境与营销战略分析，制定并实施合适的在线营销策略。因此，智能化绿色营销正是借助于泛在网络技术、在线商务平台以及社区网络等获取市场中所需营销资源，从战略层、战术层以及作业层提供智能化支持，以期达到将包括体验、感知、美学等消费者主观认知建立在商业利益、环境经济、技术迭代等创新文化之上。制造业绿色创新系统智能化绿色营销模式框架如图 6.4 所示。

电子商务改变了传统商务交易方式与人们的消费活动，电商平台、社会化媒体与社交网络等各类应用平台汇集了大量描述用户个性特征、消费方式与行为习惯的信息，通过大数据、云计算、智能代理系统等技术构成的智能营销系统对营销资源的处理、挖掘，不仅为支持战略分析、战术制定与策略实施控制的营销活动提供决策依据，也为制造企业制定绿色营销策略给出新的思路。

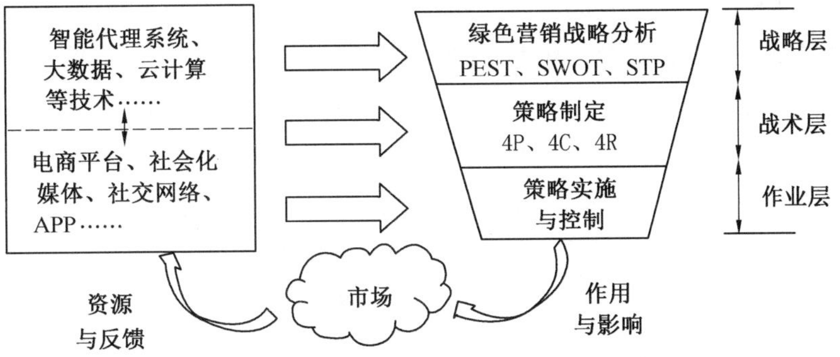

图 6.4　制造业绿色创新系统智能化绿色营销模式框架

6.2.3.1　智能化绿色营销战略分析

企业战略是根据环境变化，从全局考虑制定实现全局目标的规划。市场营销战略是企业经营基本战略之一，绿色营销战略是指在可持续发展和现代市场营销观念下，制造业绿色创新系统内创新主体为实现其经营目标，与其他合作方对一定时期内绿色营销整体发展和规划实现战略协同，以促进绿色创新系统资源利用率及绿色营销绩效得提升。传统的以产品为中心的营销战略已不再适合当今激烈变革的市场，组织需要提供客户所需并能购买的产品，才能实现卓越的营销绩效，这也意味着企业必须能够为一定的客户群体创造独有价值，并且被市场用户们知晓与接受，因此价值创造与推广是绿色营销战略的核心。网络经济环境下的产品、技术甚至组织的生命周期将越来越短，价值创造离不开大量的创新知识，在知识型经济中，创新能力是企业保持竞争优势的核心要素。由此分析，智能化绿色营销战略是以促进绿色经济发展为主要目的，借助于泛在网络技术与智能技术用于收集、吸收及传播客户、竞争对手、合作伙伴等创新知识，并综合分析组织内部能力和外部地位，为绿色营销策略制定提供决策支持作用的战略活动。

智能化绿色营销战略制定过程中首要任务是确定社会、市场和用户导向，将参与营销活动的各方组织的决策活动与外在自然环境、社会环境和市场环境联系起来，明确与用户需求相匹配的绿色营销文化，随之确定相应市场方案，呈现客户所需产品与服务，从产品、服务及体验三方面为客户创造价值。绿色营销战略分析活动中需要大量营销资源支撑，营销资源包括面向市场的资源以及面向营销活动的资源。前者指部署在市场中可直接为客户创造价值的资源，如品牌；后者指支持营销活动的，间接促进营销价值创造的各类物质、资金、信息等资源。智能化的绿色营销战略分析正是体现在从营销资源的广泛获取、深度挖掘、自动关联、知识创新、导向识别、战略协同到战术制定这一系列过程的智能活动。

6.2.3.2 智能化绿色营销策略制定

早期的营销策略制定方法可追溯到20世纪60年代由Macarthy教授从企业角度提出的4P理论，即产品、定价、渠道以及促销。随着社会生产力大幅度提高，开始出现供大于求的市场现象，在20世纪90年代美国学者Lauterborn以服务消费者角度提出了4C营销组合，即消费者、成本、沟通与便捷。数字经济时代下，用户与商家的沟通互动更为便捷、形式多样，美国学者Schuhz基于企业和客户关系视角提出了一种包含关联、回报、关系、反应四要素的4R新型营销理论，此理论着眼于在数字经济环境中企业与客户的互动关系，强调价值共创、多方共赢。以上三种理论提出的角度各有侧重点，单一一种并不能完全解决智能化营销策略制定所面临的动态问题，因此，本书融合运用4P—4C—4R三种理论，提出通过“产品—消费者—关联”“定价—成本—回报”“渠道—便捷—关系”“促销—沟通—反应”四组要素来制定智能化绿色营销策略。

(1)“产品—消费者—关联”要素组合。此要素组合是在制造业绿色创新系统的供给端与需求端建立紧密关联，也就是将制造企业与消费者在业务、需求、产品及服务方面建立有效、长期、频繁的联系，使企业能够分析用户特征并掌握其差异化需求，有倾向式地研发、生产并为用户群体提供个性化的绿色技术、绿色产品及服务，以此提高用户满意度，增强用户黏性。数字经济背景下供需两端产品与消费者关联途径主要包括各类电商平台、网络社区、智能终端的应用软件以及网络媒体等，基于智能代理系统的各类网络平台可实时感知用户喜好与需求，自动匹配绿色产品与服务组合，及时进行精准产品及服务推介，鼓励用户参与互动，促进绿色产品与用户泛在关联。

关联包含直接关联与间接关联两种方式。直接关联指通过线上的数据流传播渠道建立产品与用户的直接信息传递联系方式，是产品与消费者间最广泛、最主要的关联方式。间接关联指消费者与某产品并不存在直接互动或购买联系，而是通过其他直接关联活动而连带间接地影响到此产品的销售。关联不仅是建立企业与消费者间的联系方式，更重要的是在制造业绿色创新系统层面实现多方共赢，集体价值创造。因此通过泛在网络技术与智能技术可广泛挖掘多领域的产品与服务间的属性联系，建立多产品、广泛用户间的正向促进关联方式，促进绿色创新文化传播，营造良好的制造业绿色创新系统开放式创新氛围。

(2)“定价—成本—回报”要素组合。制造业绿色创新最终是要将创新成果商业化，销售绿色产品获得收入是制造企业维持经营运转最主要的资金来源，需求端购买绿色产品及服务获得使用价值。定价是根据市场环境、产品性质及特点、公司战略发展等因素，制定出贴合市场、迎合用户以及满足自身发展需求的价格体系。从消费者角度出发，顾客结合自身需求，衡量在付出一定成本（包括时间、金钱、精力、机会）后能否获得更多的价值，智能代理系统可有效地减少收集产品信息，交易成本和与卖方谈判等所花费的成本，提升用户体验价值。当用户愿意为绿色产品或服务付出代价时，企业同时获得收益回报。其中回报对于企业来说并不只能用资金来衡量，还包括品牌效益、获取新知识等方面。随着社群、社会化媒体等网络空间的出现，除了要满足消费者的产品价值与服务价值外，体验价值也是满足用户感知价值重要的一方面。如在社群中企业通过与粉丝的互动即可获取用户的产品体验信息及创新灵感，同时也可通过加强用户参与感来提升其感知价值。传统4R理论的回报仅指企业与用户两方双赢，在数字经济背景下制造业绿色创新系统绿色营销环节中，回报不仅仅体现在供给端与需求端的直接与间接经济效益，还要充分考虑到社会经济效益与自然环境效益，以及虚拟端商务平台市场中的多边共赢。

(3)“渠道—便捷—关系”要素组合。关系指在供给端与需求端通过数字信息建立联系后，还需保持持续化的互动状态，使作业层的信息传播向战术层的深刻理解到战略性的深度经营转换。数字经济背景下制造业绿色创新系统在网络化开放式绿色创新阶段中已实现多流程、各主体、跨行业的互联融合，智能化的营销关系不再局限于商家与消费者的直接沟通与促销活动，而是跨平台、跨环节、跨主体不同程度的互动关系。

从用户视角，关系的建立与维持通过主动关系与被动关系两种方式实现。主动关系是客户自发搜索、了解环境保护信息并与能提供绿色产品及服务的商家建立关系。数字经济背景下营销渠道具备虚拟性、去中心化、跨时空的特点，用户借助各类网络平台可以方便快速地找到心仪商品进行灵活交易，此时便捷、高效、低成本、高质量的访问与购物体验是影响用户满意度、提高顾客忠诚度的核心因素。被动关系是指商家通过宣传、推销等活动与新用户建立沟通、合作关系的方式。在智能化营销活动中，除了用户对绿色产品及服务的自主选择外，更重要的是商家借助网络平台、智能技术精确了解用户习惯与偏好，并实时地选择合适方式推送绿色产品及服务信息，因此，企业务必清楚为何、何时以何种方式向谁提供什么内容的绿色产品及服务。例如，当今的用户对过于主动、直接、刷屏甚至富有攻击性的推销方式相当排斥，商家可建立在特定绿色生活概念诉求上，采用软文方式等有针对性的心理渗透与技巧，迅速实现产品销售与推广。

(4)“促销—沟通—反应”要素组合。促销指企业为了增加销售额与出货数量，针对不同客户群体制定相应的营销手段,以达到销售增长、品牌推广的目的。促销实质上也是供需两端相互交流的活动,不能仅以企业自身获利为导向,还需结合与客户交流、互动的实际情况,拟定不同的绿色产品推送内容以及价格策略,引导客户进行绿色消费。反应要素强调的是借助信息技术将促销活动中与客户沟通的信息加工后提炼出用户潜在需求,及时调整沟通策略促进消费者做出实际性交易行动的过程。当用户访问网络服务器时会产生大量浏览信息与消费行为数据,通过智能代理系统对用户以往从事商务活动的反应数据进行分析与挖掘,可以区分用户类型并预知用户满意的交流方式与接受的促销活动,并根据用户特征制定相应的促销与沟通策略。如根据某人搜索产品的信息内容可推断出其属于对产品环保功能敏感性用户,则需对其突出展示具有绿色功能的绿色产品信息;若用户属于无意愿的随机浏览,系统将对其需求及偏好进行分析,从用户敏感方向着手突出产品特点,以及提出一定的绿色消费促销及补贴引导用户绿色消费。在制造业绿色创新系统可增加各类商务平台要素的绿色销售,如在电商平台开发智能比货功能,有导向性地突出绿色产品性价比优势,促进用户选择具备环保功能的绿色产品及服务。

6.2.4 智能化绿色服务模式

智能化绿色服务模式是指以先进的信息通信技术、智能化技术为支撑,通过对多方领域知识及智慧的有机融合,面向日益复杂的竞争环境以及个性化的绿色创新需求,为用户提供具有引导性、创新性、系统性、灵活性的绿色服务,其是制造业、互联网产业与现代服务业深度融合的产物。Corynen(2017)认为服务化包括供应商提供旨在帮助制造企业优化业务流程的服务,以及提供面向产品功能的服务。因此,本书根据服务功能不同,把智能化绿色服务分为以绿色创新流程为中心的智能化服务和以产品为中心的智能化绿色服务两部分。

6.2.4.1 以绿色创新流程为中心的智能化服务

从服务制造企业的角度看,其是以实现绿色创新、促进成果转化为目的,绿色创新系统中的服务提供商通过网络平台为制造企业提供全面、精准、高附加价值的服务活动,以实现智能绿色研发、智能绿色制造、智能绿色营销全过程的协同高效实施。

(1)以绿色创新流程为中心的服务内容。根据制造业绿色创新活动不同环节,把以创新流程为中心的智能化绿色服务分为绿色创新基础型服务与绿色创新辅助型服务。

①绿色创新基础型服务。基础型服务是指支撑制造业绿色创新系统从研发到商业化关键环节的智能服务，包括绿色研发服务、绿色制造服务、绿色营销服务。绿色研发服务是以满足创新主体的绿色研发需求为目的，整合、加工、转化各领域多层次的知识与技术，为创新主体提供知识筛选、知识吸收、知识转化、知识扩散等方面的服务活动。研发服务供应商依托智能服务平台，根据当前技术市场环境与客户研发需求及时提供并推送精准、一体化的绿色研发服务。绿色制造服务指通过向智能生产与回收设备添加在线监控或跟踪功能，为制造企业提供在线修理维护、现场实时操作、产品质量检验、产品绿色回收等服务功能，支持制造企业增强设备稳定性与安全性、提高产品质量与生产效率、优化制造流程、改进绿色生产工艺，从而达到降低能源和材料损耗、降低工业废物排放、实现智能绿色制造的目的。绿色营销服务旨在为制造企业面向消费者进行的具备时域性、前瞻性、经济性、富媒体、交互式、个性化等特征的绿色营销活动，从市场机会分析、目标市场选择、制定营销策略，以及计划、执行、控制绿色营销活动等方面提供精准、匹配的营销服务解决方案。

②绿色创新辅助型服务。制造业绿色创新系统核心创新环节顺利开展还需要其他辅助活动的支持，绿色创新辅助型服务是对绿色创新辅助活动提供支撑的配套智能服务，包括绿色金融服务、科技咨询服务以及知识产权服务。

a. 绿色金融服务。绿色金融是为推动绿色产业发展而进行的投融资活动。绿色创新往往需要大量资金支持，智能服务平台为满足绿色创新企业各类资金需求，通过整合银行、投融资管理公司等多种金融服务机构资源，有针对性地为绿色创新企业提供多元化、多渠道的绿色金融服务支持，以引导社会资源向环境友好型经营活动聚集，达到经济与生态协调发展的目的。

b. 科技咨询服务。人工智能领域包含的专家库系统可以汇集制造业绿色创新系统内，不同领域专家和学者的扎实理论知识与丰富实践经验，经过推理、判断、模拟人的决策行为，为用户提供需要专业人才才能处理的复杂问题的技术解决方案。如绿色技术指导、绿色技术评估、绿色项目申报、绿色产品创新、科技战略规划等咨询服务。

c. 绿色知识产权服务。知识产权是指在科学实践中创造出具有创新性、时效性的智力劳动成果。绿色知识产权服务旨在为创新主体提供环境友好和节约资源方面的技术专利、商标、版权、设计等的代理、评估、认证、交易、咨询等服务活动。知识产权服务的专业化是促进制造业绿色创新的重要因素之一。

(2)以创新流程为中心的服务框架。智能化绿色服务平台为服务供需两端的精准对接与融合提供支撑环境。首先对用户在绿色创新不同过程中的各类需求进行采集汇总到需求库中。其次,依托人工智能、大数据等技术对需求库与服务库的数据进行分析、预测与挖掘,设计或开发出新型服务并封装成不同服务包,专为创新主体开展绿色创新提供或推送不同类型的特色智能服务。最后,用户在体验服务过程中会产生大量描述体验情况的数据信息,反馈到平台中,可为下次更好地服务用户提供信息支持。制造业绿色创新系统政策环境与市场环境,会对以绿色创新流程为中心的智能服务起到很大推动作用,随着智能服务的普遍与成熟,又会影响并促进形成更好的绿色创新环境。以绿色创新流程为中心的智能服务框架如图6.5所示。

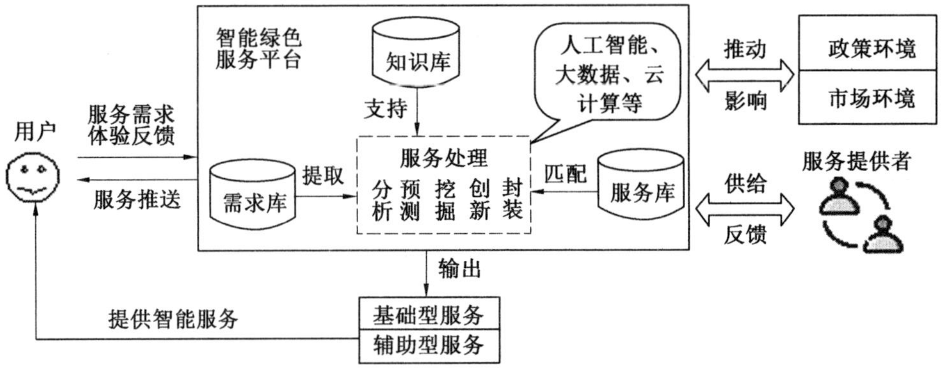

图6.5　以绿色创新流程为中心的智能服务模式框架

6.2.4.2　以产品为中心的智能化绿色服务

越来越多的制造企业实行以服务为导向代替传统的以产品为中心的商业模式创新,智能产品加绿色服务可从根本上改变用户对产品的使用方法与习惯,并对供给端与需求端对应关系产生颠覆式的影响。

(1)以产品为中心的智能化绿色服务内容。从用户的角度来看,智能化绿色服务指的是以制造企业为主的创新主体,秉持着可持续发展的目标,在生产产品的同时还提供用户所需且对环境友好的个性化配套绿色服务,使其融入于产品功能中,以促进绿色发展、打造绿色生活方式、提升用户体验,实现价值创造。此种方式的智能化服务需依托智能化产品或智能服务平台传递给用户,为用户创造出新的产品绿色使用功能和价值,因此需要融合智能化产品制造企业、智能化产品应用软件开发商与其他服务供应商的跨领域、多层次的技术与知识。以绿色产品为中心的智能化服务包括产品使用服务与功能定制服务。

①产品使用服务指为用户在使用产品期间所提供的一切智能化绿色服务,包括用户使用智能化产品的技术讲解与功能介绍服务、产品检测与故障诊断服务、产品维修与维护服务、产品升级服务、产品回收服务等。

②功能定制服务是指制造企业为满足不同时期用户对产品的独特功能与个性化使用需求,整合服务商与软件开放商资源,共同开发出新形式、新功能、新体验的服务产品与服务模式。在售前,可为用户提供产品定制与功能组合服务;在产品使用过程中可随时根据用户需求变动调整产品功能结构,提升用户体验。

(2)以产品为中心的智能化绿色服务框架。以绿色产品功能为中心的智能化服务是依托云端的智能绿色服务平台与产品终端的智能系统平台的相互支撑协同完成的。用户使用产品过程中产生的行为数据,存储在各自智能产品及设备终端系统内的数据库中,通过终端产品智能系统平台进行分散式知识处理,可高效地对不同用户个性化绿色服务需求做出实时、精准响应。不同产品智能系统平台中汇集了每位用户对产品绿色功能的需求以及产品体验过程信息,依靠新型网络技术集成到云端智能服务平台,为其进行绿色服务创新提供大量知识资源。产品制造企业、软件开发商与中介服务商针对满足用户绿色服务需求的战略目标趋同,为平台提供基础服务资源。用户可直接与智能绿色服务平台交互提出新产品或新服务要求,智能绿色服务平台也可对使用非智能化产品的用户提供与推送绿色服务解决方案,从而促进制造企业、软件开发商与中介服务商协同开展绿色创新。以智能化产品为中心的智能化绿色服务框架如图 6.6 所示。

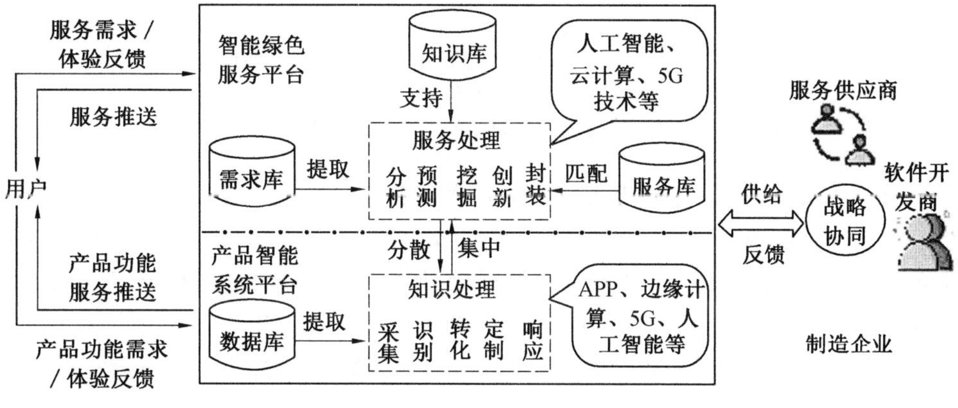

图 6.6 以产品为中心的智能化绿色服务模式框架

6.3 智能化开放式绿色创新模式的运行及适用条件

6.3.1 智能化开放式绿色创新模式运行总体模型

从制造业绿色创新系统绿色创新过程视角看，智能化开放式绿色创新模式是以智能化绿色研发、智能化绿色制造、智能化绿色营销与智能化绿色服务四个过程相辅相成、环环相扣实现运行的。每个过程具有其独特的运行方法与内容，过程之间又相互影响与支撑，存在数据依赖、信息传递与灵活管理的关系。事物运作普遍遵循运用方法、经过过程、实现内容、产生结果的活动流程，因此，从活动方法、过程内容与运行结果三个视角，设计智能化开放式绿色创新模式运行总体架构如图6.7 所示。

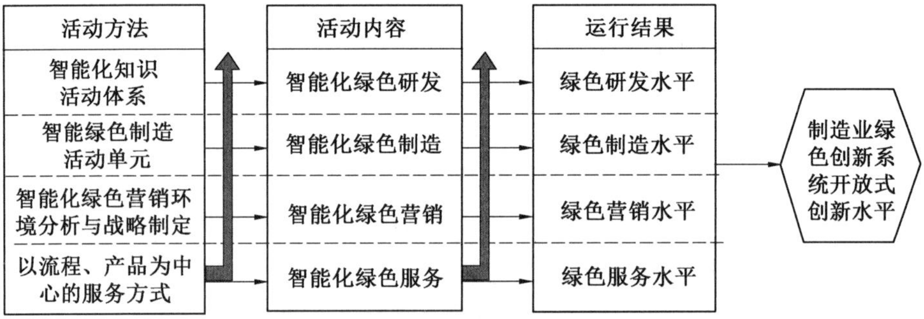

图 6.7 智能化开放式绿色创新模式运行总体架构

6.3.2 智能化开放式绿色创新模式运行机理

知识是绿色研发活动的基础，通过灵活、高效、智能的知识活动体系可以从研发各个环节支持绿色研发过程顺利开展，以此提高绿色研发水平。智能化知识积累为制造业绿色创新系统内创新组织增加了外部知识获取机会，根据组织研发阶段的知识需求自主匹配、搜索与存储绿色知识，为绿色研发提供了大量的知识资源储备。智能化知识转移不仅可以打通创新组织内部知识流，提高绿色知识管理效率，还可促进制造业绿色创新系统内的绿色知识传播与共享，整体提高系统内绿色知识利用效率。智能化知识创新对绿色创新主体的知识转化与应用起到重要作用，可自主分析解构原各领域的知识结构，对应绿色创新战略目标重构绿色知识体系，带动技术融合，促进制造业绿色升级。

制造业绿色创新系统内制造资源的优化配置、制造流程的合理规划是绿色制造环节中的重点内容。对绿色制造系统的模块化处理分解为若干智能绿色制造单元,可以为绿色制造组织模式、管理活动提供各类高新技术支持,实现柔性、灵活、高效、环保的制造活动。智能绿色制造单元是智能化绿色工厂建设的基础,为生产智能化绿色产品提供保障,促进智能化绿色物流的发展,对制造活动各个环节提供精准的智能化绿色服务,从而对制造业绿色创新系统制造水平提升起到积极作用。

绿色营销活动高效顺利开展的前提是必须在前期进行科学合理的绿色营销环境分析与绿色营销战略制定。智能化绿色营销环境分析是从整体上对制造业绿色创新系统绿色营销活动的全局筹备与规划,为绿色营销战略提供智能决策支持。智能化绿色营销战略制定是指通过智能化技术对接供给端与需求端,精准地适时制定各类绿色营销策略,从而保障绿色营销活动顺利实施,提升开放式绿色创新的价值捕获能力。智能化绿色营销活动,不仅从企业层面促进了面向用户群体的互动创新,并且带动产业内协作创新以及产业间的融合创新,推进社会广泛参与的万众创新,由此提升制造业绿色创新系统开放式创新水平。

智能化绿色服务活动不仅可以直接提高制造业绿色创新系统的绿色服务水平,还可对其他开放式绿色创新环节起到辅助支持与积极促进作用。数字经济背景下制造业绿色创新系统智能化绿色服务从绿色产品角度和绿色创新流程提供智能化绿色服务。其中以绿色产品为中心的智能化绿色服务通过对用户提供所需的适时的个性化产品配套绿色服务,不仅提升用户体验实现价值创造,还可促进社会绿色发展、引导绿色生活方式。以绿色创新流程为中心的智能化绿色服务根据处于不同绿色创新环节中各创新主体的绿色创新需求提供全面、有针对性的创新问题解决方案,不仅可以促进企业便捷、高效地开展绿色创新活动,更可以从整体上提高绿色创新网络运行效率,协同企业间的开放式绿色创新活动。

6.3.3　智能化开放式绿色创新模式适用条件

智能化开放式绿色创新模式需要主导行业和相关行业内的创新组织均已具备较成熟的智能技术和先进的管理方法,能够依托物联网、云计算、人工智能等新兴信息技术,融合物理世界、虚拟世界和绿色创新管理流程,实现智能化绿色技术及产品的迅速开发及对创新活动的实时优化。

制造业绿色创新系统具备的海量数字化创新资源和较强的网络能力是实现智能化开放式绿色创新模式运行的基础。因此此模式的适用条件应伴随着此制造业绿色创新系统中互补资源和网络能力相互作用和协同的进一步加强,促使制造业绿色创新系统开放式创新演进到智能化协同阶段时方可实现。

6.4　本章小结

本章给出了智能化开放式绿色创新模式的含义及特征，结合制造业绿色创新系统智能化运作的特点，从绿色创新过程角度设计包含智能化绿色研发、智能化绿色制造、智能化绿色营销、智能化绿色服务四部分的智能化开放式绿色创新模式。基于事物运行普遍规律，从活动方法、过程内容与运行结果三个视角构建智能化开放式绿色创新模式运行总体框架，并分析智能化开放式绿色创新模式的运行机理。

第 7 章　数字经济背景下制造业绿色创新系统开放式创新模式选择与整合

7.1　开放式创新模式选择与整合思路

7.1.1　开放式创新模式的选择

数字经济背景下制造业绿色创新系统开放式创新过程是一个由各个绿色创新要素相互联系与作用，内部子系统之间不断相互影响协同，促进开放式创新演进的复杂过程。从参量角度来看，五个状态参量分别描述了开放式创新系统中绿色创新互补资源子系统、绿色创新网络子系统、知识管理子系统、信息技术子系统和政策环境子系统的状态动态变化情况。这五个子系统之间存在相互促进和制约作用，共同发展促进开放式创新系统演进。其中以两个序参量为代表的绿色互补资源子系统和绿色创新网络子系统相互作用与协同，对数字经济背景下制造业绿色创新系统开放式创新演进起着主导作用。

制造业绿色创新系统开放式创新演进分为数字化资源配置阶段、网络化集成阶段和智能化要素协同阶段。开放式绿色创新系统内绿色互补资源子系统与绿色创新网络子系统之间协同度的不断提高，将促进制造业绿色创新系统开放式创新向更高的层级逐步跃进，并需要更高层级的开放式绿色创新模式来适应新的开放式绿色创新活动。因此识别制造业绿色创新系统开放式创新演进所处阶段以及对开放式创新模式的选择，可通过测量系统开放式创新系统中绿色互补资源子系统和绿色创新网络子系统间的协同度予以体现，数字经济背景下制造业绿色创新系统开放式创新模式选择模型如图 7.1 所示。

序参量互补资源代表的绿色创新互补资源子系统描述的是制造业绿色开放式创新系统中可以实现创新主体间流通、使用、分享各类绿色创新资源的种类数量与使用情况。序参量网络能力代表的绿色创新网络子系统描述的是创新主体间构建

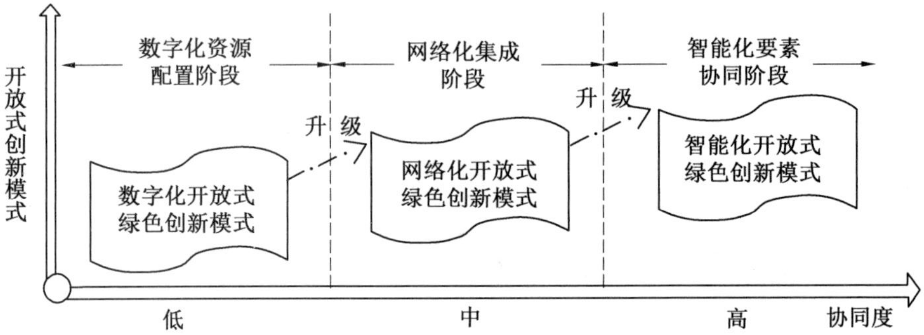

图 7.1 数字经济背景下制造业绿色创新系统开放式创新模式选择模型

出多样的创新网络结构、形成动态多元的网络关系和有效管理创新资源的情况。在开放式创新演进的初期阶段，受到信息技术的影响，系统内绿色创新互补资源逐渐以数字化形态分布在网络中，创新主体也逐渐重视培养从创新网络中获取、管理创新资源和网络关系的能力。但由于绿色创新资源配置与共享机制还不够合理、创新组织间网络管理水平仍不够均衡，此时两个子系统间的协同度较低，因此选择数字化开放式绿色创新模式以协调不同信息生态位中创新资源的流通配置，满足各创新主体对创新资源的需求。在开放式创新演进的网络化集成阶段中，随着绿色互补资源子系统与绿色创新网络子系统协同程度的提高，创新主体间的合作方式更加灵活多变，绿色创新网络形态也更加动态复杂，因此选择网络化绿色创新模式不仅可以提高制造业绿色创新系统整体的知识管理能力，促进多领域技术融合和多方战略协调，还可带动产业内、产业间融合、协同的绿色创新。智能化要素协同阶段是开放式创新演进的高级阶段，此时绿色互补资源子系统与绿色创新网络子系统已实现高度协同，选择智能化开放式创新模式可优化绿色创新活动，提高开放式创新效率，带动绿色创新要素自主协同，实现制造业绿色创新系统的可持续生态化发展。

7.1.2 开放式创新模式的整合

通过上一节的开放式创新演进阶段识别可以选择各阶段相应的开放式创新模式。但开放式创新系统演进的前后阶段之间并不是在某一时间点的直接切换，而是循序渐进、逐渐过渡的交替过程，前文设计的开放式创新模式仅为开放式创新演进某阶段中最具代表性的主导开放式创新模式。因此，对数字经济背景下制造业绿色创新系统开放式创新模式整合方法的设计还需要从以下特征考虑。

首先,不同开放式创新模式之间存在相互促进、迭代升级的关系。随着开放式创新逐级演进,开放式创新模式的转换是一个循序渐进,迭代升级的过程。并且,不同阶段的开放式创新模式是以主导模式配以辅助模式的开放式创新模式整合方式构成。开放式创新复合系统协同度的高低是子系统间共同作用的结果,既受到子系统内部协同度的影响,也受到子系统间的作用效果影响。因此,通过演进阶段识别而选择的是此阶段的主导开放式创新模式,还需通过对子系统的发展状况分析而确定各阶段的辅助开放式创新模式,并与主导创新模式整合。子系统的发展状况可以运用子系统内部运作的有序程度来衡量,当绿色互补资源子系统有序度低于绿色创新网络子系统有序度时,说明制造业绿色创新系统开放式创新活动中绿色研发资源、绿色制造资源、绿色营销资源的共享和利用程度较低,需要以数字化开放式创新模式作为辅助模式,来提高绿色互补资源的配置效率,支持与促进主导开放式创新模式的高效运行。当绿色互补资源子系统有序度高于绿色创新网络子系统有序度时,说明制造业绿色创新系统开放式创新活动中网络规划、网络配置、网络运作能力较低,需要以网络化开放式创新模式作为辅助模式,来提高创新组织间的网络协作水平,支持与促进当前阶段的主导开放式创新模式的高效运行。数字经济背景下制造业绿色创新系统开放式创新模式整合模型如图7.2所示。

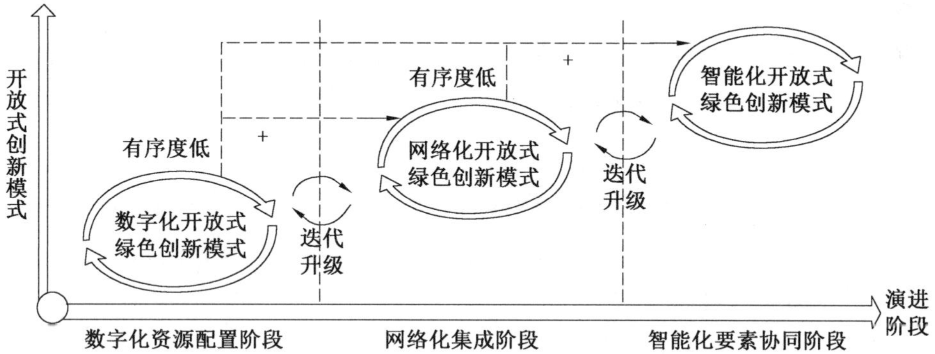

图7.2 数字经济背景下制造业绿色创新系统开放式创新模式整合模型

7.2 开放式创新模式选择模型与整合方法设计

7.2.1 开放式创新模式选择模型

数字经济背景下制造业绿色创新系统开放式创新是具有开放性、动态性、复杂性、非线性、多要素协同作用特征的复合系统，其构成的各个子系统内部的要素之间以及子系统间不断彼此影响作用，最终实现开放式创新由低级向高级演进过程。由前文分析可知，资源互补和网络能力是影响开放式创新演进最核心的要素，因此绿色互补资源子系统和绿色创新网络子系统的协同度水平决定了制造业绿色创新系统开放式创新演进所处阶段和从无序到有序的程度，是判断系统开放式创新演进所处阶段与开放式绿色创新模式选择的主要依据。数字经济背景下制造业绿色创新系统开放式创新模式选择模型构建步骤如下。

7.2.1.1 子系统有序度测度模型

子系统有序度是指构成复合系统内部子系统自身所处状态的有序程度，影响着复合系统协同度。构建子系统有序度测度模型的方法如下。

(1)建立复合系统结构。开放式创新系统是由多个子系统构成的，其中由序参量互补资源和网络能力主导的绿色互补资源系统 q_1 和绿色创新网络系统 q_2 是构成开放式创新复合系统 Q 的子系统。

(2)建立复合系统协同机制。各个子系统间相互影响、共同协作推动开放式创新复合系统 Q 的不断演进。设 Q 内子系统间协同作用机制是 F，子系统 q_j($j\in[1,2]$)内不同要素的协同机制为 f，则 Q 与子系统的关系可以表述为

$$Q=F(q_1,\ q_2,\cdots,\ q_k)$$

设 Q 的整体效能为 $E(Q)$，其内部各子系统效能为 $E(q_j)$，依据协同学理论的基本思想，根据复合系统整体效能评价标准，则有

$$E(q_j)=E[F(q_1),\ F(_2),\cdots,F(q_k)\ ]>\sum_{j=1}^{k}E(f(q_j)) \tag{7.1}$$

式(7.1)表明，在系统协同机制影响下，子系统内部及子系统间发生了重要变化，致使各系统的总体效能大于在非协同环境下子系统效能线性之和，此现象代表系统间的正向的协同效应。

(3)确定序参量状态。设子系统 q_j 的序参量为 $X_j=(x_{j1},\ x_{j2},\cdots,\ x_{jn})$，其中 x_{ji} 是子系统 q_j 在变化过程中第 i 时间段中的运行状态，设 $n>1$，$\beta_{ji}<x_{ji}<\alpha_{ji}$，其中 α_{ji}、β_{ji} 分别表示系统稳定状态下临界点上序参量 x_{ji} 的上限值和下限值。在系统演进过程中，当 $i\in[1,\rho]$($\rho\in[1,n]$)时，若序参量 x_{ji} 取值越大可导致系统表现更高的有序程度，则认为 x_{ji} 正向影响系统有序度；当 $i\in[\rho+1,n]$时，若序参量 x_{ji} 取值越大，系统有序程度降低，则认为 x_{ji} 负向影响系统有序度。由此可得子系统 q_j 有序程度计算公式为

$$\gamma_j(x_{ji})=\begin{cases}\dfrac{x_{ji}-\beta_{ji}}{\alpha_{ji}-\beta_{ji}},i\in[1,\rho]\\\dfrac{\alpha_{ji}-x_{ji}}{\alpha_{ji}-\beta_{ji}},i\in[\rho+1,n]\end{cases}\tag{7.2}$$

由式(7.2)可知，$\gamma_j(x_{ji})\in[0,1]$，$\gamma_j(x_{ji})$越大，说明x_{ji}对系统q_j的有序程度的贡献越大。从复合系统角度看，系统有序程度主要受到序参量的取值和序参量的作用两方面所影响。由此可得，各序参量分量x_{ji}对子系统q_j有序程度的贡献可以通过$\gamma_j(x_{ji})$的集成来表现。此处可采用线性加权求和法或几何平均法集成系统q_j的有序度。计算公式分别为

$$\gamma_j(x_j)=\sum_{i=1}^{n}w_i\gamma_j(x_{ji}),w_i\geqslant 0,\sum_{i=1}^{n}w_i=1$$

$$\gamma_j(x_j)=\sqrt[n]{\prod_{i=1}^{n}\gamma_j(x_{ji})}\tag{7.3}$$

由式(7.3)可得，$\gamma_j(x_j)\in[1,0]$，$\gamma_j(x_j)$的大小表明了x_j对系统q_j的有序程度贡献的大小，$\gamma_j(x_j)$值越大，说明子系统有序度越高。

7.2.1.2 复合系统协同度测度模型

协同度是指复合系统中子系统之间同步运作、和谐发展的程度。随着时间的推移，复合系统协同度根据各子系统的有序度以及系统序参量的变化而变化。数字经济背景下制造业绿色创新系统开放式创新复合系统协同程度是由绿色互补资源子系统与绿色创新网络子系统相互作用协调，通过子系统之间的协调系数与协同度来量化。

(1)确定协调系数。由式(7.3)可知复合系统中子系统在t阶段的发展水平综合评价值为$\gamma_j(x_j)$，基于物理学中计算容量耦合系数的运算模型建立协调系数测度模型如下

$$\mathrm{CI}=m\{(\gamma_1\times\gamma_2\cdots\times\gamma_j)/(\gamma_1+\gamma_2+\cdots+\gamma_j)^m\}^{1/m}\tag{7.4}$$

式中，CI代表复合系统协同系数，在$\mathrm{CI}\in[0,1]$的前提下，CI值越高，表明子系统之间的协调程度越好，反之说明子系统之间关联性与协调性越低；m代表复合系统中相互协调的子系统个数，在本书中m取值是2。

(2)建立协同度模型。协调系数是在一定时序区间内判别子系统间协调作用关系强弱的重要指标，但由于子系统本身具备动态发展和不稳定的特征，协调系数很难反映复合系统的整体功效，特别当子系统序参量值相近且很低的状况下，协同系数却往往很高，容易导致错误评价结果的产生。因此为保证评价结果的科学性与准确性，还需进一步构建协同度测度模型，即

$$D(t)=\sqrt{\mathrm{CI}\times T}\tag{7.5}$$

$$T=\lambda_1\gamma_1+\lambda_2\gamma_2+\cdots+\lambda_m\gamma_m \tag{7.6}$$

式中，$D(t)$为在t时刻的系统协调度；T为系统的整体水平综合评价指数；λ为权重，可通过前文介绍的熵值赋权法计算。$D\in[0,1]$，D值越大表明序参量之间有序程度越强，子系统之间处在较强程度的协同发展时期。

7.2.2 开放式创新演进阶段识别及主导创新模式选择方法

数字经济背景下制造业绿色创新系统开放式创新演进阶段的划分需要根据开放式创新复合系统协同度的大小来识别，在明确了开放式创新演进所处的阶段后，便可选择满足该阶段状态特点的主导开放式创新模式。基于先前学者对系统协同度区间取值划分的研究成果，综合制造业绿色创新系统开放式创新模式的独特性，设计开放式创新演进阶段识别及开放式创新模式选择方法如表7.1所示。

表7.1 开放式创新演进阶段识别及开放式创新模式选择

协同度(D)取值	开放式创新复合系统协同状态	开放式创新演进阶段识别	主导开放式创新模式选择
$1<D\leqslant0.5$	协同度低	数字化资源配置阶段	数字化开放式绿色创新模式
$0.5<D\leqslant0.8$	协同度中	网络化运行阶段	网络化开放式绿色创新模式
$0.8<D\leqslant1$	协同度高	智能化协同阶段	智能化开放式绿色创新模式

7.2.3 开放式创新模式整合方法

数字经济背景下制造业绿色创新系统开放式创新模式具有复杂性和多样性，不同模式之间又存在一定的交叉融合的特征，因此在确定某时期的制造业绿色创新系统开放式创新的主导模式后，要配以辅助模式与其整合，具体方法如表7.2所示。

当开放式创新复合系统协同度较低，处于演化的初级阶段时，需采用初始的数字化开放式绿色创新模式。当子系统间协同度逐渐提高，开放式创新演进到网络集成阶段，则需对比绿色创新互补资源子系统与绿色创新网络子系统各自的有序度γ，若γ_1小于γ_2则需采用以网络化开放式绿色创新模式为主，数字化开放式绿色创新模式为辅的整合方式。伴随着各类绿色创新要素间协同理念的逐步深化，绿色互补资源、网络能力以及创新组织间对实施开放式绿色创新经验的逐渐丰富和积累，开放式创新复合系统协同度大幅度提升，演进到智能化要素协同阶段。在此阶段中，主导模式皆为智能化开放式绿色创新模式。当γ_1、γ_2至少其一小于0.8的情况下，若 $\gamma_1<\gamma_2$，需采用主导模式整合数字化开放式绿色创新模式，反之采用主导模式整合网络化开放式绿色创新模式。若 γ_1 近似于 γ_2，则需采用智能化开放式绿色创新为主，三种模式混合的整合方式促进子系统间协同并可持续发展。

表 7.2　开放式创新模式整合方法

<table>
<tr><th>复合系统
协同度(D)</th><th colspan="2">子系统有序度对比 γ_1、γ_2</th><th>开放式创新模式整合方法</th></tr>
<tr><td>$1<D\leqslant0.5$</td><td colspan="2">γ_1、$\gamma_2>0$</td><td>* 数字化开放式绿色创新模式</td></tr>
<tr><td rowspan="2">$0.5\leqslant$
$D\leqslant0.8$</td><td colspan="2">$\gamma_1<\gamma_2$</td><td>* 网络化开放式绿色创新模式+
数字化开放式绿色创新模式</td></tr>
<tr><td colspan="2">$\gamma_1\geqslant\gamma_2$</td><td>* 网络化开放式绿色创新模式</td></tr>
<tr><td rowspan="4">$0.8<D\leqslant1$</td><td colspan="2">γ_1、$\gamma_2>0.8$</td><td>* 智能化开放式绿色创新模式</td></tr>
<tr><td rowspan="3">γ_1或 $\gamma_2<0.8$</td><td>$\gamma_1<\gamma_2$</td><td>智能化开放式绿色创新模式+
* 数字化开放式绿色创新模式</td></tr>
<tr><td>$\gamma_1>\gamma_2$</td><td>智能化开放式绿色创新模式+
* 网络化开放式绿色创新模式</td></tr>
<tr><td>$\gamma_1=\gamma_2$</td><td>* 智能化开放式绿色创新模式+
数字化开放式绿色创新模式+
网络化开放式绿色创新模式</td></tr>
</table>

* 代表所处阶段的主导开放式创新模式。

7.3　实证分析

7.3.1　指标确定及数据选取

(1)序参量测度指标确定。此处参照第 3 章状态参量的测度指标设计原则与内容，构建互补资源、网络能力序参量的测度指标如表 7.3 所示。

表 7.3 数字经济背景下制造业绿色创新系统开放式创新演进的状态参量指标体系

子系统	序参量	测度指标
绿色互补资源 q_1	互补资源 X_1	研发互补资源 X_{11}
		制造互补资源 X_{12}
		市场互补资源 X_{13}
绿色创新网络 q_2	网络能力 X_2	网络规划能力 X_{21}
		网络配置能力 X_{22}
		网络运作能力 X_{23}

(2)序参量指标数据选取。互补资源序参量指标数据采用定量数据方法，数据源自于历年《中国统计年鉴》《中国科技统计年鉴》《中国绿色专利统计报告》《中国工业经济统计年鉴》《中国互联网络发展状况统计报告》以及国家知识产权局和国研网等相关数据库。

网络能力序参量指标数据采用定性方法。当今学者对于网络能力参量的研究主要通过设计问卷采集样本数据的定性方法进行测量，本书综合了方刚、Javier 的研究内容设计 8 个题项，从网络规划能力、网络配置能力、网络运作能力三个维度进行测量。问卷采用 Likert 七级量表形式，其中 1 分为“很差”、2 分为“差”、3 分为“较差”、4 分为“一般”、5 分为“较好”，6 分为“好”、7 分为“很好”。样本选取覆盖了北京、上海、广东、吉林、江苏等 10 个城市，面向 28 个制造行业中企业的中高层管理人员发放问卷，共回收问卷 381 份，其中有效问卷 209 份。

考虑到 2012 年前后各年鉴的统计口径发生了较多变化，为了保证样本的可信度，以及大多国家统计报告更新到 2021 年等因素，本书样本数据的选择时间范围为 2012 年到 2019 年。由于废弃资源和废旧材料回收加工业的数据缺失，其他制造行业各年的统计内容不同，以及在问卷调查中未获取到木材加工及木、竹、藤、棕、草制品业和印刷业和记录媒介的复制行业有效的定性数据，因此此处本书把样本行业限定在 25 个制造业行业。详细的定量数据提取与问卷设计见附录 1 和附录 2。

7.3.2 开放式创新演进阶段识别

首先应用第 3 章式(3.3)对定量与定性指标数据进行标准化处理，通过式(7.2)、式(7.3)计算出绿色互补资源子系统与绿色创新网络子系统的有序度，计算结果分别如表 7.4、7.5 所示。

表 7.4　绿色互补资源子系统有序度测算结果

有序度 q_1	2012	2013	2014	2015	2016	2017	2018	2019	均值
农副食品加工业	0.130	0.132	0.142	0.145	0.152	0.153	0.154	0.156	0.146
食品制造业	0.339	0.365	0.365	0.356	0.376	0.365	0.367	0.367	0.363
饮料制造业	0.448	0.446	0.445	0.448	0.427	0.433	0.441	0.445	0.442
烟草制品业	0.181	0.143	0.134	0.121	0.128	0.145	0.147	0.148	0.143
纺织业	0.167	0.172	0.168	0.177	0.186	0.192	0.191	0.193	0.181
纺织服装、鞋、帽制造业	0.166	0.194	0.194	0.190	0.202	0.203	0.204	0.205	0.195
皮革、毛皮、羽毛(绒)及其制品业	0.124	0.132	0.141	0.139	0.145	0.149	0.15	0.152	0.142
家具制造业	0.187	0.207	0.224	0.231	0.241	0.324	0.331	0.334	0.260
造纸及纸制品业	0.261	0.291	0.297	0.318	0.326	0.237	0.287	0.31	0.291
文教体育用品制造业	0.175	0.132	0.153	0.147	0.159	0.158	0.157	0.159	0.155
石油加工、炼焦及核燃料加工业	0.148	0.162	0.159	0.183	0.229	0.263	0.273	0.277	0.212
化学原料及化学制品制造业	0.333	0.343	0.356	0.372	0.402	0.398	0.402	0.411	0.377
医药制造业	0.683	0.719	0.727	0.739	0.742	0.755	0.761	0.768	0.737
化学纤维制造业	0.187	0.205	0.200	0.232	0.245	0.251	0.253	0.255	0.229
塑料与橡胶制品业	0.763	0.285	0.295	0.297	0.305	0.307	0.309	0.313	0.359
非金属矿物制品业	0.242	0.251	0.256	0.254	0.271	0.276	0.279	0.311	0.268
黑色金属冶炼及压延加工业	0.247	0.279	0.276	0.297	0.351	0.349	0.352	0.356	0.313
有色金属冶炼及压延加工业	0.171	0.192	0.194	0.198	0.217	0.218	0.219	0.221	0.204
金属制品业	0.201	0.233	0.245	0.270	0.259	0.257	0.256	0.258	0.247

续表7.4

有序度 q_1	2012	2013	2014	2015	2016	2017	2018	2019	均值
通用设备制造业	0.273	0.322	0.329	0.333	0.344	0.348	0.351	0.355	0.332
专用设备制造业	0.348	0.357	0.378	0.373	0.382	0.380	0.381	0.384	0.373
交通运输设备制造业	0.343	0.369	0.370	0.379	0.389	0.391	0.393	0.392	0.378
电气机械及器材制造业	0.357	0.372	0.383	0.391	0.407	0.413	0.419	0.424	0.396
通信设备.计算机及其他电子设备制造业	0.410	0.420	0.399	0.446	0.478	0.498	0.51	0.518	0.460
仪器仪表及文化.办公用机械制造业	0.395	0.455	0.464	0.487	0.507	0.473	0.481	0.493	0.469
均值	0.291	0.287	0.292	0.301	0.315	0.317	0.323	0.328	0.307

根据测算结果可知,2012～2019年间,我国制造业绿色创新系统开放式创新系统中绿色互补资源子系统的有序度行业均值虽然较低,但基本呈现逐年递增趋势。其中医药制造业的绿色互补资源子系统有序度最高,年均值达到0.737,说明此行业在开放式绿色创新活动中对绿色创新互补资源的需求与共享程度明显高于其他行业。

表7.5 绿色创新网络子系统有序度测算结果

有序度 q_2	2012	2013	2014	2015	2016	2017	2018	2019	均值
农副食品加工业	0.159	0.216	0.318	0.389	0.471	0.573	0.585	0.594	0.385
食品制造业	0.114	0.206	0.315	0.367	0.479	0.539	0.545	0.546	0.358
饮料制造业	0.215	0.247	0.336	0.381	0.449	0.549	0.549	0.554	0.388
烟草制品业	0.363	0.378	0.444	0.488	0.526	0.567	0.572	0.584	0.476
纺织业	0.332	0.354	0.393	0.433	0.500	0.539	0.553	0.565	0.445
纺织服装、鞋、帽制造业	0.164	0.170	0.246	0.320	0.387	0.471	0.484	0.491	0.322
皮革、毛皮、羽毛(绒)及其制品业	0.023	0.098	0.228	0.355	0.449	0.591	0.603	0.612	0.331

续表7.5

有序度 q_2	2012	2013	2014	2015	2016	2017	2018	2019	均值
家具制造业	0.292	0.327	0.400	0.431	0.482	0.550	0.645	0.720	0.460
造纸及纸制品业	0.086	0.123	0.222	0.338	0.405	0.489	0.488	0.505	0.305
文教体育用品制造业	0.155	0.163	0.225	0.295	0.400	0.532	0.535	0.543	0.334
石油加工、炼焦及核燃料加工业	0.217	0.281	0.365	0.389	0.466	0.478	0.560	0.626	0.400
化学原料及化学制品制造业	0.247	0.280	0.371	0.424	0.485	0.528	0.563	0.595	0.416
医药制造业	0.330	0.349	0.424	0.474	0.534	0.587	0.621	0.648	0.477
化学纤维制造业	0.258	0.302	0.400	0.434	0.515	0.591	0.624	0.648	0.448
塑料与橡胶制品业	0.249	0.277	0.338	0.414	0.477	0.527	0.461	0.474	0.385
非金属矿物制品业	0.091	0.129	0.164	0.271	0.364	0.472	0.493	0.539	0.290
黑色金属冶炼及压延加工业	0.248	0.287	0.350	0.417	0.485	0.556	0.608	0.647	0.427
有色金属冶炼及压延加工业	0.208	0.220	0.345	0.419	0.481	0.540	0.561	0.575	0.395
金属制品业	0.297	0.321	0.387	0.444	0.506	0.541	0.553	0.558	0.434
通用设备制造业	0.228	0.266	0.347	0.413	0.481	0.530	0.556	0.573	0.403
专用设备制造业	0.238	0.281	0.347	0.413	0.481	0.543	0.554	0.563	0.407
交通运输设备制造业	0.270	0.305	0.371	0.454	0.511	0.589	0.609	0.619	0.444
电气机械及器材制造业	0.206	0.237	0.315	0.381	0.470	0.554	0.586	0.612	0.396
通信设备、计算机及其他电子设备制造业	0.257	0.261	0.413	0.416	0.493	0.561	0.629	0.689	0.442

续表7.5

有序度 q_2	2012	2013	2014	2015	2016	2017	2018	2019	均值
仪器仪表及文化、办公用机械制造业	0.304	0.327	0.399	0.482	0.548	0.604	0.622	0.637	0.470
均值	0.222	0.256	0.339	0.402	0.474	0.544	0.566	0.589	0.401

根据测算结果可知,2012～2019年间,我国制造业绿色创新系统开放式创新系统中绿色创新网络子系统的有序度行业均值呈现逐年递增趋势,且每年增长幅度明显高于绿色互补资源子系统。

通过式(7.4)、(7.5)、(7.6)计算开放式创新复合系统协同度的结果如表7.6所示。

表7.6 开放式创新复合系统协同度测算结果

协同度 D	2012	2013	2014	2015	2016	2017	2018	2019	均值
农副食品加工业	0.346	0.385	0.425	0.444	0.465	0.484	0.496	0.505	0.444
食品制造业	0.406	0.506	0.570	0.590	0.640	0.654	0.660	0.661	0.586
饮料制造业	0.525	0.547	0.595	0.621	0.633	0.665	0.665	0.670	0.615
烟草制品业	0.428	0.417	0.416	0.388	0.387	0.418	0.423	0.435	0.414
纺织业	0.445	0.449	0.452	0.468	0.482	0.494	0.508	0.520	0.477
纺织服装、鞋、帽制造业	0.375	0.413	0.455	0.476	0.507	0.528	0.541	0.548	0.480
皮革、毛皮、羽毛(绒)及其制品业	0.187	0.323	0.401	0.431	0.460	0.483	0.495	0.504	0.410
家具制造业	0.394	0.457	0.510	0.523	0.548	0.600	0.695	0.770	0.562
造纸及纸制品业	0.356	0.413	0.500	0.568	0.596	0.547	0.546	0.563	0.511
文教体育用品制造业	0.402	0.376	0.425	0.443	0.478	0.499	0.502	0.510	0.454
石油加工、炼焦及核燃料加工业	0.153	0.242	0.275	0.329	0.394	0.429	0.511	0.577	0.364
化学原料及化学制品制造业	0.520	0.539	0.580	0.606	0.637	0.647	0.682	0.714	0.616
医药制造业	0.653	0.671	0.716	0.742	0.771	0.793	0.827	0.854	0.753

续表7.6

协同度 D	2012	2013	2014	2015	2016	2017	2018	2019	均值
化学纤维制造业	0.411	0.435	0.455	0.503	0.535	0.568	0.601	0.625	0.517
塑料与橡胶制品业	0.548	0.506	0.532	0.556	0.577	0.593	0.527	0.540	0.547
非金属矿物制品业	0.355	0.402	0.437	0.497	0.540	0.574	0.595	0.641	0.505
黑色金属冶炼及压延加工业	0.361	0.444	0.458	0.494	0.550	0.564	0.616	0.655	0.518
有色金属冶炼及压延加工业	0.337	0.333	0.368	0.362	0.391	0.368	0.389	0.403	0.369
金属制品业	0.470	0.497	0.523	0.544	0.557	0.563	0.575	0.580	0.539
通用设备制造业	0.497	0.537	0.577	0.601	0.627	0.641	0.667	0.684	0.604
专用设备制造业	0.531	0.559	0.598	0.622	0.648	0.666	0.677	0.686	0.623
交通运输设备制造业	0.534	0.559	0.588	0.617	0.631	0.649	0.669	0.679	0.616
电气机械及器材制造业	0.496	0.521	0.566	0.594	0.626	0.648	0.680	0.706	0.605
通信设备、计算机及其他电子设备制造业	0.510	0.516	0.215	0.574	0.600	0.625	0.693	0.753	0.561
仪器仪表及文化、办公用机械制造业	0.565	0.595	0.626	0.663	0.693	0.692	0.710	0.725	0.659
均值	0.432	0.466	0.490	0.530	0.559	0.576	0.598	0.620	0.534

根据协同度测算结果可发现，在2012～2019年，数字经济背景下我国制造业绿色创新系统开放式创新系统整体协同度逐年递增，说明开放式创新系统正处在不断演进的状态中。在2015年以前，开放式创新复合系统协同度均值都低于0.5，表明我国制造业绿色创新系统开放式创新处在演进初期数字化资源配置阶段。到了2015年，系统协同度发生飞快增长，达到0.530，开放式创新系统处于中度协同水平，进入网络化集成阶段。对当时宏观环境分析可知，在2010年后我国互联网

产业发展迅猛,尤其在2013年我国电子商务交易规模突破10万亿元大关,超越美国并成为全球第一大网络零售市场。2014年,在我国政府的倡导下,我国互联网人又首次发起以"互联互通,共享共治"为主题的世界互联网大会。因此协同度的测算结果也与当时我国数字经济的变化趋势及特点相吻合,体现了IT产业的发展对我国制造业绿色创新系统开放式创新演进的积极促进作用。

7.3.3 开放式创新模式选择与整合

从我国制造产业整体角度,根据上一节的测算结果,运用Excel软件建立子系统有序度与开放式创新复合系统协同度关系图,如图7.3所示。

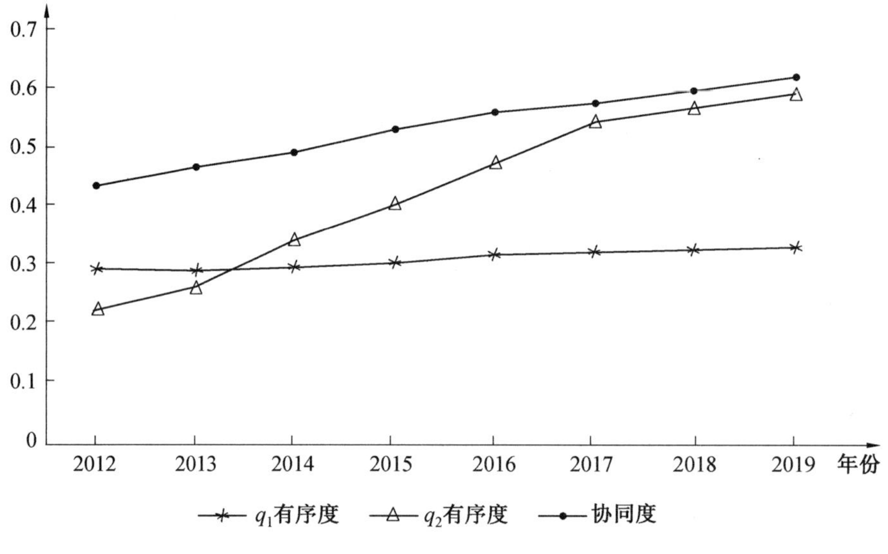

图7.3 子系统有序度与复合系统协同度关系图

由图可知,在2015年前系统协同度均值均低于0.5,此时是开放式创新演进的初级时期,开放式创新处在数字化资源配置阶段。在2013年前虽然绿色互补资源子系统的有序度高于绿色创新网络子系统的有序度,但二者均低于0.5,因此数字化开放式绿色创新模式应是当时的主导开放式创新模式。2012年初以后,创新网络子系统有序度的增长速度大幅增加,对开放式创新复合系统协同度增长产生促进作用,因此自2014年末开始,开放式创新复合系统协同度处于0.5至0.8的区间内,表明子系统之间协同较好,开放式创新已演进到网络集成阶段,网络化开放式绿色创新模式是此时期的主导创新模式。由于绿色互补资源子系统有序度仍低于绿色创新网络子系统,因此数字化开放式绿色创新模式是此阶段的辅助创新模式。根据2014～2019年的系统协同度增长规律可推测，数字经济背景下我国制造业绿色创新系统开放式创新至今仍处在网络集成阶段，需要通过对序参量为代表的子系统有序度进一步测算来整合开放式创新模式以适应绿色创新环境变化。

从不同制造行业角度分析发现，在2019年末，有色金属冶炼及压延加工业开放式创新系统协同度远远低于我国制造业整体协同度均值，仅为0.403，表明其仍处在数字化资源配置阶段，因此应选择数字化开放式绿色创新模式。医药制造业开放式创新系统协同度为0.854，达到制造行业最高，且绿色互补资源系统有序度大于绿色创新网络子系统，因此应选择网络化开放式绿色创新模式，加强医药制造企业间网络联通和运作能力，促进其尽快步入智能化要素协同阶段。

7.4 本章小结

本章首先结合制造业创新系统开放式创新演进机理，依据系统开放式创新系统演进不同阶段中开放式创新活动的特点，基于协同理论提出开放式创新模式选择与整合思路。其次，通过对绿色互补资源与绿色创新网络子系统有序度与复合系统协同度的测算，识别开放式创新演进所处阶段并设计出开放式创新模式选择模型与整合方法。最后，对数字经济背景下我国制造业绿色创新系统开放式创新演进进行了实证分析，提出不同时期开放式创新模式选择与整合策略。

第 8 章 数字经济背景下制造业绿色创新系统开放式创新模式实施保障策略

8.1 数字化开放式绿色创新模式实施保障策略

8.1.1 以政策支持推进制造业数字化进程

政府作为制造业绿色创新系统的宏观规划与管理者，出台与完善具有我国当代特色的政策体系，对推动、引导加快制造业数字化进程、进行绿色创新活动起到至关重要的作用。

(1)加强新一代信息技术产业发展，夯实制造业数字化基础保障。新一代信息技术产业是以大数据、云计算、DT(数据技术)、AR(增强现实技术)、移动互联网、物联网、人工智能等技术领域为主导的信息技术产业。传统制造业与信息技术产业融合是制造业数字化的前提，制造企业数字化离不开信息技术的支持，新一代信息技术产业为制造业数字化转型提供网络技术硬件基础设施和系统软件及技术服务。其中硬件基础设施包括各种终端设备、网络连接设备及传输介质等，软件及服务包含各种运行系统、应用软件、技术培训业务等。基础设施建设上应充分考虑到社会各领域对信息技术的需求，统筹规划信息技术基础设施构建，减少重复无效的投资建设，政府战略上主导网络主干线设施布局，局部辅助设施可引导吸收社会资本参与建设。针对软件及服务的提供，需要政府政策引导与规范软件开发商和信息技术服务商开发提供满足社会经济与时代需求、提倡可持续发展促进绿色创新活动、健康友好操作性强的软件与服务产品。新一代信息技术产业发展需要硬件软件技术、制造与服务活动等不同领域之间协调发展，因此，在政策制定与实施中，应注意制造业、服务业、信息技术产业等相互融合共生的均衡发展，实现我国制造业数字化转型与绿色创新活动提质增效。

(2)避免认识误区，结合实际对制造业数字化进程综合把控。当今一种较普遍又严重的误区是将制造业数字化转型认为是单一技术维度的操作。基于前文的研究内容可知，制造业绿色创新系统实施数字化开放式创新模式是需要企业家思想理念、管理方式，以及各种技术领域的全方位变革与融合。盲目地鼓励各类制造企业采用统一的数字化转型路径，势必会造成成本提升、管理困难等水土不服的困境。加快数字化进程不是各地域制造业发展的口号，而是需要结合不同区域、不同行业、不同企业组织的实际情况制定有针对性、差异化的政策体系，并有计划地逐步落地。例如对于技术与资金积累都不足的中小微企业，可以先侧重于通过信息技术对绿色生产与服务等关键环节的数字化转型支持。而资金和技术基础都比较强的大型企业可以通过政策引导构建网络系统平台打通运营管理环节的数字流，进行集成分布式数字化管理。

8.1.2　完善绿色创新平台

创新资源是开放式绿色创新活动的必备条件，数字化资源在线上流通共享是系统数字化开放式绿色创新模式实施的前提。包括政府、中介结构、企业等多方创新主体搭建的创新服务平台对创新资源的获取、整合、转化与共享等各个流通环节都起到支持作用，是数字化创新资源线上与线下转化的连接桥梁，其在网络中挖掘、分享、获取信息可优化创新资源配置。从绿色研发、绿色制造、绿色营销以及绿色服务各个创新环节入手，构建支持物流、资金流、信息流流通的创新服务平台，可以促进数字化资源高效地流通与共享。

在创新服务平台建设中，不仅是平台基础设施的建设，还包括平台逻辑结构、管理方式、运行机制的构思，以及来自多方、种类繁多的数据资源的整合、配置以及保护。创新服务平台构建可依托大型制造企业（如海尔 HOPE 平台）、中介服务机构（如环保网）、中小企业（如开源社区平台等）三种方式，不同创新主体则依据自身资金、技术、行业属性、战略体系等特点来构建或选择使用合适的创新服务平台。

当前支持绿色创新活动的服务平台比较罕见，首先应当引导以中介服务机构为主构建绿色创新服务平台，从而积极调动与绿色创新活动相关的创新资源在网络上流通，提高创新资源利用率。此方式需要中介机构具备一定绿色技术领域的相关知识与技能，并有良好的平台组织与运行能力。其次鼓励大型制造企业在自身已具备的服务平台上对绿色创新技术与知识进行适度的开源共享，帮助其他创新主体从事绿色创新活动，提高创新系统整体资源共享与转化水平。中小企业受自身条件约束不建议自建服务平台，除了可以加入前两种创新服务平台进行资源供给与获取之外，还可依托社群空间、新媒体平台等强化与上下游伙伴的互动活动，从社会大众群体中获取所需创新灵感。

在提倡创新资源流通与共享的同时，也要注意知识产权保护问题。知识产权管理是影响企业共享技术的关键要素之一。对于知识需求端，知识产权保护力度加大又会提高创新成本，降低获取资源的积极性，不利于创新资源流通共享。而技术成就的专有性，知识产权的货币化，又可以成为绿色创新的强大动力，促进创新资源流通与转化。因此加强创新服务平台的知识产权管理能力，可以提高数字化资源流通共享，保障数字化绿色创新模式顺利实施。

8.1.3 构建绿色创新公共服务体系

制造企业尤其是欠发达区域的广大中小制造企业受资金、技术、人才等因素制约，在实施数字化开放式绿色创新模式时会面临重重困难与阻力，迫切需要来自政府、中介机构等其他第三方提供的绿色创新公共服务支持。因此在制造业绿色创新系统中构建完善的绿色创新公共服务体系对支持数字化开放式绿色创新模式实施起到重要作用，具体策略有以下几点。

8.1.3.1 发展产业联盟、行业协会等服务团体

数字化开放式绿色创新模式是指由多方创新主体依托创新平台对数字化创新资源的共享与整合，协同合作共同实现绿色创新。行业联盟、行业协会等团体的规模效应、资源整合、效益与风险共担等特点对数字化绿色创新模式的实施起到重要支撑作用。

应引导产业联盟、行业协会等服务团体加强对前瞻性绿色技术问题的研究，加强资源整合支持力度，提供绿色创新、两化融合等相关政策咨询、标准制定的公共服务。组织开展绿色创新经验交流与推广活动，引导核心制造企业以及信息技术、互联网企业联合构建绿色创新联盟服务平台，为绿色创新主体成员提供基础设施架构、算法模型、数据运营、资本支持等服务，以此为制造业绿色创新系统数字化开放式绿色创新模式顺利实施提供保障。

8.1.3.2 加强信息安全服务体系建设

发展工业云、创新平台等涉及数据信息安全与防护等问题。近年来，随着终端设备产生的数据信息以爆炸式速度增长，网络互联互通促使数据急速流通。由于制造企业从事绿色创新涉及众多商业机密和技术机密，而开放性、平等性、自由性却是互联网最根本的特征，这使得制造企业连接开放网络实行数字化转型更加谨慎，因此加强信息安全服务体系建设是数字化绿色创新模式顺利实施的基本保证，具体应从以下三方面开展。

(1)加强信息安全咨询服务建设,为制造企业提供信息安全管理支持与决策,围绕绿色创新主体信息系统建设,通过技术传递、作业辅导以及系统设计等内容提供信息安全服务。

(2)加强信息安全实施服务建设,面向制造企业和个人用户在网络信息系统实施与使用中提供安全服务。主要围绕着包含终端设备、应用软件等系统硬件软件基础设施,通过租用、外包、合作开发等方式进行信息安全服务支持,以确保制造业绿色创新系统中信息系统拥有安全防护的能力。

(3)加强信息安全培训服务,面向制造企业内部人员及外部用户,通过培训、宣传、授课、实操、考核等方式,围绕信息技术应用、管理等方面提供信息安全培训服务,以加强绿色创新主体内部人员信息安全知识和技能的培养。

8.1.3.3　完善人力资源服务体系

人力资源是制造业绿色创新系统开放式绿色创新所需重要的创新资源之一,是最有创造力的绿色创新要素。当前高技能人才匮乏是制约制造企业数字化、绿色化转型发展的重要瓶颈。要提高制造业绿色创新系统人力资源储备以支持数字化开放式绿色创新模式实施,应从以下方面完善人力资源服务体系。

(1)加快政策法规建设。数字化开放式绿色创新模式是由跨地域、跨行业、多方共同参与实现的,因此需从各地域、行业特色入手,制定具有跨地区、行业综合性的规章制度与科学的人力资源服务配套政策体系。

(2)发挥多主体协同作用。以政府为主导对人力资源服务体系整体发展进行准确定位,发挥人力资源服务机构的主体作用,优化与创新人力资源服务产品,提高制造企业引进和培养高技能人才能力,搭建各类人力资源服务平台,提升人才市场供需双方合作效率。

(3)以网络技术重构人力资源服务流程,改进服务方式,提高人力资源管理效率,优化人力资源服务体系建设。

8.2　网络化开放式绿色创新模式实施保障策略

8.2.1　优化模块设计与控制

模块化思想对于促进制造业结构变革与优化绿色创新活动具有重要意义。大多数传统制造系统架构遵循的是自动化金字塔结构,这是一种高度分层、模块间关联度较高的系统模型,子系统的运作需严格遵循上层系统的指令。而网络化开放式绿色创新模式是建立在更加水平与分散的系统结构上，通过各类绿色创新模块提升子系统应对复杂、高度定制的绿色产品需求，并能更灵活、高效地促进绿色创新网络重构和集成。因此，制造企业加强绿色创新模块的设计与控制是网络化开放式绿色创新模式实施的基本保障。要注意的是，优化模块设计与控制的活动不能仅靠企业一己之力完，还需搭建平台的中介机构与制造企业共同从模块的设计、技术以及标准入手来实现。

8.2.1.1　模块设计策略

数字经济的本质特点是开放性、分散性和异质性，数字经济背景下系统开放式创新也具备各类绿色创新要素的分散式分布、集成式处理的特征，在绿色创新模块的构建过程中要充分融入灵活、兼容、功能独立的设计理念。加强模块设计的具体策略包括以下几方面。

(1)针对绿色技术创新模块，要以最大效率整合各创新组织、创新网络、专业领域内外部的绿色知识、绿色技术资源为基本理念进行设计。首先，结合“自顶向下”和“自下而上”的设计方法，从系统整体出发明确并细化模块的绿色技术创新功能。其次，加强模块的独立性设计以降低模块间的关联度，提高模块的重用性、灵活性和适应性，促进知识和技术的解构、重组与融合。

(2)绿色工艺创新模块的设计，需根据绿色产品特征与现行工业生产的性质及功能，结合绿色技术创新的特殊性，设计出功能上相对独立又在工艺路线上相互关联的绿色工艺模块。在设计过程中要注意，切莫过分追求提高工艺模块的通用性，增强模块功能的细化与多样性，而造成设计成本过高、模块接口过多、管理复杂、后期维护困难等现象，应在充分考虑绿色工艺整体运行效率与绿色工艺创新效果的基础上进行模块划分与设计。

(3)在绿色产品创新模块设计中，首先需充分融入绿色设计理念，强调从产品生命周期的每一阶段都注重产品的可拆解与可扩充性，维护升级操作简便性、废弃回收和再利用等特征，并据此设计出可灵活拆卸、组装、归类的对环境友好的产品模块。其次，需遵循科学高效的设计步骤，从用户需求分析、定义绿色产品属性、绿色模块划分与组合、模块功能检验与模拟等环节依次开展设计活动。

(4)针对绿色管理创新模块，要以合理分工作为基本理念，组织协同作为最终目标进行设计。首先，从实现绿色创新网络整体绿色创新效果最大化出发，根据创新组织功能和创新资源互补性合理分配绿色创新任务构成管理模块，建立统一的联系规则以增强模块间的分割性与重组性，促进组织间、产业间的绿色创新协同与融合发展。其次，基于管理功能独立的模块设计理念，建立相对松散的开放式绿色创新合作关系，保证绿色创新要素的顺利进入或退出。

8.2.1.2　模块控制策略

绿色创新模块是连接、操控虚拟和现实两个世界的工具，其控制措施可从两方面展开：一方面，通过调整、改进、更新某个或某些绿色创新模块内部的组织和要素，可在不改变特定绿色创新模块以及模块组的连接交互方式的基础上实现整个系统的优化与创新。另一方面，当子模块功能的变动或某个技术领域绿色功能创新模块的融合引发系统变革以及绿色创新网络重构时，需借助新一代互联网技术从整体管理控制模块间的集成方式。无论基于以上何种方式，绿色创新模块的所有创新项目和创新活动都是以满足实体社会绿色创新需求为目的而在虚拟端展开规划、定制与控制的。因此基于新一代信息技术的自动控制是绿色创新模块控制的基本手段，其应持续监测各类绿色创新模块的相关状态特征，监测与所需规范的偏差并提出必要的纠正措施。

8.2.2　健全标准体系，促进技术融合

随着当今信息化与工业化逐渐融合，对制造行业涉及的各类技术标准、管理标准、工作标准带来了巨大冲击。如在制造企业运营过程中，信息通信技术、数字技术的发展对传统的制造技术标准产生了很大影响，计算机辅助制造（CAM）、计算机辅助设计（CAD）、计算机集成制造（CIMS）等技术代替了以物理介质为主的手工设计、生产模式，烦琐复杂的流程可以通过计算机系统半自动化或自动化完成。原始信息文件、流程、方法、模型等基于标准被数据化后进行集成、处理与存储，提高工作效率降低管理成本，促进制造技术、信息技术与绿色技术相互融合。

标准化是开放式创新模式实施过程中的关键活动。基于标准，创新主体才会稳定、高效地吸收新知识、使用新技术进行绿色创新活动。完善的标准体系可营造良好的市场氛围，提高设备安全性，确保线上线下对接的稳定性，为制造业绿色创新系统提供可持续发展环境。在我国，标准体系落后于技术创新体系的发展，这使得制造业绿色创新系统开放式创新能力的提高受到制约。所以加速建设并完善标准体系对网络化开放式绿色创新活动的开展有种重要支持作用。

完善标准体系的具体措施包括：在构建完善标准体系之初，首先需要明确标准制定目标，由专家顾问指导明确制定方向，并组织标准委员会完善标准化协同工作。其次，从行业标准、企业标准多方入手结合当前行业水平与发展战略组织标准起草工作，通过企业战略联盟进行标准检验与传播，运用标准提升行业竞争力。加强国际交流合作，加快关键标准国际标准化进程，在国际上提升我国制造业竞争优

势。最后，与时俱进地持续完善标准体系，加大标准体系宣传培训力度，通过标准的应用实施推动制造业绿色创新系统中创新要素的互联、互通、互融，促进制造业网络化开放式绿色创新向更高阶段发展。总之，深入分析我国制造业、互联网产业以及先进制造技术的发展现状和战略布局，紧密结合各领域绿色制造技术的研究成果，适时修订符合国情的标准体系，基于标准适用性的特征不断完善各项标准准入原则，形成兼容、开放、动态的标准体系，为我国制造业网络化开放式绿色创新与制造行业绿色发展提供有力支持。

8.2.3 完善绿色创新网络治理机制

网络化开放式绿色创新模式是由各类创新主体以互联网通信技术为手段，以创新组织为表现形式，通过一定动态网络关系而实现的。建立完善的绿色创新网络治理机制可规范网络中各方创新主体的行为准则，优化绿色创新活动进程，对提高制造业绿色创新系统创新效率，保障网络化开放式绿色创新模式顺利实施起到重要作用。"网络"一词在此处是跨多门学科的概念，既包括互联网技术网络系统的内容，也覆盖系统工程理论中网络要素与结构的思想，且涵盖社会学领域对合作成员间互动关系与行为的研究。因此，完善绿色创新网络治理机制的具体措施包括以下两方面。

8.2.3.1 完善信息技术网络治理机制

信息技术(IT)是开放式绿色创新中重要的创新要素，其包括创新主体开展绿色创新活动所含的各种信息、知识、流程、资本等。IT 网络是网络化开放式绿色创新模式实现的底层建筑，既是网络治理的工具也是网络治理的对象。既需完善技术网络管理机制以支持技术网络的建设与运行，也需通过信息治理机制加强信息资源整合、监管与控制。针对技术网络管理方面，依据不同创新组织绿色创新功能与所处网络地位授予与其绿色创新战略相匹配的操作权限、决策权力和应承担的责任。建立面向整个技术网络治理活动的绩效考核与效果评价机制，依据评价效果逐步完善技术网络控制机制。在信息治理机制方面，信息问题在我国已越来越被政府重视，《国家信息化发展战略纲要》中明确提出，要"加强采集管理和标准制定，提高信息资源准确性、可靠性和可用性"。建立相应的法律法规来规范网络活动，并通过设立相应的网络信息管理机构，对于网络信息资源分配优化，筛选有利信息，淘汰无效信息，并能将有效信息繁衍，进行信息再造。

8.2.3.2 完善组织网络治理机制

组织网络是根据开放式绿色创新参与主体间资源流通与配置方式，形成以绿色创新网络为表现形式的交易合作模式。组织网络治理机制不仅需从优化网络运作过程入手，还需以整合最大绿色创新价值为目的，对绿色创新网络结点实现结构优化、建立灵活可行的合作关系等方面进行完善。在网络组织治理过程中，不仅是对核心创新组织、网络结点、绿色创新环节或子系统的标准制定，还需从 IT 环境与绿色创新氛围、创新组织边界、合作主体间绿色创新战略目标、合作关系、协同模式、治理效果评价等多个方面综合、系统地实现制度安排。组织网络治理机制具体可划分为包含决策平衡、监督管理以及利益分配等内容的绿色创新网络形成机制，含有创新主体间信任合作、沟通学习的互动机制，以及支持技术知识共享、创新资源配置的共享机制。

8.3　智能化开放式绿色创新模式实施保障策略

8.3.1　强化知识库系统建设

智能是行为主体总结经验，汇集多方知识后具备自主判断、行为和决策的能力，智能化开放式绿色创新模式实施的基础是务必有强大的知识库系统作为其运行根基。知识库系统是将人类绿色创新知识和经验转换到特定技术系统中进行存储和管理，通过系统高效的关联分析能力促进知识吸收与转化并为用户提供绿色创新相关的知识服务，是支持制造业绿色创新系统智能化运行、实现智能化开放式创新模式的必备工具。当前，行之有效的知识库系统仍然是智能制造技术实施的瓶颈。尽管有些高技术企业基于工业物联网（IIoT）平台的开放结构，采用机器学习（ML）等技术，融合各方合作主体从数据角度构建知识库，但由于制造环境以及绿色创新活动中的高度不确定性，尚未开发出能够制造监测，在开放式绿色创新管理控制中实用有效的知识库，用以支持智能化开放式绿色创新模式的知识库系统在开发与建设中仍存在重大挑战。强化知识库系统建设的重要举措有以下几方面。

8.3.1.1　加强知识库系统基础建设

基础建设是实现完整、科学、高效的知识库的重要基础和条件，对知识库系统的整体建设和运行有重要影响作用。加强基础建设的策略可从技术基础、数据库设计和业务规则几方面来开展。技术基础包括实现知识库系统构建与运行的各类硬件设施和软件技术。在技术选择与应用之前首先要进行科学、切合实际的可行性分析，在满足一定技术稳定性、成熟性、兼容性的基础上，根据对知识库系统的运行目的和使用需求选择新颖、专业性技术。数据库是对知识库系统所要处理的数据信息设计合理的结构与模型,包括概念模型、逻辑模型、数据字典、术语设计等相关内容,以支持知识库系统运作。业务规则是整个知识库系统建设的核心,其完整性、结构合理性直接影响整个知识库系统的功能和性能。业务规则是在技术基础、数据库设计的基础上,针对业务的流程、判断、处理方式以及业务模板建立的一套逻辑关系,规则建立一定要和算法结合起来,在不影响规则表达和整理的基础上,最大可能地为算法服务,否则会极大影响知识库系统的整体性能。

8.3.1.2 丰富各类绿色制造应用程序

应用程序是人机交互的窗口,用户通过应用程序下达指令、提出要求并获得知识库系统提供的一系列绿色创新服务。反之,知识库系统通过应用程序获取现实世界的制造活动与绿色创新过程产生的丰富信息与用户行为数据,为知识库系统运行提供数据资源和任务目标。丰富的绿色制造应用程序不仅可以满足各类用户不同的绿色创新服务需求,并且和知识库系统互为迭代升级关系。系统平台内应用程序之间本身存在竞争合作关系,可互相促进功能优化,从而作用于智能库系统促进其版本升级,进而又迫使应用程序功能优化,这一系列过程本身也是制造业绿色创新一种体现方式。丰富系统平台中绿色创新应用的措施包括:完善平台准入机制,吸引更多软件供应商进入;建立激励措施促进软件供应商开发出高质量、更精准更能满足用户需求的绿色制造应用;适度开源,既促进绿色制造应用的不断创新,也要注意知识产权保护。

8.3.2 以政用产学研合作加强创新要素智能化协同

绿色创新的核心主体是企业,但实施智能化开放式绿色创新单凭企业的一己之力是不够的,是要包含政府、用户、制造企业、大学、科研院所等共同参与及合作来实现的。政用产学研的协同合作可促进知识溢出、推动制造业绿色创新系统内绿色创新资源的优化配置、加速科技与经济一体化进程。其中,政府在开放式绿色创新平台搭建、智能技术普及以及倡导绿色发展方面起到政策引导作用;用户在绿色创新中主体地位进一步凸显,是绿色产品及服务价值的最终体现;大学是产生技术知识、为企业提供人力资源、输送高技术人才的源头;科研院所为企业绿色创新提供丰富技术资源的同时也起到研究方向规划和指引作用。据前文分析,各类创新要素智能化协同是智能化开放式绿色创新模最重要的特点之一,政用产学研协同合作对加强资源、战略文化、技术、制度和组织等创新要素智能化协同的策略主要有以下几方面。

8.3.2.1　加强资源协同

资源智能化协同是指在制造业绿色创新系统中合作主体的开放式绿色创新活动过程中，绿色创新网络、制造业绿色创新系统内外部创新资源可根据创新主体的功能和需求，实现有组织的自动合理配置。制造企业与大学、科研院所进行合作或委外研发项目，通过购买或租用绿色研发成果以及技术咨询等活动获取新的绿色知识、技术资源以提高绿色技术创新能力。加强产学研合作还可带动创新主体间人力资源流通，为制造企业提供丰富优质的高技术人才，促进显性知识和隐性知识转移与转化。但仅加强产学研合作会产生大学和科研院所的绿色研究成果在商业化后无法对应市场需求，而降低制造业绿色创新系统绿色创新水平的现象。因此应加强用户参与合作，借助智能终端设备与平台对用户行为与需求实现智能化分析与预测，从而更好地对接市场需求。政府在政用产学研合作中搭建绿色技术研究、知识创造平台，提供财政拨款并起到一定主导调配各类创新资源的作用以加强资源协同。

8.3.2.2　加强组织协同

开放式绿色创新中的各方创新主体往往存在较大的管理、战略、文化等方面的差异，使得彼此间的绿色创新目标有着较强的不一致性。如大学和科研院所的主要目标绿色技术的发明创造、完成科研考核、获得奖励等，合作的主要目的是知识分享与创造。企业更注重的是通过合作获得绿色知识和技术而带来的效益，也就是绿色创新成果商业化后带来的价值最大化，且更注意内在的绿色技术保密和知识产权保护。用户群体更注重的是产品的使用价值与更好的用户体验，以及在互动过程中通过分享自己的经验体现个人价值，因此需通过政用产学研良好合作以加强组织协同。首先，政府通过政策体系与战略的制定来引导消费者的绿色消费理念，积极倡导产学研以绿色创新为目的的开放式合作方式。其次，制造企业通过创新服务平台，谨慎选择可满足自身绿色创新目的，具备相当的绿色创新能力与科研实力的大学和科研院所合作，建立完善的合作及信任机制，并通过一定的研发经费与设施建设投入维护合作关系。最后，企业、政府要通过智能技术以多种渠道、多种形式加深与用户及网络大众的交流合作，以完善的激励机制刺激用户的信息分享，鼓励大众绿色创新。

8.3.2.3　加强绿色创新过程协同

据前文分析可知，制造业绿色创新系统开放式创新过程中各环节的逻辑顺序是根据绿色创新要求和绿色创新网络结构的不同而变化的。以政用产学研合作的不同方式，可带动绿色研发、绿色制造、绿色营销以及绿色服务四个开放式绿色创新环节相互促进、相互衔接，实现自主协同。加强制造企业与高校和科研院所合作推动绿色研发、绿色制造以及绿色服务过程的智能协同；加强制造企业与用户的互动合作促进绿色制造、绿色营销和绿色服务过程智能协同；提高各级政府的政策引导作用加深对制造企业的规范与合作，强化绿色创新全过程的智能化协同。

8.3.3 完善工业网络安全防御体系

工业化与信息化的深度融合是智能化开放式绿色创新模式实施的前提，数据库、知识库、模型库、各类控制系统运转的安全性、稳定性、隐秘性是智能化开放式绿色创新模式运作的重要基础，随着数字技术、制造技术和信息技术的快速发展及广泛应用，工业网络安全问题显然已经上升为关乎智能化开放式绿色创新模式能否顺利实施的关键问题。其中信息网络的安全防护和抵御目标的核心是保证从事绿色创新活动的信息系统内部信息数据的私密性，确保重要信息数据不被内外部的攻击者窃取、篡改和泄露。而工业网络安全防御体系的主要目标是确保工业网络以及相关操作系统和控制系统在各种环境中的安全稳定运行，既能防止攻击者对工业网络系统及其传输、存储、处理的数据进行入侵和破坏，也能保证在突发事件或极端环境中的稳定运行。完善工业网络安全防御体系的具体措施包括以下几方面。

8.3.3.1 增强工业网络安全保护力度

(1)与时俱进地开展相关理论和技术实践的研究工作，从确保工业网络可安全可靠运行这一基本目标出发，科学有效地设计面向工业网络各个层面的安全防御体系架构。

(2)在网络行为方面，由于制造业绿色创新系统内各种绿色创新网络可能存在与公共互联网连接的边界，而绿色创新网络连接公共互联网的需求主要来自用户请求和业务需要，多用户、多业务需求带来了大量不规则的网络流量，这导致不同行业、不同创新组织下的用户行为难以识别和监控。因此要运用必要的技术手段实现网络行为的监控审计，来控制用户违规操作、越权行为，加强远程维护和故障定位等功能。

8.3.3.2 加强工业网络设备的管理与监控

在智能化开放式绿色创新模式实施过程时，需要大量的智能终端设备接入不同类型的工业网络中，这使各类工业网络的边界变得模糊且难以判定，使得网络系统控制难度加大。因此要确保终端设备在接入网络中时可被及时发现和检测，及时获取终端设备间、终端设备与服务器间所发生的通信行为，建立有效应对通信活动中可能出现的异常行为策略。在环境监控与系统响应能力方面，要提高网络环境的全面监控能力，实现对工业网络运行状态的实时感知。增强工业网络安全响应能力，完善工业网络系统事件响应方案，保证遇到突发事件和攻击行为时能采取应对措施及时响应和制止。加强工业网络可靠性，使其遇到某设备故障时网络系统仍能正常运行。

8.3.3.3　完善工业网络的管理配套措施

先进的技术手段对解决工业网络的安全保护固然重要，但人员素质的提升和对加强设备管理也起到更为关键的作用。对绿色创新组织来说，无论是组织内办公系统、组织间绿色创新网络，还是辅助工业控制网络和工业控制系统，其运行监控和数据采集都是服务于绿色创新主体中的人，因此人的意识和被管理问题是安全问题的一个重要方面。绿色创新活动的参与人员专业不同，受教育程度参差不齐，人员的安全意识不足和安全上的管理漏洞，结合创新资产的脆弱性和网络连接的脆弱性，就会引发违规接入、非法连接和越权访问等风险。

所以，要完善工业网络的管理配套措施以支持智能化开放式绿色创新模式的顺利实施。首先，要健全网络管理体制，完善系统风险评估、系统运行和维护以及突发情况处理等体制。其次，要加强网络维护的可控性，提高网络服务商、软件开发商、平台运营商等第三方的服务职能，为制造企业提供便捷可靠的系统网络维护服务支持。最后，提高系统安全维护费用，以满足系统设备运行维护、日常管理和等级测评等维护需求。

8.4　本章小结

数字经济背景下制造业绿色创新系统开放式创新模式实施是受到各类创新模式的特征和多种因素交互作用而影响的。本章从数字化开放式绿色创新模式、网络化开放式绿色创新模式、智能化开放式绿色创新模式各自的特点出发，有针对性地提出三种模式的实施保障策略。

结　　论

新型信息通信技术、数字技术以及人工智能技术的兴起，推动了制造业加速向数字化、网络化、智能化发展，因此数字经济背景下制造业绿色创新系统将成为促进我国制造业开放、创新、绿色发展的基础保障与有效措施。在开放经济系统中，在合作共赢的协同发展理念指引下，开放式创新模式逐渐成为促进制造业知识转化、技术创新、提升绿色创新水平的核心手段之一。因此，本书对数字经济背景下制造业绿色创新系统开放式创新模式进行了深入系统的研究，为提高我国制造业绿色创新系统开放式创新水平，促进制造业绿色创新系统可持续发展提供了理论支持和决策借鉴。本书的创新性研究成果包含以下几点。

(1)揭示了数字经济背景下制造业绿色创新系统开放式创新演进机理并确定影响开放式创新演进的序参量。基于系统自组织理论与系统协同理论，揭示了制造业绿色创新系统开放式创新演进的特征、阶段和规律。通过对互补资源、知识管理能力、网络能力、信息技术能力和政策支持五个状态参量进行理论分析后，运用灰色关联分析法测算出各个状态参量对系统开放式创新水平决策参量影响的重要程度，得出互补资源与网络能力是影响开放式创新演进的序参量。

(2)构建了数字经济背景下制造业绿色创新系统开放式创新模式。根据制造业绿色创新系统开放式创新演进的不同阶段，依次分析并设计出与各演进阶段相匹配的数字化开放式绿色创新模式、网络化开放式绿色创新模式、智能化开放式绿色创新模式三种模式。

(3)设计了数字经济背景下制造业绿色创新系统开放式创新模式选择与整合方案。明确了数字经济背景下制造业绿色创新系统开放式创新模式是由主导模式配以辅助模式的整合思路，基于系统有序度测算方法与容量耦合系数模型，设计开放式创新模式选择与整合方法。最后通过实证分析判别我国制造业绿色创新系统开放式创新演进阶段，提出相应的开放式创新模式整合策略。

(4)提出了数字经济背景下制造业绿色创新系统开放式创新模式实施保障策略。结合数字化开放式绿色创新模式、网络化开放式绿色创新模式、智能化开放式绿色创新模式的特征，分别提出三种数字经济背景下制造业绿色创新系统开放式创新模式的实施保障策略。

本书在数字经济背景下制造业绿色创新系统开放式创新模式这一研究领域进行了创新性研究。在理论层面，重新界定了数字经济背景下制造业绿色创新系统的特征及结构，揭示了数字经济背景下制造业绿色创新系统开放式创新演进机理，构建出数字经济背景下制造业绿色创新系统开放式创新模式，对提高我国制造业开放式绿色创新水平，丰富制造业绿色创新系统开放式创新的理论体系提供理论支撑。在实践层面，设计出数字经济背景下制造业绿色创新系统开放式创新模式选择与整合方案，提出了不同开放式创新模式实施的保障策略，对促进制造业绿色创新系统可持续发展，为我国政府科学、有效地部署制造业绿色创新战略有着重要现实意义。

然而，本书对数字经济背景下制造业绿色创新系统开放式创新模式的研究还需在以下方面进一步丰富和完善：第一，在开放式创新模式选择与整合的实证分析中的样本数据选取到 2019 年，若要反映出未来我国制造业绿色创新系统开放式创新演进的阶段，还需在将来更新测算数据后进行进一步分析。第二，数字经济背景下制造业绿色创新系统开放式创新模式的实施策略需要在实践中验证后再进一步完善。

附录

附录1　数据提取说明

附表1　指标计算依据及数据来源

一级指标	二级指标	三级指标	计算方式与步骤或测度条目	指标计算的基本参数及数据来源
制造业绿色创新系统开放式创新水平	绿色研发水平	制造业绿色专利授权数	每年制造业行业绿色专利授权数	国家知识产权局专利检索与服务系统
		1.制造业绿色专利所有权转让及许可数	1.制造业分行业绿色专利所有权转让及许可数≈制造业各行业专利所有权转让及许可数×制造业行业绿色技术占有比重 2.其中第2016年制造业各行业专利所有权转让及许可数=15年制造业各行业专利所有权转让及许可数×[1+(16年制造业技术市场成交合同数－15年制造业技术市场成交合同数)/15年制造业技术市场成交合同] 3.制造业绿色技术占有比重≈制造业绿色技术专利数/制造业专利总数	1.制造业各行业专利所有权转让及许可数 《工业企业科技活动统计年鉴》 2.制造业技术市场成交合同数 《中国科技统计年鉴》 3.制造业行业绿色技术专利数 制造业行业专利总数 国家知识产权局专利检索与服务系统
		制造业绿色新产品(工艺、服务)收入	1.制造业各行业绿色新产品(工艺、服务)收入≈制造业各行业新产品(工艺、服务)收入×制造业各行业绿色专利数比重 2.制造业各行业绿色专利数比重=制造业各行业绿色专利授权数/制造业各行业专利授权数	制造业各行业专利所有权转让及许可数 制造业各行业专利授权数 《中国科技统计年鉴》

续附表1

一级指标	二级指标	三级指标	计算方式与步骤或测度条目	指标计算的基本参数及数据来源
制造业绿色创新系统开放式创新水平	绿色制造水平	制造业单位销售产值资源消耗降低值	1.制造业各行业单位产值资源消耗降低值＝上年制造业各行业单位产值资源消耗量－当年制造业各行业单位产值资源消耗量 2.制造业各行业单位产值资源消耗量＝(制造业各行业主营业务成本－制造业各行业工资总额－制造业各行业当年折旧)/制造业各行业销售产值 3.制造业各行业当年折旧＝当年制造业各行业累计折旧－上年制造业各行业累计折旧	1.制造业各行业主营业务成本 《中国统计年鉴》 2.制造业各行业累计折旧 制造业各行业销售产值 《中国工业经济统计年鉴》 3.制造业各行业工资总额 国研网人口与就业数据库
		制造业单位产值能源消耗降低值	1.制造业各行业单位产值能源消耗降低值＝上年制造业各行业单位产值能源消耗量－当年制造业各行业单位产值能源消耗量 2.制造业各行业单位产值能源消耗量＝制造业各行业能源消耗总量/制造业各行业销售产值	1.制造业各行业能源消费总量 《中国能源统计年鉴》 2.制造业各行业销售产值 《中国工业经济统计年鉴》
		制造业绿色技术改造率	制造业各行业绿色技术改造率≈制造业各行业绿色技术专利数/制造业各行业专利总数	1.制造业各行业绿色技术专利数 国家知识产权局专利检索与服务系统 2.制造业各行业专利申请总数 《中国科技统计年鉴》

续附表1

一级指标	二级指标	三级指标	计算方式与步骤或测度条目	指标计算的基本参数及数据来源
制造业绿色创新系统开放式创新水平	绿色营销水平	制造业绿色新产品(工艺、服务)销售收入	1. 制造业绿色新产品(工艺、服务)销售收入≈制造业新产品销售收入×制造业行业绿色技术占有比重 2. 制造业行业绿色技术占有比重≈制造业行业绿色技术专利数/制造业行业专利总数	1. 制造业各行业新产品销售收入 《中国统计年鉴》 2. 制造业行业绿色技术专利数 制造业行业专利总数 国家知识产权局专利检索与服务系统
		制造业绿色新产品(工艺、服务)顾客满意度	用绿色新产品销售收入增长率替代制造业绿色新产品(工艺、服务)顾客满意度 1. 绿色新产品销售收入增长率=(当年销售收入－上一年销售收入)/上一年销售收入 2. 制造业绿色新产品(工艺、服务)销售收入≈制造业新产品销售收入×制造业行业绿色技术占有比重 3. 制造业行业绿色技术占有比重≈制造业行业绿色技术专利数/制造业行业专利总数	1. 制造业各行业新产品销售收入 《中国工业经济统计年鉴》 2. 制造业行业绿色技术专利数 制造业行业专利总数 国家知识产权局专利检索与服务系统
	绿色服务水平	制造业绿色服务化程度	1. 制造业绿色服务化程度=制造业各行业营业外收入/制造业各行业销售产值×制造业行业绿色技术占有比重 2. 制造业各行业营业外收入≈制造业各行业销售产值－制造业各行业主营业务收入	制造业各行业销售产值 制造业各行业主营业务收入 《中国工业经济统计年鉴》

续附表1

一级指标	二级指标	三级指标	计算方式与步骤或测度条目	指标计算的基本参数及数据来源
状态参量	研发互补资源	研发互补资源	研发互补资源＝制造行业绿色R&D经费内部支出/制造业绿色产品销售收入×VAD＝制造行业R&D经费内部支出/制造业销售收入×VAD 制造行业产品销售收入＝制造行业主营业务收入 3. VAD代表附加价值率	1. 制造行业R&D经费内部支出 《中国科技统计年鉴》 2. 制造行业主营业务收入 《中国统计年鉴》
	知识管理能力	制造互补资源	1. 制造互补资源＝制造行业固定资产/制造业产品销售收入×VAD 2. 制造行业产品销售收入＝制造行业主营业务收入	1. 制造行业固定资产 《中国工业统计年鉴》 2. 制造行业主营业务收入 《中国统计年鉴》
		市场互补资源	1. 市场互补资源＝制造行业绿色产品销售费用/制造业绿色产品销售收入×VAD＝制造业销售费用/制造业产品销售收入×VAD 2. 制造行业产品销售收入＝制造行业主营业务收入	制造行业销售费用 制造行业主营业务收入 《中国统计年鉴》
		绿色知识获取能力	1. 制造业绿色创新系统绿色技术的获取能力≈制造业技术获取经费/制造业主营业务收入×制造业行业绿色技术所占比重 2. 制造业行业绿色技术所占比重≈制造业行业绿色技术专利数/制造业行业专利总数 3. 制造业技术获取经费＝制造业引进技术经费支出＋购买国内技术经费支出	1. 制造业分行业引进技术经费支出 制造业分行业购买国内技术经费支出 《中国科技统计年鉴》 2. 制造业分行业主营业务收入 中国统计年鉴 3. 制造业行业绿色技术专利数 制造业行业专利总数 国家知识产权局专利检索与服务系统
		绿色知识共享能力	用绿色技术市场成交合同数代表绿色知识共享能力 绿色技术市场成交合同数≈新能源与高效节能市场成交合同数＋环境保护与资源综合利用技术成交合同数	能源与高效节能市场成交合同数 环境保护与资源综合利用技术成交合同数 《中国科技统计年鉴》

续附表1

一级指标	二级指标	三级指标	计算方式与步骤或测度条目	指标计算的基本参数及数据来源
	知识管理能力	绿色知识整合能力	制造业绿色创新系统绿色知识整合能力≈制造业分行业技术改造经费/制造业分行业销售收入×制造业行业绿色技术所占比重 制造行业产品销售收入=制造行业主营业务收入	1. 制造业(分行业)技术改造经费 《中国科技统计年鉴》 2. 制造业(分行业)主营业务收入 《中国统计年鉴》 3. 制造业行业绿色技术专利数 4. 制造业行业专利总数 国家知识产权局专利检索与服务系统
	网络能力	网络规划能力	1. 了解绿色创新目标和行动准则 2. 开发利用网络中的绿色创新机会	问卷
		网络配置能力	1. 拥有寻找并选择伙伴的能力 2. 具有与不同创新主体建立不同网络关系的能力 3. 具备优化网络关系组合的能力	问卷
		网络运作能力	1. 拥有维护网络关系和解决网络冲突的能力 2. 拥有与合作伙伴分享绿色价值观与文化的能力 3. 与网络中其他组织有良好的沟通能力	问卷
	信息技术能力	IT 基础设施	1. IT 基础设施情况=信息传输、软件和信息技术服务业增加值比重 2. 信息传输、软件和信息技术服务业增加值比重=信息传输、软件和信息技术服务业增加值/国内生产总值	1. 信息传输、软件和信息技术服务业增加值 《中国统计年鉴》 2. 国内生产总值 《中国统计年鉴》
		IT 人员技能	1. IT 人员技能=制造业平均用工人数×制造业上网员工比例 2. 制造业上网员工比例≈互联网普及率	1. 制造业平均用工人数 《中国统计年鉴》 2. 互联网普及率 《中国互联网络发展状况统计报告》

续附表1

一级指标	二级指标	三级指标	计算方式与步骤或测度条目	指标计算的基本参数及数据来源
	政策支持	绿色制度体系建设水平	1.绿色制度体系完善程度 2.绿色制度执行程度	问卷
		两化融合政策体系建设水平	1.两化融合政策体系完善程度 2.两化融合政策执行程度	问卷
制造业绿色创新系统开放式创新水平	绿色研发水平	制造业行业绿色专利授权数	每年制造业行业绿色专利授权数	国家知识产权局专利检索与服务系统
		制造业行业绿色专利所有权转让及许可数	1.制造业分行业绿色专利所有权转让及许可数≈制造业各行业专利所有权转让及许可数×制造业行业绿色技术占有比重 2.其中第2016年制造业各行业专利所有权转让及许可数=15年制造业各行业专利所有权转让及许可数×[1+(16年制造业技术市场成交合同数-15年制造业技术市场成交合同)/15年制造业技术市场成交合同] 3.制造业行业绿色技术占有比重≈制造业行业绿色技术专利数/制造业行业专利总数	1.制造业各行业专利所有权转让及许可数 《工业企业科技活动统计资料》 2.制造业技术市场成交合同数 《中国科技统计年鉴》 3.制造业行业绿色技术专利数 制造业行业专利总数 国家知识产权局专利检索与服务系统
		制造业绿色新产品(工艺、服务)收入	1.制造业各行业绿色新产品(工艺、服务)收入≈制造业各行业新产品(工艺、服务)收入×制造业各行业绿色专利数比重 2.制造业各行业绿色专利数比重=制造业各行业绿色专利授权数/制造业各行业专利授权数	制造业各行业专利所有权转让及许可数 制造业各行业专利授权数 《中国科技统计年鉴》

续附表1

一级指标	二级指标	三级指标	计算方式与步骤或测度条目	指标计算的基本参数及数据来源
制造业绿色创新系统开放式创新水平	绿色制造水平	制造业单位销售产值资源消耗降低值	1. 制造业各行业单位产值资源消耗降低值＝上年制造业各行业单位产值资源消耗量一当年制造业各行业单位产值资源消耗量 2. 制造业各行业单位产值资源消耗量＝(制造业各行业主营业务成本一制造业各行业工资总额一制造业各行业当年折旧)/制造业各行业销售产值 3. 制造业各行业当年折旧＝当年制造业各行业累计折旧一上年制造业各行业累计折旧	1. 制造业各行业主营业务成本 《中国统计年鉴》 2. 制造业各行业累计折旧 制造业各行业销售产值 《中国工业经济统计年鉴》 3. 制造业各行业工资总额 国研网人口与就业数据库
		制造业单位产值能源消耗降低值	1. 制造业各行业单位产值能源消耗降低值＝上年制造业各行业单位产值能源消耗量一当年制造业各行业单位产值能源消耗量 2. 制造业各行业单位产值能源消耗量＝制造业各行业能源消耗总量/制造业各行业销售产值	1. 制造业各行业能源消费总量 《中国能源统计年鉴》 2. 制造业各行业销售产值 《中国工业经济统计年鉴》
		制造业绿色技术改造率	制造业各行业绿色技术改造率≈制造业各行业绿色技术专利数/制造业各行业专利总数	1. 制造业各行业绿色技术专利数 国家知识产权局专利检索与服务系统 2. 制造业各行业专利申请总数 《中国科技统计年鉴》

续附表1

一级指标	二级指标	三级指标	计算方式与步骤或测度条目	指标计算的基本参数及数据来源
制造业绿色创新系统开放式创新水平	绿色营销水平	制造业绿色新产品(工艺、服务)销售收入	1.制造业绿色新产品(工艺、服务)销售收入≈制造业新产品销售收入×制造业行业绿色技术占有比重 2.制造业行业绿色技术占有比重≈制造业行业绿色技术专利数/制造业行业专利总数	1.制造业各行业新产品销售收入 《中国统计年鉴》 2.制造业行业绿色技术专利数 制造业行业专利总数 国家知识产权局专利检索与服务系统
		制造业绿色新产品(工艺、服务)顾客满意度	用绿色新产品销售收入增长率替代制造业绿色新产品(工艺、服务)顾客满意度 1.绿色新产品销售收入增长率=(当年销售收入－上一年销售收入)/上一年销售收入 2.制造业绿色新产品(工艺、服务)销售收入≈制造业新产品销售收入×制造业行业绿色技术占有比重 3.制造业行业绿色技术占有比重≈制造业行业绿色技术专利数/制造业行业专利总数	1.制造业各行业新产品销售收入 《中国工业经济统计年鉴》 2.制造业行业绿色技术专利数 制造业行业专利总数 国家知识产权局专利检索与服务系统
状态参量	研发互补资源	研发互补资源	1.研发互补资源=制造行业绿色R&D经费内部支出/制造业绿色产品销售收入×VAD=制造行业R&D经费内部支出/制造业销售收入×VAD 2.制造行业产品销售收入=制造行业主营业务收入 3.VAD代表附加价值率	1.制造行业R&D经费内部支出 《中国科技统计年鉴》 2.制造行业主营业务收入 《中国统计年鉴》

续附表1

一级指标	二级指标	三级指标	计算方式与步骤或测度条目	指标计算的基本参数及数据来源
状态参量	研发互补资源	制造互补资源	1.制造互补资源=制造行业固定资产/制造业产品销售收入×VAD 2.制造行业产品销售收入=制造行业主营业务收入	1.制造行业固定资产 《中国工业统计年鉴》 2.制造行业主营业务收入 《中国统计年鉴》
		市场互补资源	1.市场互补资源=(制造行业绿色产品销售费用/制造业绿色产品销售收入×VAD=制造业销售费用/制造业产品销售收入×VAD 2.制造行业产品销售收入=制造行业主营业务收入	1.制造行业销售费用 制造行业主营业务收入 《中国统计年鉴》
	知识管理能力	绿色知识获取能力	1.制造业绿色创新系统绿色技术的获取能力≈制造业技术获取经费/制造业主营业务收入×制造业行业绿色技术所占比重 2.制造业行业绿色技术所占比重≈制造业行业绿色技术专利数/制造业行业专利总数 3.制造业技术获取经费=制造业引进技术经费支出+购买国内技术经费支出	1.制造业分行业引进技术经费支出 制造业分行业购买国内技术经费支出 《中国科技统计年鉴》 2.制造业分行业主营业务收入 《中国统计年鉴》 3.制造业行业绿色技术专利数 制造业行业专利总数 国家知识产权局专利检索与服务系统

续附表1

一级指标	二级指标	三级指标	计算方式与步骤或测度条目	指标计算的基本参数及数据来源
状态参量	知识管理能力	绿色知识共享能力	用绿色技术市场成交合同数代表绿色知识共享能力 绿色技术市场成交合同数≈新能源与高效节能市场成交合同数＋环境保护与资源综合利用技术成交合同数	能源与高效节能市场成交合同数 环境保护与资源综合利用技术成交合同数 《中国科技统计年鉴》
		绿色知识整合能力	制造业绿色创新系统绿色知识整合能力≈制造业分行业技术改造经费/制造业分行业销售收入×制造业行业绿色技术所占比重 制造行业产品销售收入＝制造行业主营业务收入	1. 制造业（分行业）技术改造经费 《中国科技统计年鉴》 2. 制造业（分行业）主营业务收入 《中国统计年鉴》 3. 制造业行业绿色技术专利数 制造业行业专利总数 国家知识产权局专利检索与服务系统
	网络能力	网络规划能力	1. 了解绿色创新目标和行动准则 2. 开发利用网络中的绿色创新机会	问卷
		网络配置能力	1. 拥有寻找并选择伙伴的能力 2. 具有与不同创新主体建立不同网络关系的能力	问卷

续附表1

一级指标	二级指标	三级指标	计算方式与步骤或测度条目	指标计算的基本参数及数据来源
状态参量	网络能力	网络配置能力	3.具备优化网络关系组合的能力	问卷
		网络运作能力	1.拥有维护网络关系和解决网络冲突的能力 2.拥有与合作伙伴分享绿色价值观与文化的能力 3.与网络中其他组织有良好的沟通能力	问卷
	信息技术能力	IT基础设施	1.IT基础设施情况=信息传输、软件和信息技术服务业增加值比重 2.信息传输、软件和信息技术服务业业增加值比重=信息传输、软件和信息技术服务业业增加值/国内生产总值	1.信息传输、软件和信息技术服务业增加值《中国统计年鉴》 2.国内生产总值《中国统计年鉴》
		IT人员技能	1.IT人员技能=制造业平均用工人数×制造业上网员工比例 2.制造业上网员工比例≈互联网普及率	1.制造业平均用工人数《中国统计年鉴》 2.互联网普及率《中国互联网络发展状况统计报告》
	政策支持	绿色制度体系建设水平	1.绿色制度体系完善程度 2.绿色制度执行程度	问卷
		两化融合政策体系建设水平	1.两化融合政策体系完善程度 2.两化融合政策执行程度	问卷

附录 2　调查问卷

数字经济背景下制造业绿色创新系统开放式创新演进机理调查问卷

尊敬的女士/先生：

您好！

首先感谢您在百忙之中抽出时间来填写问卷，我们目前正在进行数字经济背景下制造业绿色创新系统开放式创新演进机理研究。本问卷主要针对数字经济背景下制造业绿色创新系统开放式创新演进机理中的部分指标进行调查研究。如果您所在行业非制造业行业，请不要答题。非常感谢您的合作！

1. 企业背景资料

请根据您的实际情况进行选择：

贵公司名称：		
贵公司所属的行业（若跨多个行业，请填写您所在的行业）	□农副食品加工业	□化学纤维制造业
	□食品制造业	□橡胶制品业
	□饮料制造业	□塑料制品业
	□烟草制品业	□非金属矿物制品业
	□纺织业	□黑色金属冶炼及压延加工业
	□纺织服装、鞋、帽制造业	□有色金属冶炼及压延加工业
	□皮革、毛皮、羽毛(绒)及其制品业	□金属制品业
	□木材加工及木、竹、藤、棕、草制品业	□通用设备制造业
	□家具制造业	□专用设备制造业
	□造纸及纸制品业	□交通运输设备制造业
	□印刷业和记录媒介的复制	□电气机械及器材制造业
	□文教体育用品制造业	□通信设备、计算机及其他电子设备制造业
	□石油加工、炼焦及核燃料加工业	□仪器仪表及文化、办公用机械制造业
	□化学原料及化学制品制造业	□工艺品及其他制造业
	□医药制造业	

2. 题项评分

请根据您企业的实际情况分别对以下题项进行打分。每个题项采用 7 分制评分法，分数由低到高表示由差到好，其中 1 分为“很差”，7 分为“非常好”。十分感谢您的参与和支持！

题数	题项	2012	2013	2014	2015	2016	2017	2018	2019
1	企业明确其在网络中的绿色创新功能与行动准则								
2	通过网络平台能够开发和掌握新的绿色创新机会								
3	通过网络平台可以很好地寻找并选择绿色创新合作伙伴								
4	通过网络平台可以与用户、企业、科研院所、政府等建立不同的绿色创新合作关系								
5	通过网络平台可以支持企业优化或重组网络关系								
6	通过网络平台可以与其他组织建立良好的沟通								
7	通过网络平台可以与合作伙伴分享绿色发展价值观与文化								
8	通过网络平台可以维护合作伙伴的网络关系，解决关系冲突								
15	本企业所在行业的绿色创新政策体系完善程度								
16	本企业所在行业的绿色创新政策有效执行程度								
17	本企业所在行业的两化融合政策体系完善程度								
18	本企业所在行业的两化融合政策有效执行程度								

参考文献

[1] LIN X, LIU B, HAN J, et al. Industrial upgrading based on global innovation chains: A case study of Huawei technologies Co. Ltd. Shenzhen [J]. International Journal of Innovation Studies, 2018, 2(3): 81-90.

[2] CUI T, YE H, TEO H H, et al. Information technology and open innovation: A strategic alignment perspective [J]. Information and Management, 2015, 52(3): 348-358.

[3]NGAI E W, GUNASEKARAN A. A review for mobile commerce research and applications[J]. Decision Support Systems, 2007, 43: 3-15.

[4] TAPSCOTT D. Digital economy, the promise and peril in the age of networked intelligence[J]. Language, 1995, 18(342): 23.

[5] CHAFFEYD. E-business and e-commerce management: strategy, implementation and practice[J]. New York: Pearson Education, 2007, 94 (13): 587-588.

[6]杨善林,周开乐,张强,等.互联网的资源观[J].管理科学学报,2016,19(1): 1-11.

[7]LAPATINAS A . The effect of the internet on economic sophistication: An empirical analysis[J]. Economics Letters, 2019, 174(JAN.):35-38.

[8]柏培文,张云. 数字经济、人口红利下降与中低技能劳动者权益[J]. 经济研究. 2021,56(05):91-108.

[9]李海舰,田跃新,李文杰.互联网思维与传统企业再造[J]. 中国工业经济, 2014 (10): 135-146.

[10]李勇. 社群和社群经济[J]. 浙江社会科学,2016(2): 56-58.

[11]李勇. 科学博客社群知识传播动力系统及其强化机制研究[J]. 情报科学, 2015, 33(6): 15-20.

[12]孙颖. 新型社群助推经济转型升级[J]. 浙江社会科学,2016(2): 63-65.

[13]乔晗,徐君如,张硕. 基于系统动力学的社群电商价值创造影响效应研究[J/OL]. 系统工程理论与实践: 1-17. (2023-06-09)[2023-09-05]. http://kns.cnki.net/kcms/detail/11.2267.N.20230609.1316.002.html

[14]江平宇,冷杰武,丁凯. 社群化制造模式的边界效应分析与界定[J]. 计算机

集成制造系统，2018，24(04)：829-837.
[15]陈威如，余卓轩. 平台战略：正在席卷全球的商业模式革命［M］. 北京：中信出版社，2013.
[16]周静. 网络经济下电子商务新模式研究[J]. 经济问题探索，2015(03)：121-125.
[17]冯华，陈亚琦. 平台商业模式创新研究——基于互联网环境下的时空契合分析[J]. 中国工业经济，2016(3)：99-113.
[18]王立剑，刘佳. 高校科技创新平台绩效评价指标体系构建与应用[J]. 科学学与科学技术管理，2010，31(2)：110-112＋123.
[19]王雪原，王宏起. 区域创新平台网络特性、服务效果与企业创新绩效的关系研究[J]. 科学学与科学技术管理，2013，34(5)：81-88.
[20]DAVIES J，MARU Y，HALL A，et al. Understanding innovation platform effectiveness through experiences from west and central Africa [J]. Agricultural Systems，2018，365：321-334.
[21]张琼妮. 网络环境下区域协同创新平台模式与机制及政策研究［D］. 杭州：：浙江工商大学，2014：18.
[22]赵夫增，丁雪伟. 基于互联网平台的大众协作创新研究[J]. 中国软科学，2009(5)：63-72.
[23]熊爱华，侯德恩. 组态视角下平台企业商业模式创新路径研究[J]. 科研管理，2022，43(12)：89-97.
[24]HELFAT C E，RAUBITSCHEK R S. . Dynamic and integrative capabilities for profiting from innovation in digital platform-based ecosystems [J]. Research Policy，2018，47(8)：1391-1399.
[25]HILBERT M，LOPEZ P. The world's technological capacity to store，communicate，and compute information[J]. Science，2011，332(6025)：60-65.
[26]MANYIKA J，CHUI M. Big data：the next frontier for innovation，competition and productivity [R]. Chicago：McKinsey Global Institute，2011(5)：1-12.
[27]JOHNSON J E . Big data＋big analytics＝big opportunities[J]. Financial Executive，2012，7：50-54.
[28]曲峰庚，董宇鸿，绿色创新——新经济时代企业成长动力［M］. 北京：经济科学出版社，2013：1-10.

[29]PAVEL L, ARUN P C S, et al. Eco-innovation in process engineering: Contradictions, inventive principles and methods[J]. Thermal Science and Engineering Progress, 2019, 9: 52-65.

[30]JAKOBSEN S , CLAUSEN T H . Innovating for a greener future: The direct and indirect effects of firms' environmental objectives on the innovation process[J]. Journal of Cleaner Production, 2016, 128(Aug. 1): 131-141.

[31] BLÄTTEL-MINK B. Innovation towards sustainable economy — The integration of economy and ecology in companies [J]. Sustainable Development, 1998 (2): 49-58.

[32] SCHIEDERIG T, TIETZE F, HERSTATT C. Green innovation in technology and innovation management—An exploratory literature review [J]. R&D Management, 2012, 42(2), 180-19.

[33]王永贵,李霞.促进还是抑制:政府研发补助对企业绿色创新绩效的影响[J].中国工业经济,2023(02):131-149. DOI:10. 19581/j. cnki. ciejournal. 2023. 02. 008.

[34]LEE H L, TANG C S. Socially and environmentally responsible value chain innovations: New operations management research opportunities [J]. Management Science, 2017, 3: 1-14.

[35]AUGUSTO D J P D , TEN CATEN C S , JUNG C F ,et al. Eco-innovation determinants in manufacturing SMEs: Systematic review and research directions[J]. Journal of Cleaner Production, 2017, 142: 2277-2287.

[36] RENNINGS K. Redefining innovation—Eco-innovation research and the contribution from ecological economics[J]. Ecological Economics, 2000(2): 319-332.

[37] OECD. Eco-innovation in industry: Enabling green growth [M]. Paris: OECD Publishing, 2010: 279.

[38]KEMP R, PONTOGLIO S . The innovation effects of environmental policy instruments—A typical case of the blind men and the elephant? [J]. Ecological Economics, 2011, 72 (Dec.): 28-36. DOI: 10. 1016/j. ecolecon. 2011. 09. 014.

[39]TSENG M L, HUANG F H, CHIU A S F. Performance drivers of green in-

novation under incomplete information[J]. Procedia－Social and Behavioral Sciences, 2012(40): 234-250.

[40]LAMPIKOSKI T, WESTERLUND M, RAJALA. R MOLLER K. Green innovation games: Value-creation strategies for corporate sustainability[J]. California Management Review, 2014, 57(10): 88-117.

[41]HALILA F, RUNDQUIS J. The development and market success of eco-innovations: A comparative study of eco-innovations and "other" innovations in Sweden[J]. European Journal of Innovation Management, 2011, 14(3): 278-302.

[42] RAUTER R , GLOBOCNIK D , PERL-VORBACH E, et al. Open innovation and its effects on economic and sustainability innovation performance[J]. Journal of Innovation & Knowledge, 2018, 4(4): 226-233.

[43]XIE XM, HUO J G, ZOU H L. Green process innovation, green product innovation, and corporate financial performance: A content analysis method [J]. Journal of Business Research, 2019, 101(AUG.): 697-706. DOI: 10.1016/j.jbusres.2019.01.010.

[44]WANG JR, XUE Y , SUN X , et al. Green learning orientation, green knowledge acquisition and ambidextrous green innovation [J]. Journal of Cleaner Production, 2019, 250: 119475. DOI: 10. 1016/j. jclepro. 2019.119475.

[45]李春艳，刘力臻. 产业创新系统生成机理与结构模型[J]. 科学学与科学技术管理，2007,28(1): 50-55.

[46]FREEMAN C, SOETE L. The economics of industrial innovation [M]. 3rd Edition. London: Pinter, 1997: 130-156.

[47]BRESCHI S, MALERBA F, ORSENIGO L. Technological regimes and schumpeterian patterns of innovation [J]. Economic Journal, 2000, 110 (463): 388-410.

[48]ASHEIM B. Differentiated knowledge bases and varieties of regional innovationsystems[J]. Innovation, 2007,20(3):223-241.

[49]苏屹，姜雪松，雷家骕，等. 区域创新系统协同演进研究[J]. 中国软科学，2016(03):44-61.

[50]ADNER R, KAPOOR R. Value creation in innovation ecosystems: How the

structure of technological interdependence affects firm performance in new technology generations[J]. Strategic Management Journal, 2010, 31(3): 306-333.

[51]王宏起，刘梦，李玥，等. 结构平衡目标下区域战略性新兴产业创新生态系统科技资源配置模型[J]. 中国科技论坛，2018(11)：35-43.

[52]胡登峰，冯楠，黄紫微，等. 新能源汽车产业创新生态系统演进及企业竞争优势构建——以江淮和比亚迪汽车为例[J]. 中国软科学，2021(11)：150-160.

[53]丁堃. 论绿色创新系统的结构和功能[J]. 科技进步与对策，2009，26(15)：116-119.

[54]LEE H L，TANG C S. Socially and environmentally responsible value chain innovations: New operations management research opportunities [J]. Management Science, 2017, 64(3): 1-14.

[55]毕克新，杨朝均，黄平，等. 制造业绿色创新系统研究与进展 [M]. 北京：科学出版社，2016：41.

[56]隋俊，毕克新，杨朝均，等. 跨国公司技术转移对我国制造业绿色创新系统绿色创新绩效的影响机理研究[J]. 中国软科学，2015(1)：118-129.

[57]毕克新，王禹涵，杨朝均. 创新资源投入对绿色创新系统绿色创新能力的影响——基于制造业 FDI 流入视角的实证研究[J]. 中国软科学，2014(3)：153-166.

[58]刘刚. 我国制造业绿色创新系统动力因素与绿色创新模式研究 [D]. 哈尔滨：哈尔滨工程大学，2015：24.

[59]STANKO M A, FISHER G J, BOGERS M. Under the wide umbrella of open innovation[J]. Journal of Product Innovation Management, 2017, 34(4): 543-558.

[60]CHESBROUGH, HENRY. Open business models—How to thrive in the new innovation landscape [M]. Boston: Harvard Business School Press, 2006.

[61]CHESBROUGH H. The logic of open innovation: Managing intellectual propery[J]. California Management Review, 2003, 45(3): 33-58.

[62]CHESBROUGH H, CROWTHER A K. Beyond high tech: Early adopters of open innovation in other industries[J]. R&D Management, 2006, 36(3): 229-236.

[63]CHESBROUGH，H. Open innovation：The new imperative for creating and profiting from technology [M]. Boston：Harvard Business School Press，2003.

[64]BOGERS M，CHESBROUGH H，HEATON S，et al. Strategic management of open innovation：A dynamic capabilties perspective [J]. California Management Review，2019，62(1)：77-94.

[65]CHRISTENSEN J F，et al. The industrial dynamics of open innovation evidence from the transformation of consumer electronics [J]. Research Policy，2005，34(10)：1533-1549.

[66]WEST J，GALLAGHER S. Challenges of open innovation：The paradox of firm investment in open source software[J]. R&D Management，2006，36(3)：319-331.

[67]温兴琦，BROWN D. 开放式创新模式拓展与治理研究[J]. 中国科技论坛，2016(4)：5-10.

[68]SCALIZAJ A，JUGEND D，CHIAPPETTAJ C J，et al. Relationships among organizational culture，openinnovation，innovative ecosystems，and performance of firms：evidence from an emerging economy context [J]. Journal of Business Research，2022(140)：264-279.

[69]邢会，贾胤婕，陈园园. 开放式创新驱动制造业绿色转型了吗——一个有调节的中介效应模型[J]. 科技进步与对策，2022，39(24)：40-49.

[70]GRAY R H，MEISTER D B. Knowledge sourcing effectiveness [J]. Management Science，2004，50(6)：821-835.

[71]VEUGELERS R. Internal R&D expenditures and external technology sourcing[J]. Research Policy，1997，26(3)：303-315.

[72]OECD. Open innovation in global networks [M]. Paris：OECD Publications，2008.

[73]POOT T，FAEMS D，VANHAVERBEKE W. Toward a dynamic perspective on open innovation：A longitudinal assessment of the adoption of internal and external innovation strategies in the Netherlands [J]. International Journal of Innovation Management，2009，13(2)：177-200.

[74]MENTION A L. Co-operation and co-opetition as open innovation practices in the service sector：Which influence on innovation novelty? [J].

Technovation，2011，31(1):44-53.

[75]BIGLIARDI B，FILIPPELLI S，TAGLIENTE L. Industry 4.0 and open innovation:evidence from a casestudy[J]. Procedia Computer Science，2022，200：1796-1805.

[76]刘振，陈劲. 动态能力视角下的开放式创新模式初探[J]. 中国地质大学学报(社会科学版)，2010，10 (5)：106-111.

[77]LAURSEN K，A SALTER. Open for innovation：The role of openness in explaining innovation performance among UK manufacturing firms [J]. Strategic Management Journal，2006，27(2)：131-150.

[78]贾西猛，李丽萍，王涛，等. 企业数字化转型对开放式创新的影响[J]. 科学学与科学技术管理，2022，43(11):19-36.

[79]王丽平，狄凡莉. 创新开放度、组织学习、制度环境与新创企业绩效[J]. 科研管理，2017，38(07)：91-99.

[80]HIPPEL V E. Comment on "Is open innovation a field of study or a communication barrier to theory development?"[J]. Technovation，2010，30(11/12)：555-557.

[81]KNUDSEN M P，MORTENSEN T B. Some immediate but negative effect of openness on product development performance[J]. Technovation，2011，31(1)：54-64.

[82]曹男，李杨. 企业创新开放度的多维性关联性研究综述[J]. 情报杂志，2011 (12)：66-71.

[83] TINA SAEBI，NICOLAI J F. Business models for open innovation：Matching heterogeneous open innovation strategies with business model dimensions[J]. European Management Journal，2015，33(3)：201-213.

[84]ALUR D，MALKS D，CRUPI J. Core J2EE Patterns [M]. Upper Saddle River:Prentice Hall PTR，2003.

[85]AFUAH A N，TUCCI C L. Crowdsourcing as a solution of distant search [J]. The Academy of Management Review，2012，37(3)：355-375.

[86]LAZZAROTTI V，MANZINI R. Different modes of open innovation：A theoretical framework and an empirical study[J]. International Journal of Innovation Management，2009，13(4)：615-636.

[87]DAHLANDER L，GANN D M. How open is innovation? [J]. Research

Policy，2010，39(6)：699-709.

[88] HUIZINGH EKRE. Open innovation: State of the art and future perspectives[J]. Technovation，2011，31(1)：2-9.

[89]马文甲，高良谋. 基于不同动机的开放式创新模式研究：以沈阳机床为例[J]. 管理学报，2014，11(2)：163-170.

[90]TEPPO FELIN，TODD R ZENGER. Closed or open innovation? Problem solving and the governance choice[J]. Research Policy，2014，43：914-925.

[91]王帅. 开放式创新视角下区域创新系统演化机制及其绩效影响因素研究[D]. 合肥：中国科学技术大学，2016：23-24.

[92]FAEMS D，LOOY B V，DEBACKERE K. Interorganizational collaboration and innovation: toward a portfolio approach [J]. Journal of Product Innovation Management，2005，22(3)：238-250.

[93] TETHER B S，TAJAR A. Beyond industry-university links: sourcing knowledge for innovation from consultants，private research organisations and the public science-base[J]. Research Policy，2008，37(6-7)：1079-1095.

[94]WEST J，BOGERS M. Leveraging external sources of innovation: a review of research on open innovation [J]. Journal of Product Innovation Management，2013，31(4)：1-18.

[95]HUSTON L，SAKKAB N. Connect and develop: inside procter & gamble's new model for innovation[J]. Harvard Business Review，2006，84(3)：58-67.

[96]TRANEKJER T L ，KNUDSEN M P . The (unknown) providers to other firms' new product development: what's in it for them? [J]. Journal of Product Innovation Management，2012，29(6)：986-999.

[97]盛济川，吉敏，朱晓东. 内向和外向开放式创新组织模式研究——基于技术路线图视角[J]. 科学学研究，2013，31(8)：1268-1274.

[98]BOGERS M，WEST J. Managing distributed innovation: strategic utilization of open and user innovation [J]. Creativity & Innovation Management，2012，21(1)：61-75.

[99] BOGERS M. The open innovation paradox: knowledge sharing and protection in R&D collaborations[J]. European Journal of Innovation Management，2011，14(1)：93-117.

[100]罗仲伟,李先军,宋翔,等.从“赋权”到“赋能”的企业组织结构演进——基于韩都衣舍案例的研究[J].中国工业经济，2017(09)：174-192.

[101]高照军，李正卫.国际化过程中的开放式创新与技术标准制定——基于新制度主义的视角[J].中国科技论坛，2017(12)：5-14.

[102]JIANG P，DING K，LENG J. Towards a cyber-physical-social-connected and service-oriented manufacturing paradigm：social manufacturing[J]. Manufacturing Letters，2016，7：15-21.

[103]庞建刚，刘志迎.科研众包式科技创新研究——基于网络大众科技创新投入的视角[J].中国软科学，2016(05)：184-192.

[104]LI Y R. The technological roadmap of Cisco'sbusiness ecosystem[J]. Technovation，2009，29(5)：379-386.

[105]李晓锋.“四链”融合提升创新生态系统能级的理论研究[J].科研管理，2018，39(09)：113-120.

[106]李昆.绿色技术创新的平台效应研究——以新能源汽车技术创新及商业化为例[J].外国经济与管理，2017，39(11)：31-44.

[107]李旭.绿色创新相关研究的梳理与展望[J].研究与发展管理，2015，27(02)：1-11.

[108] GHISETTI C，RENNINGS K. Environmental innovations and profitability：How does it pay to be green? An empirical analysis on the German innovation survey[J]. Journal of Cleaner Production，2014，75(15)：106-117.

[109]JAFFE A B，PALMER K. Environmental regulation and innovation：a panel data study[J]. Review of Economics and Statistics，1997，79(4)：610 619.

[110]ZHU L，THATCHER S M B. National information ecology：A new institutional economics perspective on global e-commerce adoption[J]. Journal of Electronic Commerce Research，2010，11(1)：53-72.

[111]GARCIA R，WIGGER K，HERMANN R R. Challenges of creating and capturing value in open eco-innovation：Evidence from the maritime industry in Denmark[J]. Journal of Cleaner Production，2019，220(20)：642-654.

[112]戴亦舒，叶丽莎，董小英.创新生态系统的价值共创机制——基于腾讯众创

空间的案例研究[J]. 研究与发展管理，2018，30(04)：24-36.
[113] CUI T，WU Y，TONG Y. Exploring ideation and implementation openness in open innovation projects：IT-enabled absorptive capacity perspective[J]. Information & Management，2018,55(5):576-587.
[114]赵振，彭毫."互联网+"跨界经营——基于价值创造的理论构建[J]. 科研管理，2018，39(09)：121-133.
[115]WAKEFORD J J，GEBREEYESUS M，GINBO T，et al. Innovation for green industrialisation：An empirical assessment of innovation in Ethiopia's cement，leather and textile sectors[J]. Journal of Cleaner Production，2017，166：503-511.
[116]FRANK A G. Servitization and Industry 4. 0 convergence in the digital transformation of product firms：A business model innovation perspective [J]. Technological Forecasting & Social Change，2019，141：341-351.
[117] YANHONG Z，BAICUN W. Toward new-generation intelligent manufacturing[J]. Engineering，2018，4(1):11-20.
[118]孙鸿飞，张海涛，宋拓，等. 商务网络信息生态链自组织演化机理与价值协同创造研究[J]. 图书情报工作，2016，60(17)：12-19.
[119]哈肯. 协同学导论 [M]. 北京：原子能出版社，1986：403.
[120]王海燕，孟秀丽，于荣，等. 食品质量链协同系统中的序参量识别研究[J]. 系统工程理论与实践，2017，37(07)：1741-1751.
[121]TEECE D J. Reflections on profiting from innovation[J]. Research Policy，2006，35(8)：1131-1146.
[122]朱树婷，仲伟俊，梅姝娥. 企业间信息系统能力影响合作绩效的机理研究[J]. 中国管理科学，2017，25(05)：61-69.
[123]CHUANG S H . A resource-based perspective on knowledge management capability and competitive advantage：An empirical investigation[J]. Expert Systems with Applications，2004，27(3):459-465.
[124]BERG C ，ALEXANDER A T . The openness of open innovation in ecosystems—Integrating innovation and management literature on knowledge linkages[J]. Journal of Innovation & Knowledge，2018，4(4):1-8.
[125]GIUDICE M D，PERUTA M R D. The impact of IT-based knowledge management systems on internal venturing and innovation：A structural

equation modeling approach to corporate performance[J]. Journal of Knowledge Management, 2016, 20(3): 484-498.

[126]SANTORO G, VRONTIS D, THRASSOU A, et al. The Internet of Things: Building a knowledge management system for open innovation and knowledge management capacity[J]. Technological Forecasting and Social Change, 2018, 136: 347 - 354.

[127]RITTER T , GEMÜNDEN, HANS GEORG. Network competence: Its impact on innovation success and its antecedent s[J]. Journal of Business Research, 2004, 56(9): 745-755.

[128]白景坤，丁军霞. 网络能力与双元创新的关系——环境动态性的调节作用[J]. 科学学与科学技术管理，2016，37(8)：138-148.

[129] OLIVEIRA L S D , MÁRCIA ELISA SOARES ECHEVESTE, CORTIMIGLIA M N ,et al. Analysis of determinants for open innovation implementation in regional innovation systems [J]. RAI Revista de Administração Inovação, 2017, 14(2):119-129.

[130]蔡宁，闫春. 开放式创新绩效的测度:理论模型与实证检验[J]. 科学学研究，2013，31(03)：469-480.

[131] ADAMIDES E , KARACAPILIDIS N . Information technology for supporting the development and maintenance of open innovation capabilities [J]. Journal of Innovation & Knowledge, 2018, 5(1):1-10.

[132]王营，冯佳浩. 政府环境信息公开的绿色创新效应研究[J]. 科研管理，2023，44(06)：117-125.

[133]张辽，王俊杰. 中国制造业两化融合水平测度及其收敛趋向分析——基于工业信息化与信息工业化视角[J]. 中国科技论坛，2018(05)：32-40+70.

[134]杨震宁，赵红. 中国企业的开放式创新:制度环境、"竞合"关系与创新绩效[J]. 管理世界，2020，36(02):139-160+224.

[135]闫国庆，孙琪，陈超，等. 国家高新技术产业开发区创新水平测度指标体系研究[J]. 中国软科学，2008(04)：141-148.

[136]TEECE D J. Profiting from technological innovation: Implications for integration, collaboration, licensing and public policy[J]. ResearchPolicy, 1986, 15(6): 285-305.

[137] COLOMBO L, DAWID H. Complementary assets, start-ups and

incentives to innovate[J]. International Journal of Industrial Organization, 2016, 44: 177-190.

[138]ROTHAERMEL F T , HILL C W L . Technological discontinuities and complementary assets: A longitudinal study of industry and firm performance[J]. Organization science, 2005, 16(1):52-70.

[139] SANDBERG S. Effects of prior market experiences and firm-specific resources on developed economy SMEs' export exit from emerging markets: complementary or compensatory? [J]. Journal of Business Research, 2019, 98: 489-502.

[140]吕一博，蓝清，韩少杰. 开放式创新生态系统的成长基因——基于 iOS、Android 和 Symbian 的多案例研究[J]. 中国工业经济，2015(05):148-160.

[141]GRANT, ROBERT M. Toward a knowledge-based theory of the firm[J]. Strategic Management Journal, 1996, 17(S2):109-122.

[142] TANRIVERDI H. Information technology relatedness, knowledge management capability and performance of multi-business firms[J]. MTS Quarterly, 2005, 29(2): 311-334.

[143] LICHTENTHALER U, LICHTENTHALER E. A capability-based framework for open innovation: Complementing absorptive capacity[J]. Journal of Management Studies, 2009, 46(8): 1315-1338.

[144]黄蕴洁，刘冬荣. 知识管理对企业核心能力影响的实证研究[J]. 科学学研究，2010，28(7)：1052-1059.

[145]侍文庚，蒋天颖. 社会资本、知识管理能力和核心能力关系研究[J]. 科研管理，2012，33(04)：62-72.

[146]张省，周燕. 人工智能环境下知识管理模式构建[J/OL]. (2019-05-28)[2019-06-04]. 情报理论与实践：1-12. http://kns.cnki.net/kcms/detail/11.1762.G3.20190528.1353.004.html.

[147]王雪原，马维睿. 知识管理对制造企业绩效的影响研究[J]. 科学学研究，2018，36(12)：2223-2232.

[148] HAKANSSON H. Industrial technological development: A network approach [M]. London: Croom Helm, 1987.

[149]O'TOOLE T , MCGRATH H . Strategic patterns in the development of network capability in new ventures[J]. Industrial Marketing Management,

2017，70(APR.)：128-140.
[150]SHU R，REN S，ZHENG Y. Building networks into discovery：The link between entrepreneur network capability and entrepreneurial opportunity discovery[J]. Journal of Business Research，2018，85(APR.)：197-208.
[151]方刚. 网络能力结构及对企业创新绩效作用机制研究[J]. 科学学研究，2011，29(03)：461-470.
[152]RITTER T，GEMUNDEN H G. Network competence ：Its impact on innovation successand its antecedences[J]. Journal of Business Research，2003，56(9)：745-755.
[153]吴岩. 新创企业网络能力对创新能力的影响研究——基于知识管理能力的中介作用[J]. 科学学研究，2014，32(8)：9.
[154]MU J，THOMAS E，PENG G，et al. Strategic orientation and new product development performance：The role of networking capability and networking ability[J]. Industrial Marketing Management，2016，64(Jul.)：187-201.
[155]CHAE H C ，KOH C E ，PRYBUTOK V R . Information technology capability and firm performance：Contradictory findings and their possible causes. [J]. MIS Quarterly，2014，38(1)：305-326.
[156]陈猛，刘和福，魏少波. IT 能力与市场响应性的关系研究[J]. 管理学报，2015，12(7)：1088-1096.
[157]胡贝贝，王胜光. 互联网时代的新生产函数[J]. 科学学研究，2017，35(09)：1308-1312，1369.
[158]CAO G，DUAN Y，CADDEN T. The link between information processing capability and competitive advantage mediated through decision-making effectiveness[J]. International Journal of Information Management，2019，44(Feb.)：121-131.
[159]CHAEA H C ，KOH C E ，PARK K O . Information technology capability and firm performance：Role of industry[J]. Information & Management，2018，55：525-546.
[160]曾敏刚，林倩，潘焕雯，等. 信息技术能力，信任与供应链整合的关系研究[J]. 管理评论，2017，29(12)：219-227+259.
[161]郭捷，齐央宗. 政策支持与技术创新绩效——基于民族地区的实证分析[J].

科研管理，2017，38(S1)：550-557.
[162]李冬琴. 环境政策工具组合、环境技术创新与绩效[J]. 科学学研究，2018，36(12)：2270-2279.
[163]焦勇，杨蕙馨. 政府干预、两化融合与产业结构变迁——基于2003—2014年省际面板数据的分析[J]. 经济管理，2017，39(06)：6-19.
[164]CHATFIELD A T , REDDICK C G . The role of policy entrepreneurs in open government data policy innovation diffusion: An analysis of Australian Federal and State Governments[J]. Government information quarterly, 2018, 35(1):123-134.
[165]陈收,施秀搏,吴世园. 互补资源与创新资源协同对企业绩效的影响——环境动态性的调节作用[J]. 系统工程,2015,33(01):61-67.
[166]CHIU Y C, LAI II C, LEE T Y, et al. Technological diversification, complementary assets, and performance[J]. Technological Forecasting and Social Change, 2008, 75(6):875-892.
[167]曾伏娥,郑欣,李雪. IT能力与企业可持续发展绩效的关系研究[J]. 科研管理,2018,39(04):92-101.
[168]隋俊，毕克新，杨朝均，等. 制造业绿色创新系统创新绩效影响因素——基于跨国公司技术转移视角的研究[J]. 科学学研究，2015，33(3)：180-188.
[169]HOLLAND J H. Studying complex adaptive systems[J]. Journal of Systems Science and Complexity, 2006, 19(1):1-8.
[170]张莉，王丹. 复杂环境下企业适应性领导行为研究[J]. 管理科学，2009，22(5)：13-23.
[171]CHEN H H, CHEN S, LAN Y. Attaining a sustainable competitive advantage in the smart grid industry of China using suitable open innovation intermediaries[J]. Renewable & Sustainable Energy Reviews, 2016, 62: 1083-1091.
[172]WANG G, TIAN X, HU Y, et al. Manufacturing process innovation-oriented knowledge evaluation using MCDM and fuzzy linguistic computing in an open innovation environment[J]. Sustainability, 2017, 9(9):1630.
[173]ZHU X, DONG M C, GU J, et al. How do informal ties drive open innovation? The contingency role of market dynamism[J]. IEEE Transactions on Engineering Management, 2017, PP(99):1-12.

[174] BONABEAU E. Agent-based modeling: methods and techniques for simulating human systems[J]. Proceedings of the Nationa Academy of Sciences of the USA, 2002, 99(3): 7280-7287.
[175]代明，刘佳，王方方. 创新网络集成效应、研发产业化路径与创新型企业升级——理论逻辑与中国案例[J]. 经济管理，2014，36(10)：24-33.
[176]SABRI Y, MICHELI G J L, NUUR C . Exploring the impact of innovation implementation on supply chain configuration[J]. Journal of Engineering & Technology Management, 2018, 49(JUL.-SEP.):60-75.
[177]ALBERTI F G, PIZZURNO E. Oops, I did it again! Knowledge leaks in open innovation networks with start-ups [J]. European Journal of Innovation Management, 2017, 20(1): 50-79.
[178]HURMELINNA P , NTTI S . Orchestrator types, roles and capabilities—A framework for innovation networks [J]. Industrial Marketing Management, 2018, 74:65-78.
[179]TEECE D J . Profiting from innovation in the digital economy: Enabling technologies, standards, and licensing models in the wireless world[J]. Research Policy, 2018, 47(8): 1367-1387.
[180] REHM S V, GOEL L, JUNGLAS I. Information management for innovation networks—An empirical study on the "who, what and how" in networked innovation [J]. International Journal of Information Management, 2016, 36(3): 348-359.
[181] NAGY K, HAJRIZI E. Automatic control in support of modular innovation[J]. IFAC, 2018, 30(51): 140-144.
[182]毕克新，黄平，施芳芳. 基于知识管理的制造业企业工艺创新过程及模型[J]. 系统管理学报，2012，21(04)：478-485.
[183] CHEN Y . Integrated and intelligent manufacturing: Perspectives and enablers[J]. Engineering, 2017, 3(5): 588-595.
[184]曾德麟，欧阳桃花，胡京波，等. IT 能力与组织管控促进复杂产品研发敏捷性研究[J]. 科学学研究，2018，36(07)：1264-1273.
[185] NONAKA I, TAKEUCHI H. The knowledge-creating company[M]. Oxford: Oxford University Press, 1995.
[186]LIANG C C , LIANG W Y , TSENG T L . Evaluation of intelligent agents

in consumer-to-business e-commerce[J]. Computer Standards & Interfaces, 2019, 65: 122-131.

[187]舒尔茨. 全球整合营销传播 [M]. 何西军,译, 北京: 中国财政经济出版社, 2004.

[188]COREYNEN W , MATTHYSSENS P , BOCKHAVEN W V . Boosting servitization through digitization: Pathways and dynamic resource configurations for manufacturers[J]. Industrial Marketing Management, 2017, 60: 42-53.

[189]ARTIE W. From sustainability accounting to a green financing system: Institutional legitimacy and market heterogeneity in a global financial centre [J]. Journal of Cleaner Production, 2018, 195(10): 585-592.

[190]武玉英, 魏国丹, 何喜军. 基于耦合系数模型的高技术制造业与要素协同度测度及实证[J]. 系统工程, 2017, 35(07): 93-100.

[191]ILLINGWORTH V. The Penguin Dictionary of Physics [M]. Beijing: Beijing Foreign Language Press, 1996: 92-93.

[192]董豪, 曾剑秋, 沈孟如. 产业创新复合系统构建与协同度分析[J]. 科学学研究, 2016, 34(8): 1152-1160.

[193]SHAO B. Modeling and evaluation of economic development benefit and natural ecological environment under the “internet plus” open platform[J]. EKOLOJI, 2019, 28(107): 3157-3167.